MW01634993

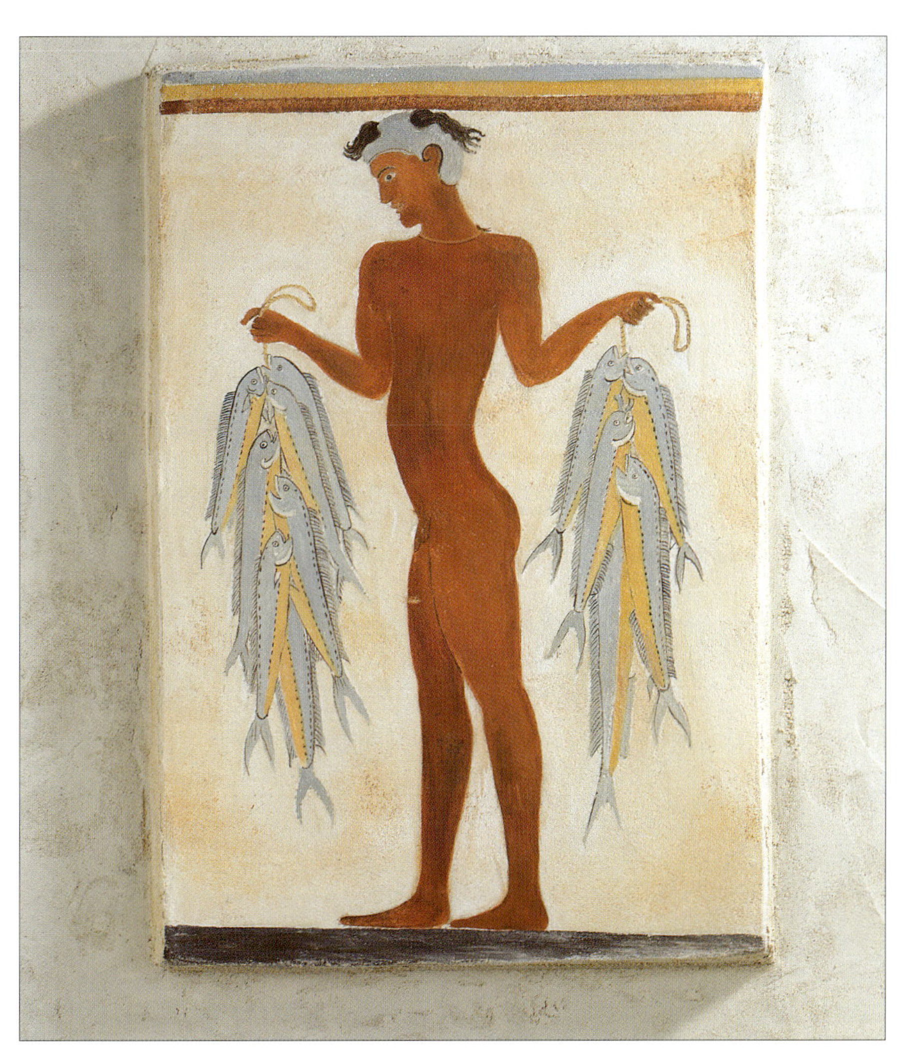

PEINDRE À FRESQUE

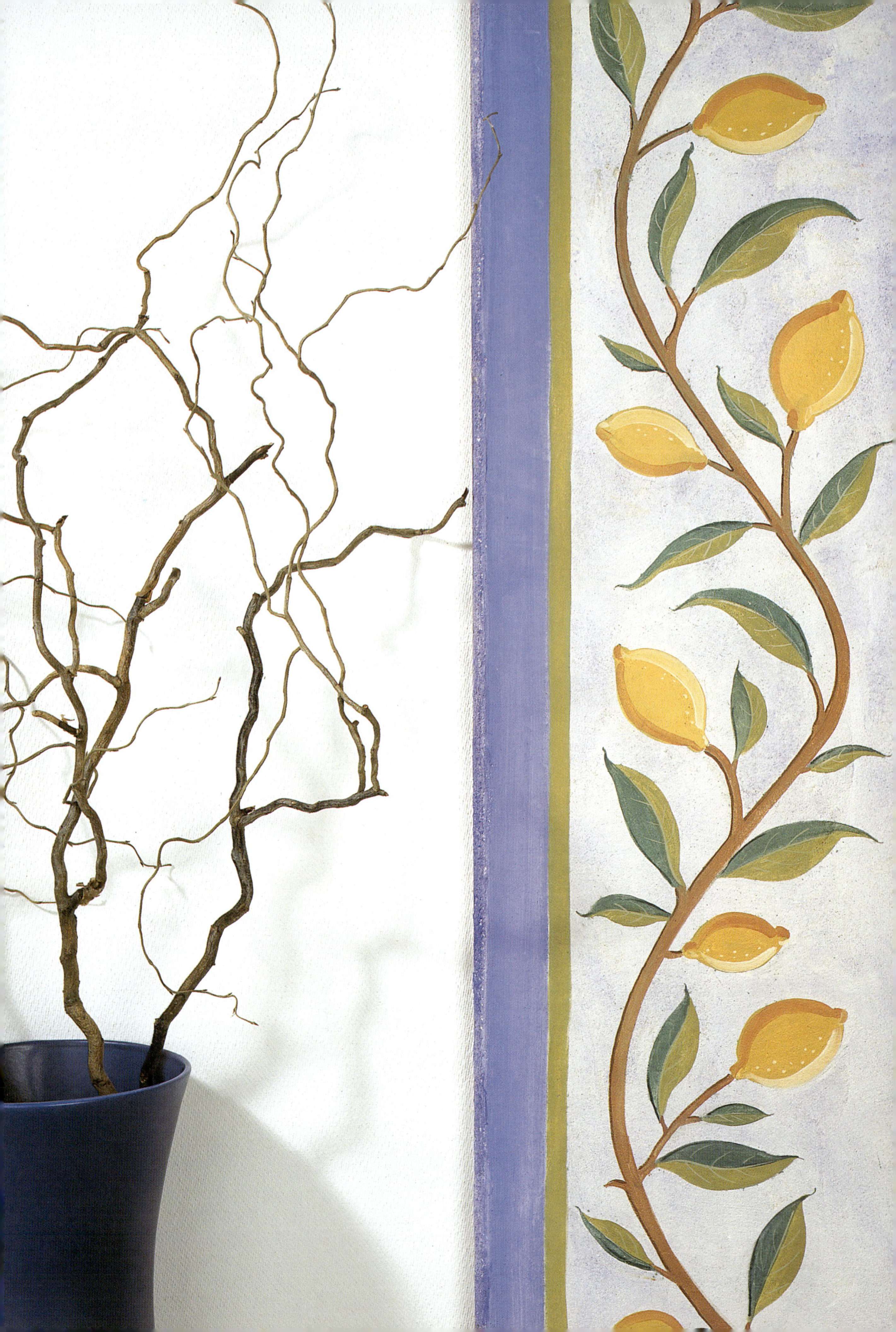

PEINDRE À FRESQUE

pour la maison & le jardin

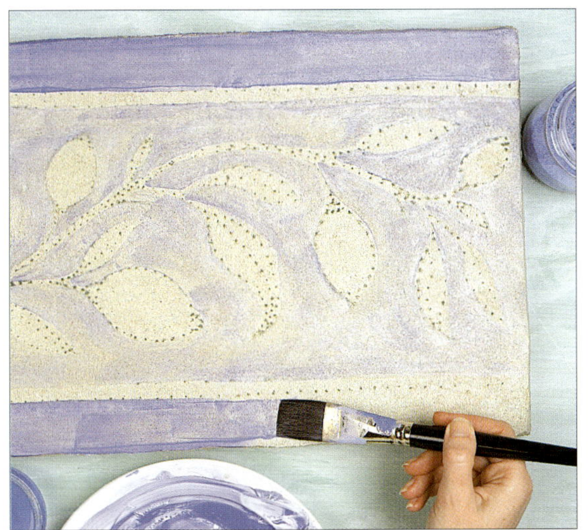

Sarah Hocombe

Le Temps Apprivoisé
18, rue de Condé
75006 Paris

Pour l'édition originale sous le titre
FRESCO PAINTING

Pour l'édition en français sous le titre
PEINDRE À FRESQUE

ISBN 2-283-58420-0

Traduit de l'anglais par Odette Vigoureux

Imprimé par C.S. Graphics Pte Ltd.

ATTENTION
Le plus grand soin doit être constamment apporté pour suivre les précautions suggérées, lors de la manipulation des pigments secs et de la chaux. Ni l'auteur ni l'éditeur ne peuvent être tenus pour responsables des conséquences d'une mauvaise utilisation des matériaux utilisés dans ce livre.

L'Éditeur remercie les agences suivantes pour leur autorisation de reproduction des photographies : The Ancient Art and Architecture Collection, p. 22; SCALA pages 34, 43, 56, 80-81, 88, 116-117.

SOMMAIRE

RÉALISATIONS

INTRODUCTION

Ce livre est une introduction aux techniques traditionnelles de la peinture à fresque, une méthode de décoration murale qui a été pratiquée continûment pendant des milliers d'années. Les réalisations ont été choisies de façon à explorer une variété de techniques et de styles différents.

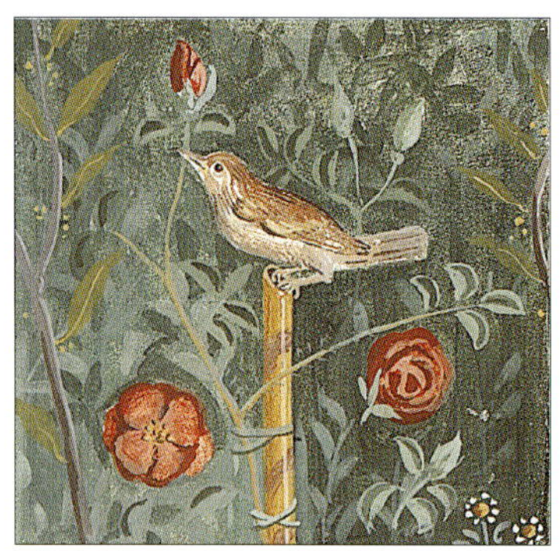

La technique de la peinture à fresque est simple. Des pigments purs, résistants à la chaux, sont mélangés avec de l'eau puis peints par-dessus une fine couche de plâtre à la chaux encore humide, qui a été étalée sur un mur ou un panneau. Lors du séchage, une réaction chimique s'opère qui produit des sels de chaux cristallins (carbonate de chaux) sur la surface du plâtre. Les pigments sont fixés dans cette couche cristalline dure. Le processus de carbonisation va continuer pendant un long moment, avec pour résultat que les couleurs de la fresque deviendront graduellement plus riches et plus profondes, au lieu de s'affadir comme avec les autres techniques de peinture. L'ouvrage devient partie intégrante du mur, et il durera aussi longtemps que la surface plâtrée elle-même. Une peinture à fresque bien exécutée possède une luminosité et une durée dans le temps inégalables, deux qualités qui ont fasciné à la fois les artistes et les amoureux des arts à travers les siècles.

La peinture devant être terminée pendant que le plâtre est encore humide, les grandes surfaces ou le travail détaillé sont exécutés par sections. On ne termine qu'une seule partie à la fois, puis on applique du plâtre frais sur la surface suivante à peindre. Le plâtre restera humide pendant environ une journée, c'est pourquoi chaque partie de la peinture est ainsi nommée *giornata* par les Italiens. Les couleurs utilisées sont celles qui résistent à l'alcalinité de la chaux. Pour cette raison, la palette des fresques est demeurée relativement similaire depuis des millénaires et beaucoup des pigments utilisés de nos jours sont les mêmes que ceux dont se servaient les Minoens, les Étrusques et les Romains. Dans les fresques Renaissance, comme celles du Cortège des Rois mages de Gozzoli, les couleurs ont été ajoutées après que le plâtre est sec, en utilisant des pigments mélangés avec un médium liant, peut-être comme l'œuf. La technique de la peinture à l'œuf est expliquée dans ce livre.

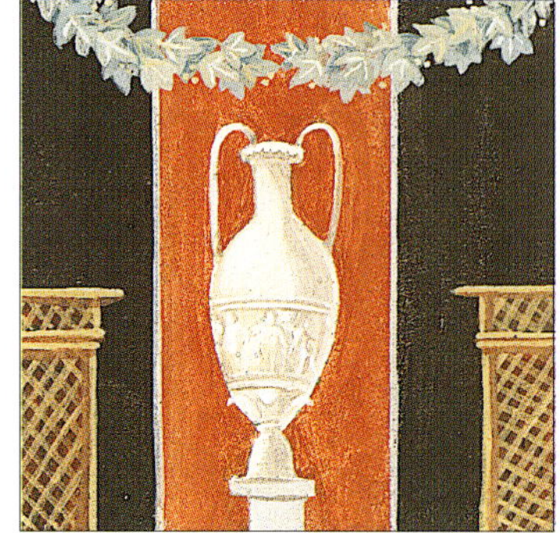

Il existe aujourd'hui un regain d'intérêt pour la construction avec du mortier à la chaux et cela pourrait donner l'opportunité d'une large expansion de peintures à fresque. Que ce soit sur une grande ou une petite échelle, les fresques continuent à enchanter ceux qui les réalisent tout comme ceux qui les regardent.

MATERIAUX ET TECHNIQUES

Ce livre explique l'utilisation de la technique professionnelle de la fresque qui a été pratiquée par des artistes majeurs et des artisans pendant des milliers d'années. Dans le passé, ses utilisateurs se transmettaient les secrets d'ateliers; de nos jours, il existe toujours un certain nombre de précautions à prendre. Les indications données plus loin sont des lignes de conduite importantes pour l'usage délicat des pigments et de la chaux, les deux ingrédients principaux de la peinture à fresque. Ces matériaux ne doivent pas être manipulés par des enfants; veillez à ce qu'ils soient rangés en lieu sûr et que les enfants n'y aient pas accès.

LE PLÂTRE

Dans tous les projets de ce livre, sauf un (le Tigre), on n'utilise que deux couches de plâtre. La couche de peinture est considérée comme la couche de finition du plâtre, et la couche sur laquelle elle est appliquée comme la couche de base du plâtre. Le plâtre est composé d'un mélange de pâte de chaux et de sable fin lavé dans des proportions qui changent selon le temps qu'il fait lors de la préparation de la couche de finition ou de celle de base.

La pâte est obtenue en « éteignant » la chaux ou en trempant de la chaux vive dans l'eau. On peut l'acheter en pots, en magasin de décoration, boutiques d'artisanat ou entreprises pour la construction. La pâte de chaux utilisée pour la fresque devrait avoir été préparée depuis au moins six mois. Plus la chaux est « âgée » et mieux cela vaudra : des particules de chaux non éteinte peuvent affecter désagréablement la peinture, et réagir violemment au contact de l'eau en causant des dégâts, quelquefois plusieurs mois après que la peinture est terminée. Pour cette raison, les artistes professionnels de la peinture à fresque tamisent la chaux avant usage en la passant à travers une grille fine, à l'aide d'un pinceau brosse. Il vaut mieux conserver hermétiquement les pots de chaux en pâte pour éviter à la chaux de sécher, et il faut les protéger du gel.

RECETTE DU PLÂTRE

Mélange du plâtre de base

2 mesures de sable fin lavé et sec avec 1 mesure de chaux éteinte en pâte, à étaler sur environ 1 cm d'épaisseur.

Mélange du plâtre de finition

1 mesure de sable fin lavé et sec avec 1 mesure de chaux éteinte en pâte, à étaler sur 3-5 mm d'épaisseur.

La pâte de chaux est caustique, aussi portez toujours de vieux vêtements et des gants étanches lorsque vous la manipulez. Lorsque vous extrayez la chaux de son pot, vous risquez de recevoir des éclaboussures d'eau ou de pâte de chaux, aussi portez un masque de protection sur les yeux. Cela vous évitera également de vous frotter les yeux par mégarde avec vos gants. Le mélange de plâtre à la chaux est également caustique et ne doit jamais entrer en contact avec les yeux, la bouche ou la peau (les coupures sont particulièrement sujettes aux brûlures avec la chaux). Utilisez une crème protectrice et/ou des gants lors du plâtrage.

Seul le sable fin convient pour le plâtre à fresque. Chez les fournisseurs pour la construction, on trouve du sable fin lavé et séché au four, mais il est préférable de le rincer et de retirer les impuretés et les débris éventuels avant de s'en servir. La couleur du sable détermine la couleur du plâtre une fois séché.

Mélanger le plâtre

Ajoutez le sable à la pâte de chaux et mélangez avec une truelle. Au fur et à mesure que vous ajoutez le sable à la pâte, le plâtre devient de plus en plus malléable et humide. Un plâtre rigide est plus difficile à mélanger qu'un plus humide, mais résistez à la tentation d'ajouter de l'eau : elle assouplirait le plâtre en diminuant sa capacité de rétrécissement et en le rendant susceptible de se fissurer. Ajoutez un peu plus de chaux si le plâtre est toujours sec et grumeleux après mélange. Lorsqu'il colle à la truelle et adhère bien au support, il est prêt à l'usage. Une fois préparé, l'idéal serait de laisser reposer le plâtre une nuit puis de le mélanger à nouveau avant de s'en servir. Conservez-le dans un récipient hermétique et étanche, ou bien emballé dans du plastique.

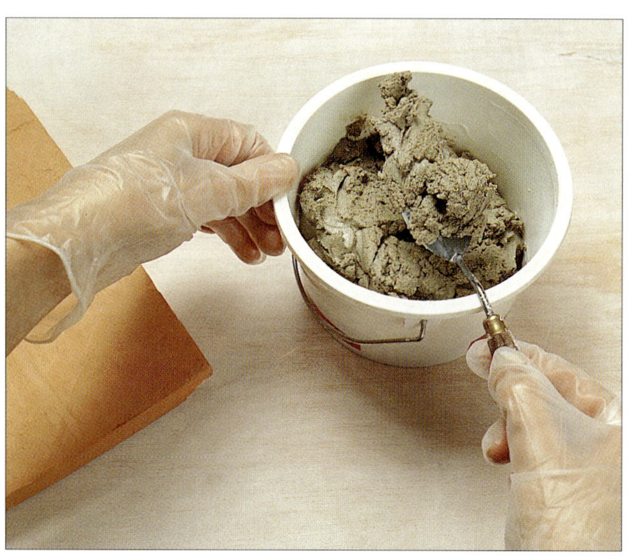

Plâtre de finition bien mélangé, avec la bonne consistance légèrement collante.

Les proportions données dans la recette du plâtre sont un guide général et vous aurez peut-être besoin de les ajuster; la quantité exacte de chaux à ajouter au sable dépend du type de sable que vous utilisez et de l'humidité de la pâte. Mesurez toujours les quantités avec soin : utilisez un récipient tel qu'un pot de yaourt rempli à ras bord pour ajouter une mesure complète de chaux et de sable. Gardez une trace de ce que vous faites en notant les quantités. Tout en vous permettant d'être sûr que vous suivez correctement la recette, cela vous fournira des indications précieuses pour l'avenir.

Faites des essais avec des petites quantités de plâtre mélangé avant de vous lancer dans une première fresque. Préparez un petit pot de plâtre de finition en utilisant exactement les quantités données dans la recette. Si le mélange semble trop sec ou trop fluide, préparez un deuxième pot, en ajustant les proportions. Faites un troisième et un quatrième échantillons : un qui semble très sec, l'autre apparemment trop humide, et posez-les sur un carreau en terre cuite qui a été trempé dans l'eau pendant au moins deux heures. Étalez un échantillon sur chacun des quatre quarts du carreau. Gardez le restant de chaque pot emballé dans du plastique. Lorsque le carreau est sec, vous serez à même de juger lequel des plâtres fonctionne le

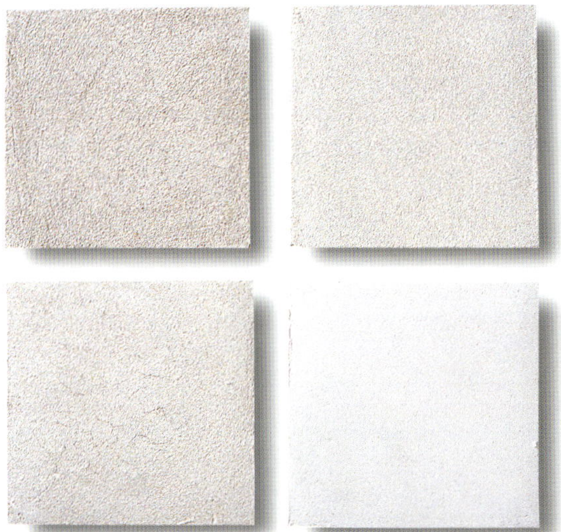

Éhantillons de plâtre : en haut à gauche, carreau avec une surface irrégulière. Le carreau suivant a une surface granuleuse; la différence de couleur est due au sable choisi. En bas à gauche : le plâtre est craquelé car le mélange était trop humide. Le carreau suivant a été plâtré avec de la pâte de chaux additionnée de poudre de marbre, ce qui donne une surface très blanche.

mieux, en craquelant le moins et en offrant la plus belle surface à peindre. Reportez-vous à l'échantillon conservé humide comme guide pour les mélanges futurs avec le même sable et la même pâte de chaux.

LES SUPPORTS

La couche de plâtre de finition, sur laquelle la fresque sera peinte, doit rester humide aussi longtemps que possible. Pour cela, elle doit être appliquée sur un fond épais et absorbant, qui a été au préalable soigneusement mouillé à l'eau. Cette base humide permet à la couche de finition de sécher graduellement, pour étendre ainsi le temps de peinture et permettre la carbonisation des couleurs. Cela aide également à prévenir la formation de craquelures. Bien que le principe de créer une base humide pour le fond demeure constant, il existe différents supports compatibles avec la peinture à fresque.

Panneaux en bois

Un grillage en métal extensible, généralement galvanisé (en vente chez les fournisseurs pour le bâtiment), peut être fixé sur un panneau avec des clous à tête plate puis recouvert d'une couche de plâtre de base. Le panneau doit être réalisé avec du bois qui ne se déforme pas en fissurant ainsi le plâtre. Le bois latté de qualité marine et le MDF conviennent parfaitement. Un panneau de 13 mm d'épaisseur est suffisant pour une petite surface, alors que les plus grandes pièces doivent être faites de panneaux plus épais (2 cm). Réaliser des panneaux plus grands que 1,2 m x 1,2 m n'est pas possible, en raison du poids du plâtre.

Portez des gants de protection pour couper le grillage. Si possible, coupez à la torsion des fils pour créer deux bordures nettes. Si les dimensions du panneau vous amènent à couper le grillage au milieu d'un losange, essayez de garder des bords droits à l'extérieur afin de ne pas avoir des pointes

Les ajours du grillage en losanges accrochent le plâtre.

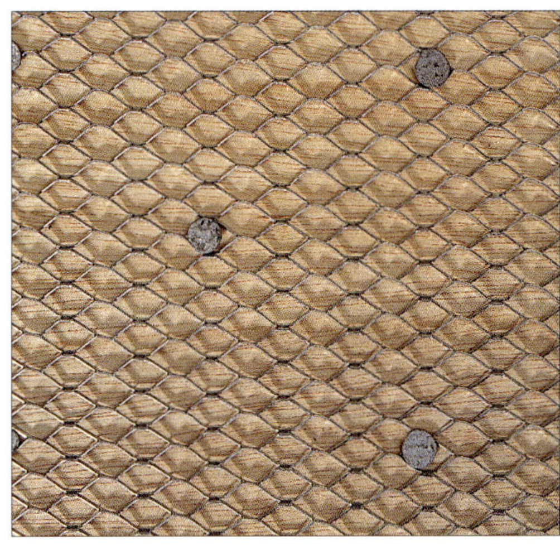

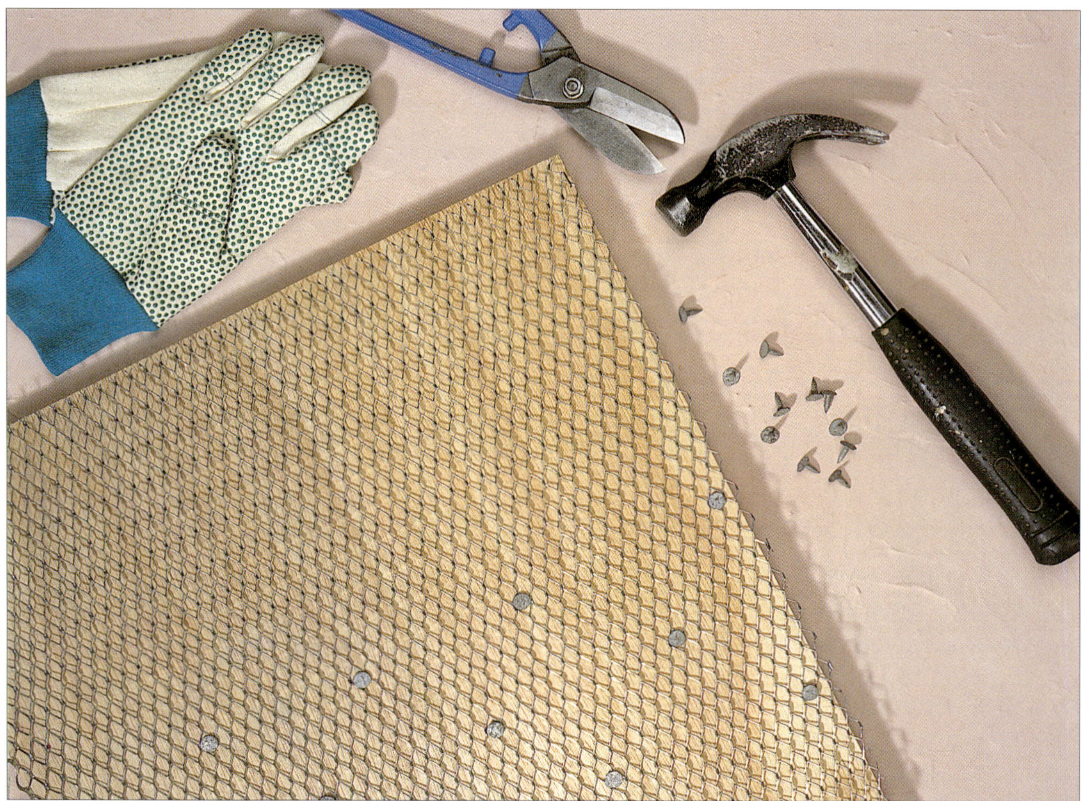

Posez le grillage sur le panneau, bord à bord, et fixez avec des clous. Si vous souhaitez fixer le panneau au mur, posez les fixations sur l'envers dès maintenant.

coupantes qui dépassent des bords. Fixez le grillage sur la surface avec des clous à tête plate. Commencez par le centre et travaillez vers l'extérieur, les côtés, le haut et le bas en posant les clous en quinconce.

Vaporisez le panneau avec de l'eau puis plâtrez la surface avec le mélange pour la couche de base. Tout d'abord, regardez bien le grillage. Vous verrez que les trous ressemblent à des losanges. Ces derniers doivent être remplis de plâtre en appuyant fermement la truelle sur la surface, pour remplir les ajours de plâtre (si vous étalez le plâtre dans la mauvaise direction, vous ne parviendrez pas à les remplir). Une fois tous les ajours remplis, recouvrez la surface avec une épaisseur supplémentaire de 2 ou 3 mm. A ce moment-là, la surface est grossièrement lissée à la truelle. Égalisez la surface avec une taloche en bois ou en mousse, en mouvements tournants (il est nécessaire d'attendre 20 mn ou plus jusqu'à ce que le plâtre soit assez ferme). Cela donnera du corps au plâtre. Laissez sécher suffisamment cette base avant de l'humidifier pour l'utiliser comme support à la couche de finition.

Carreaux en terre cuite

Les petites fresques peuvent être peintes sur un plâtre étalé sur un support en terre cuite. Des carreaux épais, comme les dalles de sol et certaines tuiles, conviennent parfaitement. Comme avec les autres supports, un carreau doit conserver l'eau de façon à maintenir humide la couche de plâtre aussi longtemps que possible. Plus le carreau est épais, plus il fournira un support optimal. La plupart des carreaux sont striés sur l'envers de rainures ou avec une texture grossière. Cette face est celle sur laquelle il faut appliquer le plâtre. L'idéal serait de tremper les carreaux une nuit, ou au moins deux heures, avant de les plâtrer. Si le carreau est toujours « assoiffé », il va absorber l'humidité du plâtre en le séchant trop vite, ce qui provoquera la formation de craquelures.

Murs en briques

Le support traditionnel d'une peinture à fresque est le mur en briques, recouvert avec du mortier à la chaux, ou un mur en pierres sur lequel on a appliqué trois couches de plâtre. La méthode est décrite en détail dans le grand panneau du projet sur le TIGRE de la p.122 mais, pour résumer, on pose une première couche de plâtre grossier à la chaux que l'on laisse sécher. On humidifie et on applique par-dessus une seconde couche de plâtre avant de laisser sécher. Une fois qu'il a été humidifié à nouveau, on applique une couche de peinture, faite d'une mesure de pâte de chaux mélangée avec environ une mesure de sable.

Toile de jute

La toile de jute peut être utilisée comme support pour une fine couche de plâtre de finition. Comme on peut la coller sur un mur existant déjà peint, elle est utile dans des lieux où la préparation d'un fond épais n'est pas possible. Le plâtre sèche rapidement, aussi le travail sur la toile de jute est plus souhaitable sur les petites pièces et les compositions simples. La méthode est longuement décrite p. 116, dans le projet sur les FRAGMENTS ROMAINS.

LES TECHNIQUES DU PLÂTRE

Appliquer la couche de base

Lorsque vous avez préparé le support, prenez une truelle pour appliquer une couche de plâtre d'environ 1 cm d'épaisseur. La truelle doit être relativement flexible et posséder une pointe arrondie. Pour les très petites pièces comme les carreaux, on peut utiliser un couteau à peindre en forme de losange, à large pointe arrondie. Appliquez le plâtre en appuyant sur la surface. A ce stade, appliquez une couche uniforme, ne vous préoccupez pas de créer une surface lisse. Si vous voyez des bulles d'air à la surface, crevez-les avec une aiguille puis lissez le plâtre. Lorsque le plâtre est assez ferme (il faut attendre 20 mn ou plus), travaillez sur toute la surface avec une taloche en mousse ou en bois, en mouvements tournants. En lissant la surface, vous remarquerez des zones qui nécessitent d'ajouter du plâtre pour les monter à la même hauteur que les autres. Remplissez-les de plâtre avec la truelle puis lissez. La surface est laissée avec ses irrégularités, qui fourniront un accrochage pour la couche de finition. Il faut laisser sécher cette base lentement pendant quelques jours avant de réhumidifier et de s'en servir comme support pour la couche de plâtre de finition.

Lorsque la couche de base est suffisamment sèche, prenez un vaporisateur en plastique ou une brosse spalter pour mouiller soigneusement la surface. Laissez l'eau s'infiltrer, puis renouvelez jusqu'à ce que l'eau reste en surface; c'est le signe que le plâtre sec a absorbé tout ce qui était possible. Retirez l'eau en surface avec un chiffon absorbant puis appliquez la couche de plâtre de finition.

Appliquer la couche de finition

Humidifiez soigneusement la couche de base puis appliquez la couche de plâtre de finition en une épaisseur d'environ 5 mm. Au lieu de laisser la surface grossière comme c'était le cas lorsque vous avez travaillé la première couche, lissez-la uniformément avec la truelle. Ce travail est réalisé sans appuyer, d'abord sur toute la surface dans une même direction puis dans le sens opposé (à angle droit par rapport à la première passe). Continuez jusqu'à ce que le plâtre soit lisse, en ayant soin d'utiliser la truelle légèrement, et en ne restant pas sur la même zone pendant un long moment ou avec trop de pression.

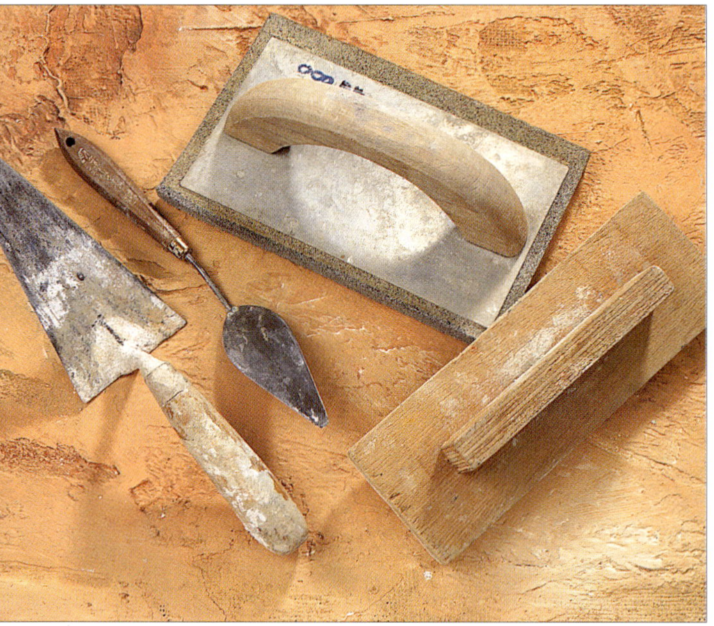

Outils de base pour le plâtre, de gauche à droite : truelle, couteau à peindre, taloche en mousse et taloche en bois.

La couche de plâtre de finition est peinte alors qu'elle est encore humide (voir les Étapes de la Peinture). Le temps de séchage de cette couche va dépendre de l'épaisseur de la couche sur laquelle elle est étalée, de la température ambiante et du taux d'humidité dans l'atmosphère. En général, elle sera sèche après environ une semaine, mais le processus de carbonisation va durer pendant un long moment, en faisant changer la peinture de façon radicale puis de façon plus subtile au fur et à mesure que le processus se poursuit. Selon l'épaisseur de la couche de plâtre de base, la peinture prend son aspect final après six mois jusqu'à un an.

Si possible, le plâtre doit sécher éloigné de la lumière du soleil et du vent, qui le sécheraient trop rapidement, en causant des craquelures. Les carreaux sèchent plus lentement s'ils sont posés sur un sac ou une feuille en plastique qui empêche l'évaporation par l'envers. Pour ralentir le séchage dans un climat chaud, on peut recouvrir de plastique les carreaux ou autres petites pièces, mais veillez à ce que le plastique ne touche pas la surface malléable et humide du plâtre. Si nécessaire, on peut également recouvrir les grandes pièces avec des feuilles de plastique ou des linges humides. A nouveau, assurez-vous que la surface peinte soit protégée.

Réparations

Si une peinture a été endommagée, il vaut mieux la réparer avec du plâtre d'origine, mais si cela n'est pas possible, préparez la quantité nécessaire de mélange. Retirez toutes les parties qui n'adhèrent plus à la surface avec la pointe de la truelle. Humidifiez soigneusement la surface, en vous concentrant sur la zone à remplir ou à remplacer : un excédent d'eau sur la surface peinte pourrait causer des dégâts. Plâtrez normalement puis peignez la partie manquante avec les couleurs d'origine. Si cela n'est pas possible, prenez des couleurs assorties que vous avez essayées au préalable.

PRÉPARATION DU DESSIN

Il est possible de reporter le dessin sur la surface à peindre de deux manières. Soit le pigment est balayé à travers des trous piquetés dans le dessin, soit on utilise une pointe pour graver le tracé sur le plâtre. Pour les deux méthodes, le dessin doit être préparé sur un papier-calque ou, pour une plus grande composition, sur un matériau plus solide et résistant à l'eau, comme du papier d'emballage.

Les patrons sont fournis à la fin de ce livre mais ils doivent être agrandis pour correspondre au carreau ou au panneau que vous allez décorer. Le plus simple est de le faire à l'aide d'une photocopieuse, mais à défaut, vous pouvez réaliser l'agrandissement au moyen d'un quadrillage. Pour cela, décalquez le motif du livre et dessinez un quadrillage par-dessus. Prenez un morceau de papier aux dimensions du projet terminé et dessinez le même quadrillage mais avec des espacements plus grands et dans la même position que celui de votre calque. Si le dessin du livre est divisé en seize carreaux par exemple, le patron agrandi le sera également, les lignes du quadrillage tombant aux mêmes emplacements que le motif du livre (à la moitié, au quart, etc. en hauteur et largeur). Redessinez sur le papier les tracés à l'intérieur de chaque carreau. Si le motif est compliqué, numérotez les carreaux. La même méthode est utilisée pour agrandir les motifs de peintures murales (voir p. 122).

Poudrage

Le poudrage est la méthode la plus adéquate pour transférer sur le plâtre les petites formes et les petits détails d'une grande composition. Posez le dessin l'endroit contre une surface souple, comme une couverture pliée ou une nappe. Prenez une aiguille pour piquer des trous espacés d'environ 5 mm (pour les détails, les trous peuvent être si rapprochés qu'ils forment presque une ligne continue). Le dessin doit être poinçonné depuis l'envers car les pointes créées sur la surface du papier en le perçant pourraient s'imprimer à la surface du plâtre. Poussez l'aiguille assez fort pour réaliser un trou rond bien distinct. Si vous le souhaitez, vous pouvez monter l'aiguille dans une poignée; un stylo à bille vide ou un porte-mine qui enserre la pointe sont utiles.

Le poudrage du dessin sur la surface doit être réalisé lorsque le plâtre est prêt à être peint (voir les Étapes de la Peinture). Si le motif est reporté trop tôt, les pois de pigment seront indistincts. Posez le dessin sur la surface et balayez le pigment sur les trous avec un gros pinceau souple, comme ceux en poils de chèvre, ou un petit sac à poudrer. Pour les surfaces horizontales, il vaut mieux utiliser un pinceau. Pour un panneau vertical, le dessin sera tenu en place avec des petits clous ou du ruban à masquer.

On peut acheter le sac à poudrer ou bien le réaliser avec deux petits carrés de mousseline sur lesquels on place au centre une cuillère de pigment. La mousseline est ensuite pliée en forme de sac en rassemblant les coins et en les liant ensemble avec un fil enroulé serré.

De façon à obtenir le tracé le plus clair possible, appuyez doucement le dessin en le maintenant contre la surface du plâtre. Prenez aussi peu de pigment que nécessaire pour donner une impression de netteté; vérifiez que vous utilisez bien la quantité adéquate, en soulevant un angle du motif tout de suite après avoir commencé le poudrage.

Si la composition comprend beaucoup de détails fins, rejoignez entre eux les pois de pigment une fois que vous avez terminé le poudrage. Prenez un jus du pigment de poudrage et un pinceau fin (les couleurs du poudrage sont indiquées pour chaque réalisation). Cette étape est nécessaire car les pois de pigment seront fixés dans le plâtre en séchant et resteront comme autant de petits reliefs insolubles.

Lors du poudrage, on doit prendre le plus grand soin de ne pas inhaler de poussière de pigment, ou de s'en mettre dans les yeux ou sur la peau.

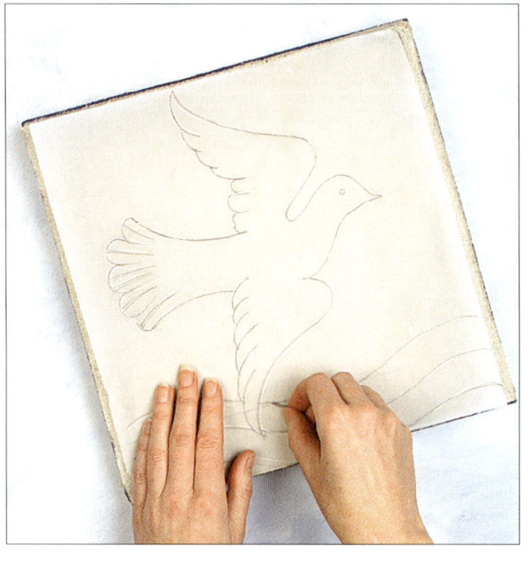

Le dessin est gravé à l'aide d'un clou.

Gravure

L'autre méthode de report du dessin sur la surface est de le placer directement sur le plâtre sans aucun intermédiaire, l'endroit vers vous. Avec un petit clou ou un crayon, repassez toutes les lignes principales du motif, en appuyant assez pour laisser un petit sillon dans la surface. L'avantage de la méthode de gravure est que les tracés ne disparaissent pas une fois qu'ils sont peints, et il est donc plus facile de garder les traces du motif. Cela est particulièrement utile lorsque l'on peint avec des dégradés qui effaceraient une ligne poudrée.

Cette méthode ne convient pas pour un travail très fin car elle ne reproduit pas les détails de façon très claire. Le sillon gravé peut également constituer une attraction visuelle supplémentaire sur un petit panneau. Toutefois, si une pièce est laissée exposée pendant un long moment, les sillons attrapent la poussière et deviennent ainsi de plus en plus perceptibles.

LES PIGMENTS À FRESQUE

La plupart des pigments utilisés de nos jours pour la peinture à fresque le sont depuis des milliers d'années. À différentes époques et dans différentes civilisations, la gamme des couleurs est demeurée la même. Les artistes minoens, grecs, romains, indiens aussi bien que les peintres européens du Moyen-Age et de la Renaissance italienne utilisaient des oxydes de fer natifs pour les rouges et les jaunes. L'oxyde de fer et les noirs de carbone de fumée étaient utilisés au temps des Romains. La chaux a toujours été utilisée pour le blanc, depuis la Renaissance, où on utilisait le blanc de Saint-Jean, un blanc préparé à partir de carbonate de chaux.

Les pigments bleus utilisés dans la fresque ont changé à travers les siècles. L'ancêtre de notre bleu de cobalt et du bleu de céruléum est le bleu égyptien. Comme son nom l'indique, cette couleur trouve son origine dans l'ancienne Égypte. Les Minoens ont importé cette teinte (ou bien ont appris des Égyptiens à la préparer). Elle était utilisée par

Les couleurs changent radicalement lorsqu'elles sont mélangées avec du blanc, et selon le blanc utilisé. Voici un exemple avec le bleu de cobalt clair.

Bleu de cobalt clair pur.

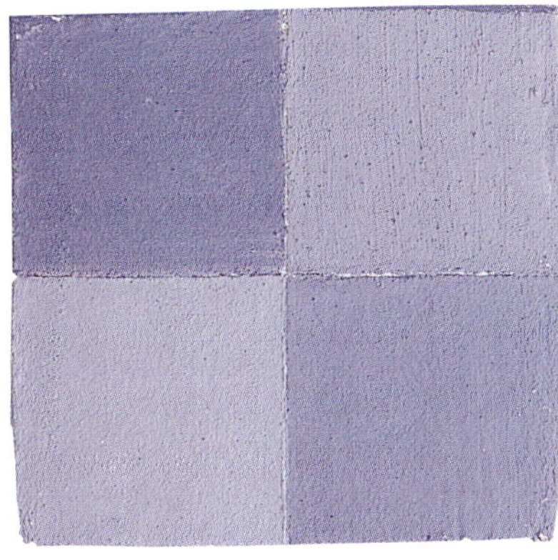

Bleu de cobalt clair mélangé avec de la poudre de marbre.

Bleu de cobalt clair mélangé avec de la pâte de chaux.

Bleu de cobalt clair mélangé avec du blanc de titane.

Bleu de cobalt clair mélangé avec du blanc de lithopone (sulfate de Baryum).

les Étrusques et les Romains. De nos jours, on peut l'imiter avec le bleu de cobalt, quelquefois teinté avec du céruléum ou un peu de vert. Le bleu de cobalt a été introduit comme pigment dans la peinture dans les années 1820 et le céruléum vers 1870. Pendant la Renaissance italienne, le lapis-lazuli était broyé pour produire le bleu outremer, alors le plus cher de tous les pigments, qui était appliqué en détails sur la fresque une fois sèche. De nos jours, l'outremer synthétique, introduit sous forme de pigment dans les années 1820, est quelquefois utilisé pour la fresque, bien qu'il y ait des controverses quant à sa compatibilité. Les fournisseurs de pigments devraient pouvoir vous informer sur la compatibilité de l'outremer qu'ils vendent.

Les verts dérivés du cuivre, les terres vertes et les verts obtenus par mélange à partir du bleu égyptien et de la terre verte, sont traditionnels dans la fresque. Le vert de cobalt a été introduit comme pigment dans les années 1850 et le vert d'oxyde de chrome vers 1860.

Pigments résistants à la chaux

La peinture à fresque a été réalisée pendant des milliers d'années, et elle n'est pas connue comme intoxicante, mais il est toutefois exact qu'il est extrêmement important de suivre les bonnes méthodes lorsqu'on utilise des pigments secs. Toutes les poudres fines posent un problème de santé et il existe des possibilités qu'une exposition persistante vous soit dommageable. Si vous êtes enceinte, ou bien susceptible de le devenir, consultez le corps médical avant de travailler avec des pigments en poudre.

Essayez de réserver un endroit dédié au travail de la peinture à fresque, et portez des vêtements de travail que vous laverez souvent. N'utilisez pas d'ustensiles en cuisine qui ont servi à manier certains ingrédients de la fresque. Gardez la zone de travail propre : lavez les ustensiles avec du papier humide et passez souvent l'aspirateur, en vous débarrassant avec précaution des poussières. Lorsque vous maniez de grandes quantités de pigments secs, portez un masque de protection (voyez avec votre fournisseur pour les détails concernant le niveau de protection). Ne travaillez pas près d'un courant d'air ou d'un ventilateur qui pourrait souffler sur la poudre et évitez de manger, de boire ou de fumer dans la zone de travail : vous risqueriez de transférer la poussière de pigment à votre bouche. Protégez vos mains et votre peau, en veillant à ce que les coupures ou les égratignures ne soient pas exposées à la poudre de pigment. Gardez vos mains loin de vos yeux et de votre visage et lavez-les fréquemment, sans oublier de nettoyer le dessous de vos ongles.

Demandez des conseils à votre fournisseur sur le maniement des pigments qu'il vend et suivez-les scrupuleusement. Certains vendeurs vous fourniront des pigments sous forme de pâte, et vous pourrez les utiliser à la place des pigments en poudre. En premier lieu, assurez-vous qu'ils conviennent à la peinture à fresque. Choisir des pigments résistants à la chaux est essentiel dans la peinture à fresque. Une liste des pigments utilisés dans les projets de ce livre est donnée plus loin, mais il existe d'autres couleurs compatibles avec la chaux. Conservez les pigments dans des récipients hermétiques incassables. Si votre pigment est vendu en sachet, il faut le découper pour l'ouvrir (et non pas le déchirer) et le conserver dans un pot. Il vaut encore mieux placer le sachet directement dans un récipient, ou retirer le pigment avec une cuillère ou une pelle, l'action de verser le pigment créant de la poussière.

Il est important d'essayer toutes les couleurs avant de s'en servir, pour deux raisons. D'abord les pigments doivent être testés pour leur résistance à la chaux. A moins que vous ne soyez absolument sûr de leur composition chimique (certains fournisseurs vous donneront cette information), il est impossible d'être certain à cent pour cent qu'un pigment va résister à l'alcalinité de la chaux. La seconde raison est que d'essayer les couleurs vous permet de vous familiariser avec leur aspect une fois peintes et séchées.

Préparation des couleurs

Les pigments utilisés dans la fresque sont mélangés avec de l'eau et conservés dans des pots hermétiques sous forme de pâte. Les couleurs secondaires sont obtenues en mélangeant ces pâtes. On ajoute de l'eau à la pâte pour la mélanger ou pour la peinture. Les couleurs sont généralement utilisées sous forme aqueuse à la consistance du lait. On peut utiliser de l'eau du robinet aussi bien que de l'eau distillée, de l'eau bouillie refroidie ou de l'eau de chaux. L'eau distillée ou l'eau bouillie refroidie sont exemptes d'impuretés, aussi je vous recommande de les utiliser pour préparer les pâtes de pigments et les couleurs qui devront être conservées pour un long moment. L'eau de chaux, celle que l'on récupère sur le dessus du récipient de pâte, peut apporter aux couleurs un aspect légèrement crayeux si on ne prend pas soin d'en retirer les fragments de chaux.

COULEURS UTILISÉES DANS CE LIVRE

Blanc : *pâte de chaux, blanc de titane*

Bleu : *outremer*, bleu de cobalt clair (également nommé bleu de cobalt pâle; à remplacer par du bleu de cobalt foncé mélangé avec du blanc de titane, si vous n'en trouvez pas), bleu de cobalt foncé, céruléum*

Terres rouges : *terre de Sienne brûlée, rouge de Venise, brun rouge, terre d'Herculanum (à remplacer par la terre rouge la plus claire et la plus jaune possible, si vous n'en trouvez pas)*

Rose : *cinabre (à remplacer par un mélange d'1 mesure de Sienne brûlée et 4 mesures de blanc de titane, si vous n'en trouvez pas)*

Jaune : *Sienne naturelle, ocre jaune, jaune de Mars*

Vert : *terre verte, vert de cobalt, oxyde de chrome, vert clair (n'importe quel vert clair synthétique résistant à la chaux; on le trouve sous différents noms)*

Violet : *violet de cobalt foncé (également nommé « caput mortum »)*

Noir : *un noir d'oxyde de fer, comme le noir de Mars ou le noir de carbone de fumée*

Marron : *ombre brûlée, ombre naturelle*

Graphite et mica en paillettes : *chacun de ces pigments brillants n'est utilisé que pour une seule réalisation*

* *À noter : l'outremer synthétique est considéré par certains comme étant résistant à la chaux, et par d'autres non. Il est effectivement sensible à l'acidité et donc contre-indiqué pour un usage extérieur. Mais comme il s'agit d'un pigment bon marché, je suggère son usage pour colorer les mélanges de plâtre, à la condition qu'il soit essayé au préalable.*

Pour préparer une couleur, versez à la cuillère le pigment sec dans un pot en verre, ajoutez de l'eau et remuez avec précaution. Lorsque le pigment a la consistance d'une pâte, versez encore un peu d'eau (une épaisseur d'environ 13 mm). Cette couche surnagera en haut du pot et lui évitera de sécher.

Pour les mélanges secondaires, enlevez l'eau qui protège la pâte et retirez la quantité nécessaire avec une cuillère ou un couteau à peindre. Déposez-la dans un autre pot avec l'autre couleur en pâte. Ajoutez un peu d'eau pour diluer la couleur à la consistance du lait. Le contenu de ce pot doit être fermé hermétiquement, ou encore, secoué en maintenant le couvercle fermé. Si la peinture est trop épaisse, elle va stagner en surface et ne sera pas fixée dans le plâtre. Étiquetez tous les pots avec les proportions de leur mélange de couleur ou leur contenu.

Essai des couleurs

Les couleurs doivent être essayées au préalable pour tester leur résistance à la chaux. Essayez-les en peignant sur un carreau en terre cuite préparé et laissez sécher. Pour tester les mélanges de couleurs, peignez-les sur un carreau, en notant les proportions du mélange directement sur le carreau ou en numérotant les essais et en gardant une trace des proportions du mélange sur un papier. Le carreau devra sécher pendant environ une semaine avant que vous puissiez juger de l'aspect final que la couleur aura, aussi il vaut mieux tester toutes les variantes des couleurs que vous pensez utiliser en même temps.

PIGMENTS

Dans les instructions pour les **Mélanges de pigments**, *1 mes. signifie une cuillère à thé rase de pigment en pâte. Vous verrez que seules de petites quantités de pigments sont nécessaires.* **Sur la palette** *Il vaut mieux prendre de grosses gouttes de couleur dans le pot au moment de les utiliser, mais si vous trouvez qu'elles sèchent trop vite, prenez de petites quantités de couleur sèche en dernier ressort.*

ÉTAPES DE LA PEINTURE

Dans le sens des aiguilles d'une montre, et en partant du haut à gauche : *carreau d'essais avec des pigments non mélangés; pigments secs, y compris du mica et du graphite; carreau d'essais avec couleurs mélangées; pigments secs; couteau à peindre utilisé pour sortir le pigment du pot, pots avec couvercle pour conserver les pâtes de pigment et les mélanges de couleur.*

Le plâtre est prêt à être peint lorsque vous pouvez le toucher assez fermement du doigt sans y laisser une marque. L'autre façon de le savoir est de passer un pinceau mouillé sur la surface du plâtre. Le pinceau ne doit pas marquer la surface et l'eau déposée doit être absorbée rapidement par le plâtre. Cela vous indique que le plâtre est assez « assoiffé » pour recevoir la peinture. Ce stade peut survenir entre 20 mn et quelques heures après le plâtrage, selon le support, les conditions atmosphériques et le plâtre utilisé, aussi il est important de tester régulièrement la surface.

On applique le lavis à l'eau de couleur délayée au début de la peinture et si nécessaire, on peut l'estomper avec un pinceau souple comme une brosse éventail en martre ou une brosse à estomper en poil de chèvre. Lorsque le plâtre est plus sec, il « boit » la couleur si vite qu'il ne reste pas en surface assez longtemps pour être estompé. Utilisez le pinceau très légèrement sans abîmer la surface du plâtre. Le fait d'entamer la surface pourrait créer une texture non désirée, mais aussi mélangerait la chaux avec la couleur, en l'éclaircissant considérablement.

Lorsque la surface du plâtre est assez assoiffée pour absorber la couleur presque instantanément, vous pouvez peindre des couleurs fortes et opaques, des lignes et de fins détails. C'est une période magique que le moment où on peut peindre rapidement et adroitement. Travaillez en confiance, en profitant au maximum du temps que vous accorde le plâtre. Souvenez-vous de ne pas appliquer la peinture en couche trop épaisse : elle pourrait saturer le fond. Lorsque la couleur n'est plus fixée en raison du durcissement du plâtre, il est temps d'arrêter. Pour vous familiariser avec les temps de peinture, peignez sur un carreau en terre cuite préparée. Peignez le même dessin avec les mêmes couleurs, plusieurs fois, à différentes étapes de la maturation du plâtre. Lorsque tout est sec, comparez les différents aspects. Lavez délicatement la surface des carreaux avec de l'eau et regardez quels pigments ne sont pas fixés.

La différence entre une fresque humide et une fresque sèche est en général radicale : le plâtre s'éclaircit et se lisse lors du séchage. Les traces de pinceau ont tendance a être visibles dans les couleurs qui étaient de tonalité moyenne et qui sont devenues claires en séchant. Au début du séchage, les couleurs peuvent apparaître disparates et contrastées, mais au fur et à mesure que le plâtre sèche, elles deviennent plus pâles mais en même temps plus lumineuses alors que le processus de carbonisation se poursuit.

LES PINCEAUX

On peut utiliser nombre de pinceaux différents dans la fresque. N'oubliez pas que la chaux va assécher les poils et qu'ensuite ils deviendront durs et ne seront plus guère utilisables pour d'autres sortes de peintures. Les brosses synthétiques sont plus résistantes à la chaux. Les pinceaux à poils souples conviennent mieux; les poils plus durs vont rayer la surface du plâtre.

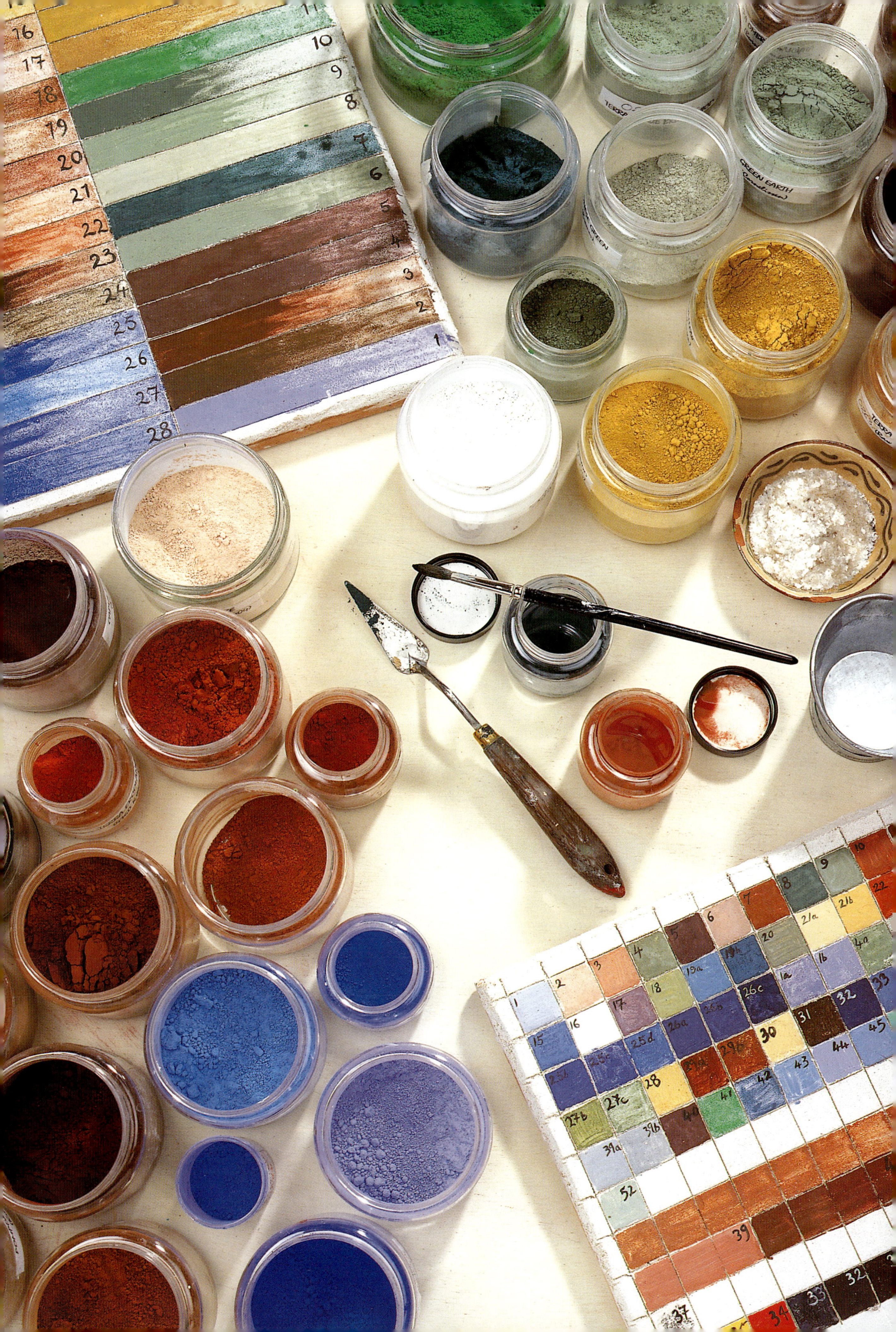
GREEN EARTH
1
2
3
4
5
6
7
8
9
10
11
16
17
18
19
20
21
22
23
24
25
26
27
28

J'utilise les brosses plates en chèvre et les brosses à rechampir pour estomper; les brosses en martre, en petit gris ou en poils souples synthétiques pour les lignes fines, et les larges brosses en poils de boeuf pour les grandes surfaces. Faites des essais avec ce que vous avez, en vous souvenant que lorsque le plâtre est vraiment humide, seules les brosses les plus souples sont utilisables, alors qu'au fur et à mesure du durcissement, on peut progressivement utiliser les pinceaux plus durs (certaines des brosses pour la fresque traditionnelle sont réalisées en soies de porc). Lavez les pinceaux à l'eau et si possible, avec un savon neutre à l'huile d'olive. N'utilisez pas de détergent : il assécherait les poils plus rapidement.

Pour peindre des lignes droites, vous trouverez plus facile de reposer votre main sur un appuie-main, acheté en magasins de travaux manuels et d'arts graphiques, ou fait maison.

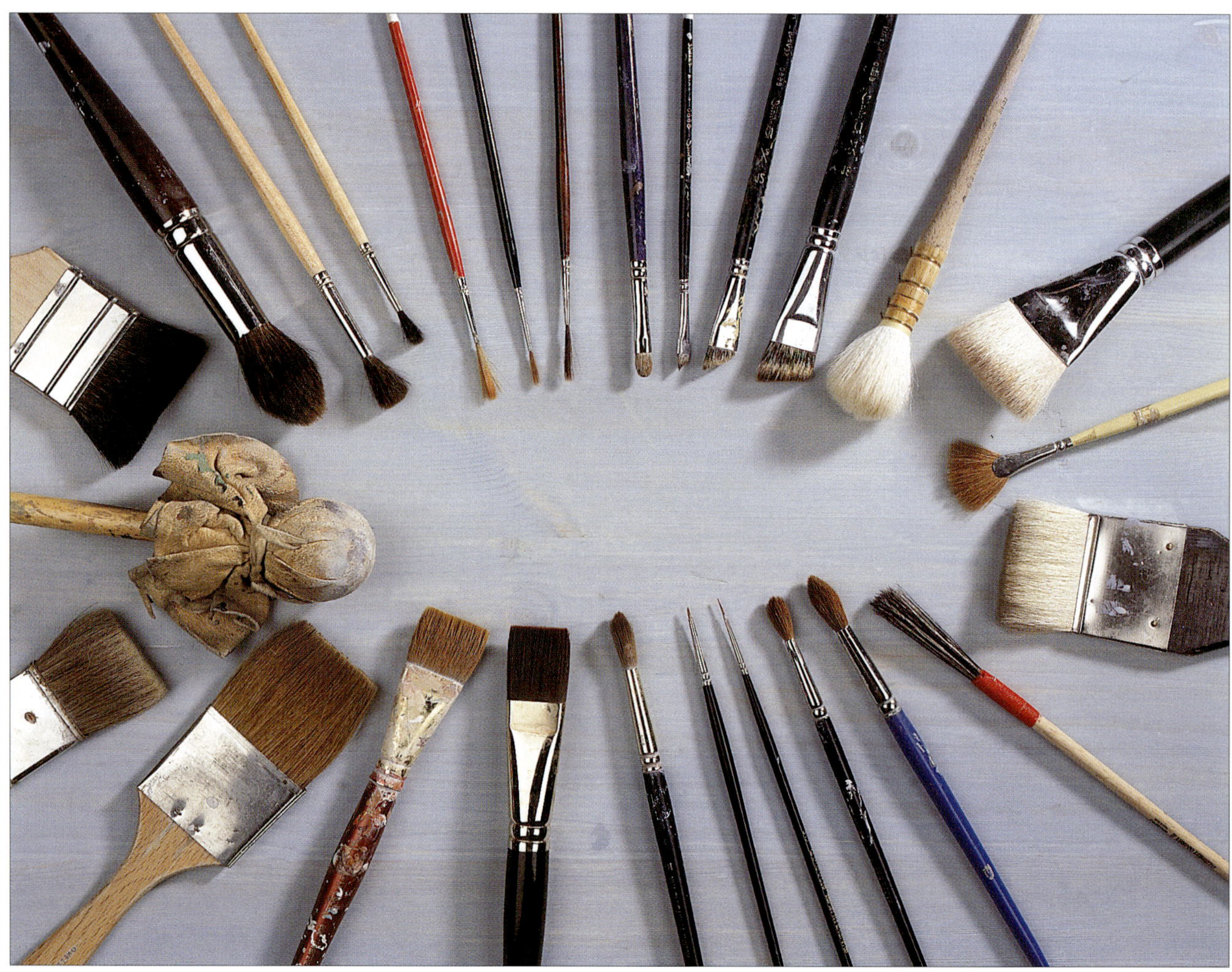

Dans le sens contraire des aiguilles d'une montre en commençant par le centre gauche : un appuie-main; des brosses plates à poils souples (les trois de gauche sont en poil de bœuf, la dernière est synthétique); différentes tailles de pinceaux ronds fins, en martre et en synthétique; un pinceau à fresque traditionnel; brosses à estomper en poil de chèvre et de martre avec une brosse éventail à estomper; trois brosses plates biseautées, utilisées avec une règle pour peindre les lignes droites; une brosse à tableau bombée qui peut être utilisée à la place d'une brosse biseautée; trois pinceaux à filets pointus, utilisés pour peindre les fines rayures; quatre brosses en petit-gris.

RÉALISATIONS

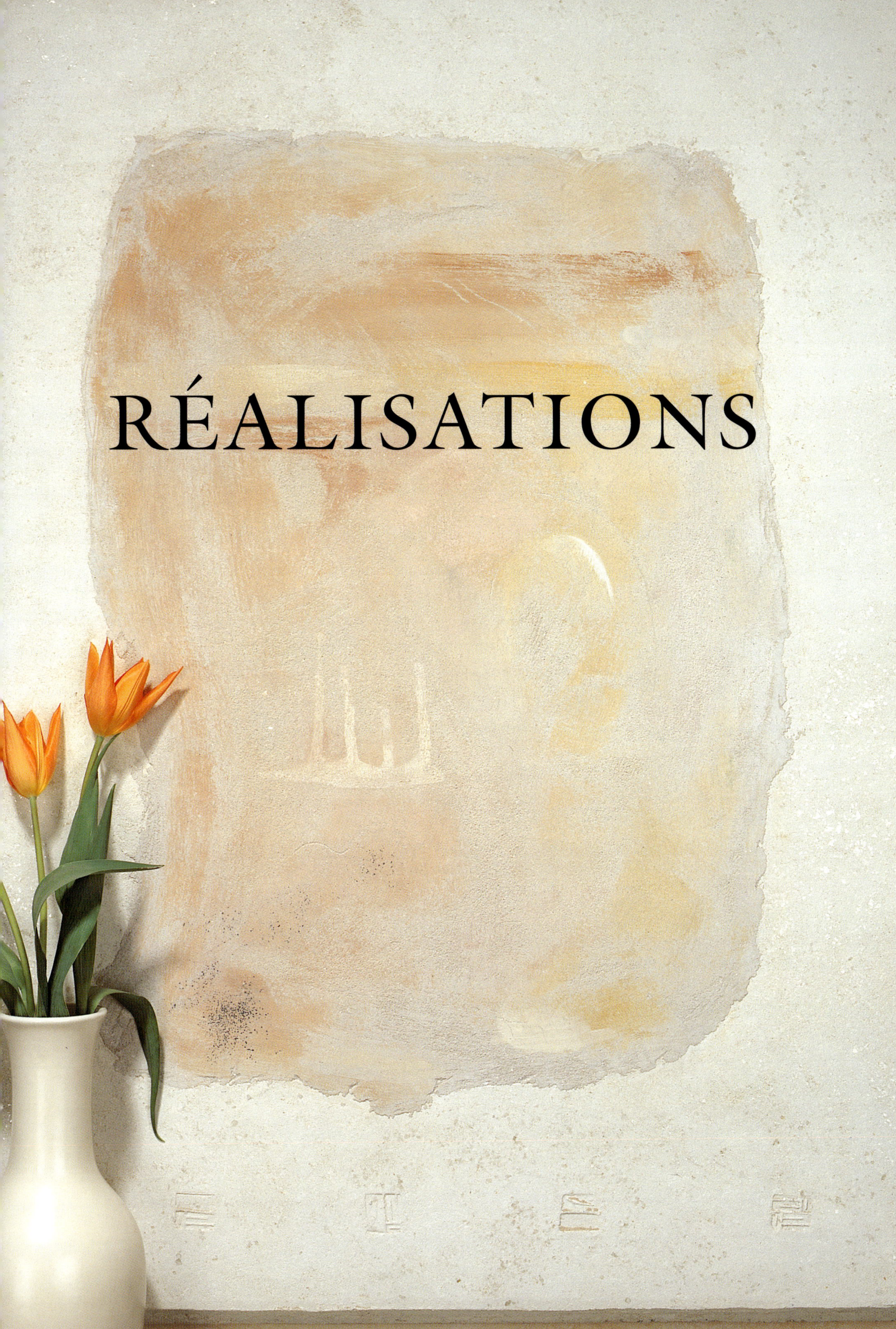

PÊCHEUR MINOEN

De la Maison de l'Ouest à Akrotiri, Santorin

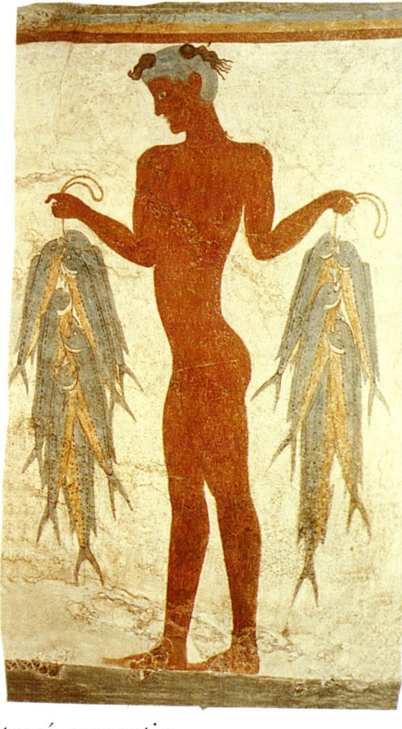

Cette gracile représentation d'un jeune homme revenant de la pêche a été peinte sur l'île de Théra (de nos jours Santorin), en Grèce, entre 1550 et 1500 av. J.-C. La peinture ornait un mur de la maison d'une famille patricienne et on a suggéré qu'il pouvait s'agir du portrait du fils de la maison.

Cette fresque est dans le style minoen, caractérisé par un travail au pinceau extrêmement spontané et naturel. L'artiste a peint le personnage d'une main fluide qui, contrastant avec la pose figée, donne au pêcheur le sens du mouvement. Il a donné à chaque poisson une expression différente, pour un résultat plus vibrant et plus vivant.

Pour travailler d'après un original de la période minoenne, ou pour créer dans le style des peintures minoennes, le secret de la réussite est de capturer le tracé fluide des figures et des formes principales. Un tracé serpentin, sans cassures, rendra mieux qu'une ligne qui devient hésitante ou qui se brise en voulant essayer de suivre trop attentivement un modèle. Ici, la pièce terminée a été fixée au mur avec des pattes à miroir et du plâtre appliqué tout autour.

FOURNITURES

Un panneau de 30 x 45 cm recouvert de grillage, d'environ 1,6 kg de mélange de plâtre de base et 1,1 kg de mélange de plâtre de finition

♦

Un sac à poudrer ou un gros pinceau souple

♦

Une palette

♦

Une petite éponge naturelle

♦

Pinceaux : une brosse plate 2,5 cm, une brosse à estomper en poils de chèvre, pinceaux ronds fins n° 10 et n° 0

PIGMENTS

Mélanges de pigments

Fond : *1 mes. ocre jaune, 1 mes. blanc de titane, 1/2 mes. terre rouge*

Rayure bleu, dos des poissons, « chapeau » : *1 mes. bleu de céruléum, 1/2 mes. terre verte, 1/4 mes. ombre brûlée et 1/4 mes. blanc en mélange*

Rayure jaune, ventre des poissons, collier, corde : *1 mes. ocre jaune*

Rayure marron : *1/4 mes. ombre brûlée et 1/4 mes. terre rouge en mélange*

Rayure foncée à la base du panneau : *1/4 mes. noir, 1/4 mes. ombre brûlée et 1/4 mes. bleu de céruléum en mélange*

Corps : *1 mes. terre d'Herculanum, 1 mes. terre rouge*

Sur la palette : *un peu de noir, de blanc de titane et d'ombre brûlée*

Pigment pour le poudrage : *1/2 mes. terre verte*

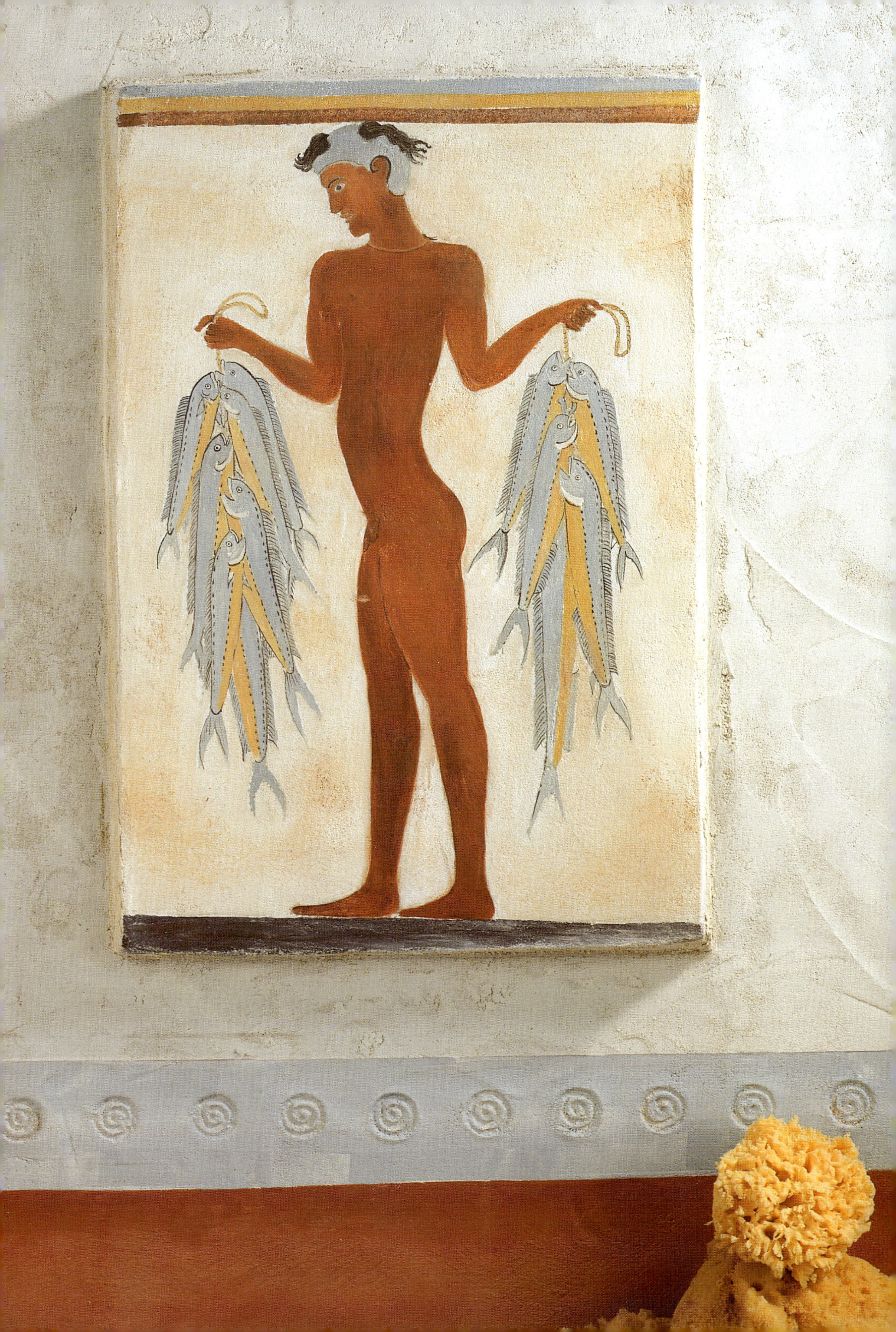

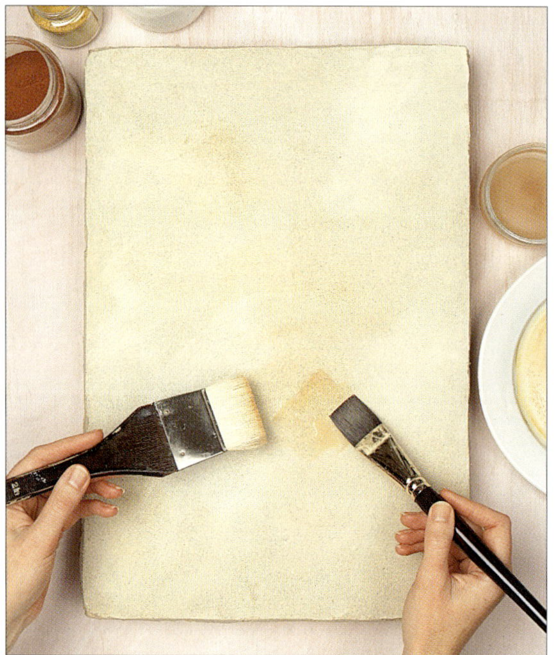

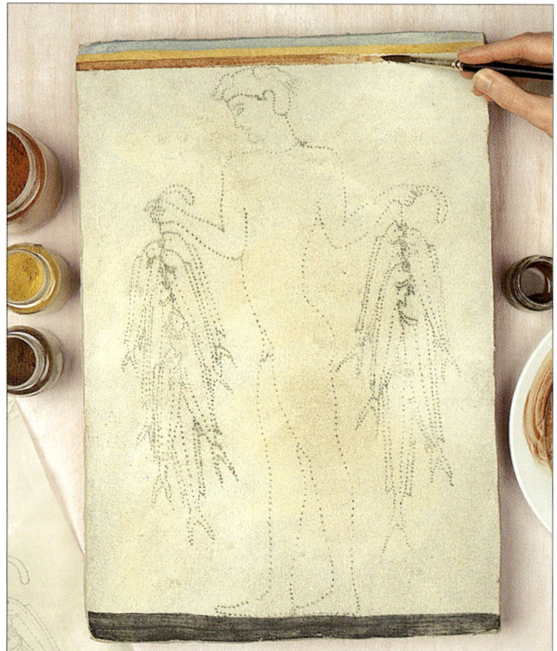

1 Lorsque le plâtre est prêt pour la peinture, diluez les pâtes d'ocre jaune, de blanc de titane et de terre rouge. « Salissez » les couleurs sur la palette avec une touche d'ombre brûlée. Prenez la brosse de 2,5 cm pour appliquer les jus en taches juxtaposées sur la surface, puis fondez immédiatement avec la brosse à estomper en poil de chèvre. Gardez les couleurs très claires; elles se verront mieux lorsque le plâtre aura séché.

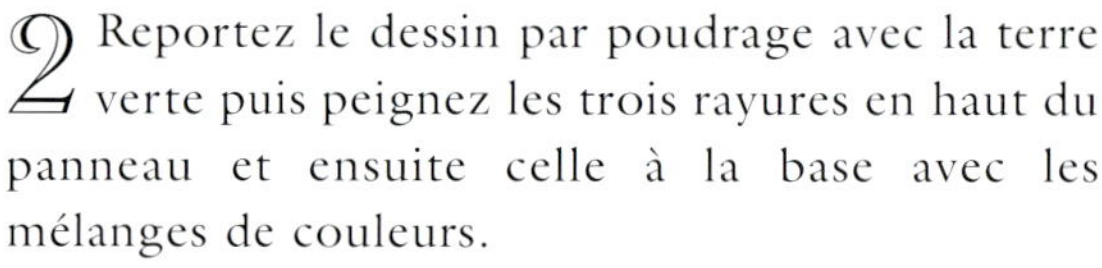

2 Reportez le dessin par poudrage avec la terre verte puis peignez les trois rayures en haut du panneau et ensuite celle à la base avec les mélanges de couleurs.

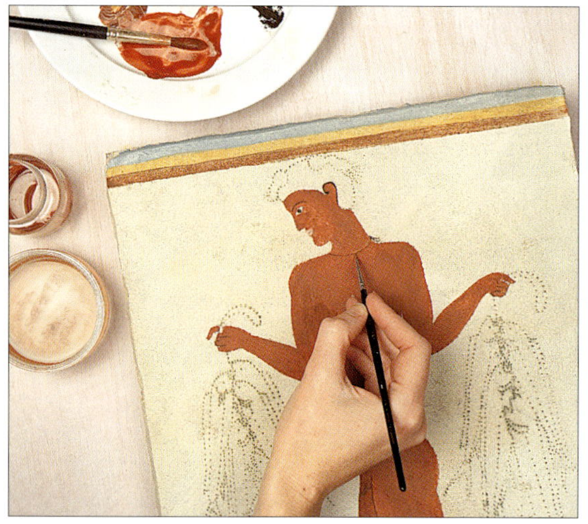

3 Prenez le pinceau n° 10 pour peindre le corps de l'homme. Si vous trouvez que vous marquez la surface de façon notable et que ce sera visuellement dommageable, fondez les marques avec la brosse à estomper. Remplissez d'abord toute la forme avec la terre d'Herculanum, puis foncez par endroit avec la terre rouge. Servez-vous de l'original pour vous guider dans les couleurs. Prenez le pinceau n° 0 et de la terre rouge foncée d'ombre brûlée pour peindre les détails des mains, des oreilles et des sourcils. Prenez du noir pour l'iris des yeux et du blanc de titane mélangé avec de la terre rouge et de l'ombre brûlée pour le blanc de l'œil. L'ocre jaune et l'ombre brûlée sont utilisés pour le collier, et les lèvres sont peintes avec le blanc de titane mélangé à de la terre rouge.

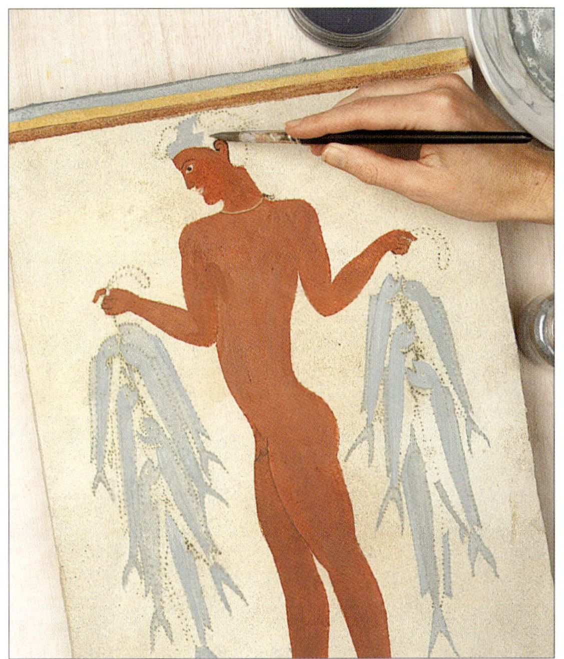

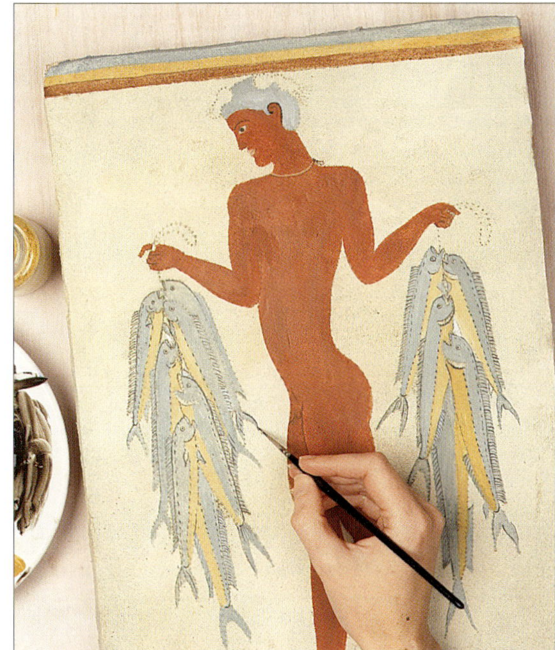

4 Avec le pinceau n° 10 et le bleu mélangé, peignez le chapeau et la partie bleue des poissons. Dégradez la teinte en la diluant par endroits.

5 Prenez le pinceau n° 10 et l'ocre jaune pour peindre le ventre des poissons. Utilisez une couleur plus diluée par endroits, pour introduire des variations dans la teinte. Peignez les détails des poissons en noir avec le pinceau n° 0. Prenez le pinceau n° 10 pour peindre les cheveux du pêcheur en noir.

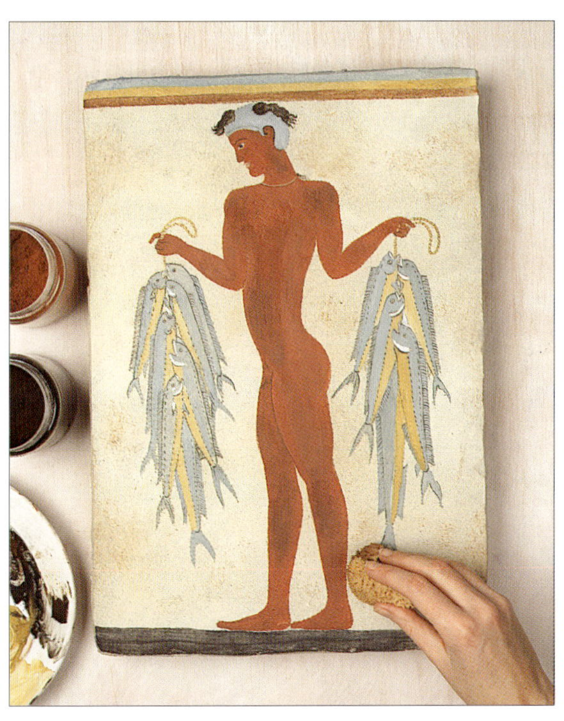

6 Peignez l'ouïe des poissons avec le pinceau n° 0 et le blanc de titane, « sali » d'un peu d'ombre brûlée. Avec le même pinceau, peignez les cordes avec l'ocre jaune et ajoutez les détails en noir. Trempez l'éponge dans l'eau puis essorez-la. Prenez un peu d'ombre brûlée sur l'éponge et utilisez-la pour ombrer le corps du pêcheur par endroits. Épongez délicatement de la terre rouge et de l'ombre brûlée sur le fond, pour simuler la patine de l'original.

OISEAU GRAFFITO

Le mot «graffito» provient de l'italien *graffiare*, griffer. Les lignes entaillées sont peut-être la plus ancienne forme d'expression artistique, et griffer ou couper dans la surface du plâtre est un moyen parfait de reprendre cette technique graphique de décoration murale.

L'artiste victorien, Heywood Sumner, était un praticien très connu de la décoration au graffito. Il a réalisé un grand nombre d'œuvres avec cette technique, et notamment la décoration de l'église Sainte-Agathe à Portsmouth. Sumner appliquait le plâtre dans une gamme de différentes couleurs pour réaliser une couche de base, puis il ajoutait une fine couche de finition, qu'il découpait pour révéler les couleurs sous-jacentes. Dans un article paru en 1898, il énumérait les qualités spéciales particulières au graffito : « La surface primitive du mur change de couleur dans une séquence imbriquée mais ordonnée alors que la surface extérieure se meuble de lignes expressives et d'espaces, qui délivrent un message simple entrecoupé de silences... Les marques de la taloche, de la truelle et du grattoir restent en place, et se combinent pour restituer une surface naturelle ».

Ce motif d'oiseau est inspiré du détail d'une œuvre murale de Heywood Sumner. Nous avons utilisé une couche de finition plus épaisse qu'il ne l'a fait, pour créer un effet de contraste plus marqué d'ombres et de lumières. Les bords des sillons ont été arrondis pour renforcer la fluidité du motif.

FOURNITURES

Environ 1 kg de mélange de plâtre de base

♦

Un seau à peinture

♦

Une truelle

♦

Un vaporisateur en plastique ou un spalter

♦

Un carreau en terre cuite de 30 x 30 cm

♦

Environ 725 g de mélange de plâtre de finition

♦

Un clou

♦

Une couteau à peindre

PIGMENTS

Environ 8 mes. de bleu outremer pour teinter le plâtre

Le pigment bleu outremer est mélangé avec le plâtre pour créer une couche de base colorée.

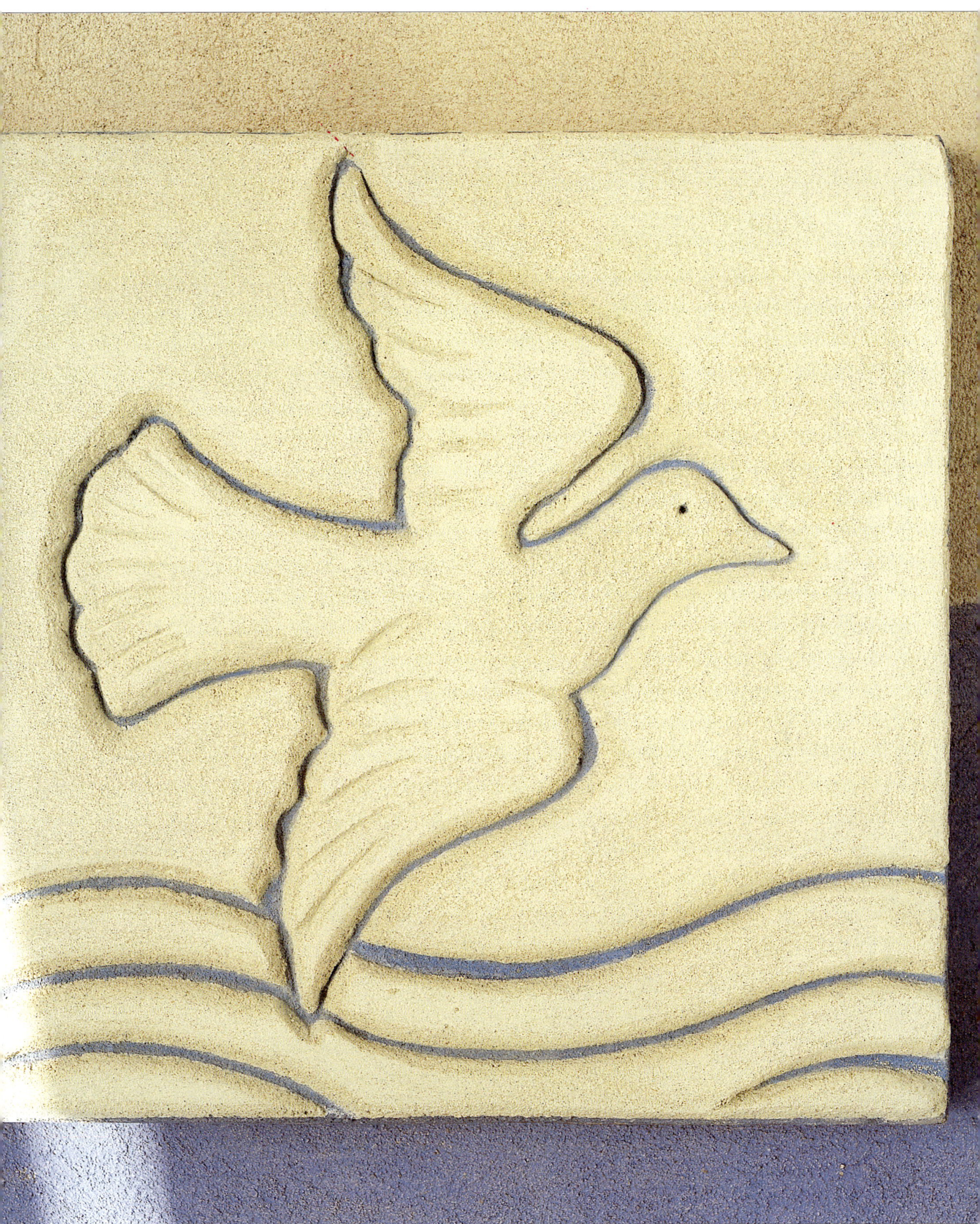

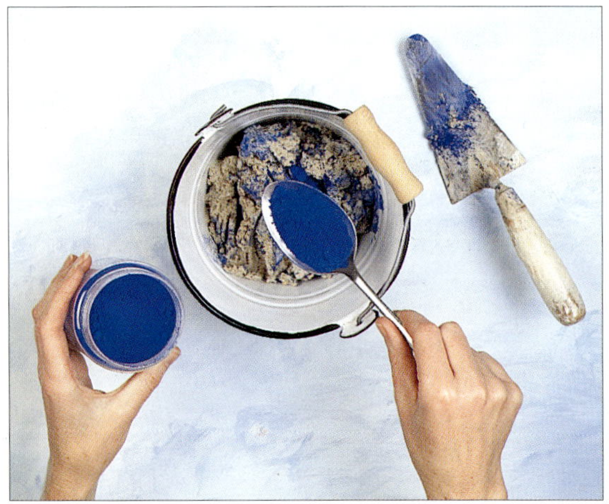

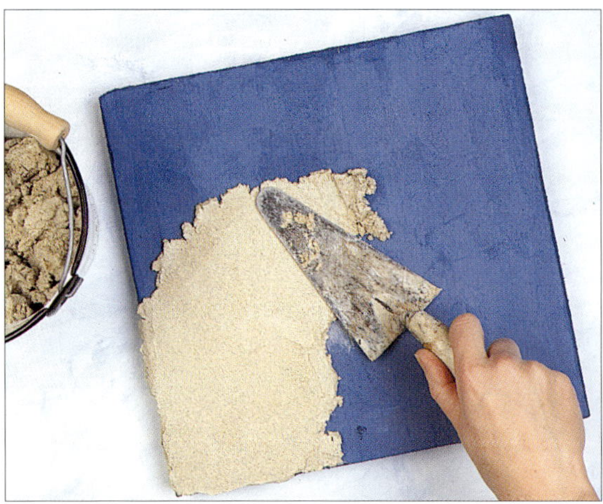

1 Associez le pigment bleu outremer avec le plâtre de base, en ajoutant le pigment petit à petit et en mélangeant jusqu'à obtenir une couleur uniforme. Si le mélange devient trop épais, dans ce cas, on peut ajouter environ une cuillère à soupe d'eau (un mélange trop humide pourrait craqueler). Si le plâtre est toujours trop dur, ajoutez de la pâte de chaux. Il est important à ce stade de se rendre compte de la couleur une fois sèche. Pour le savoir, étalez un peu de plâtre et séchez dans un endroit chaud. Si la couleur est trop claire, ajoutez encore du pigment. Si la couleur est trop foncée, ajoutez du plâtre. Une fois que la couleur vous convient, appliquez le plâtre et laissez sécher complètement.

2 Humidifiez le carreau avec le vaporisateur ou le spalter jusqu'à ce qu'il ait absorbé autant d'eau que possible. Étalez la couche de plâtre de finition.

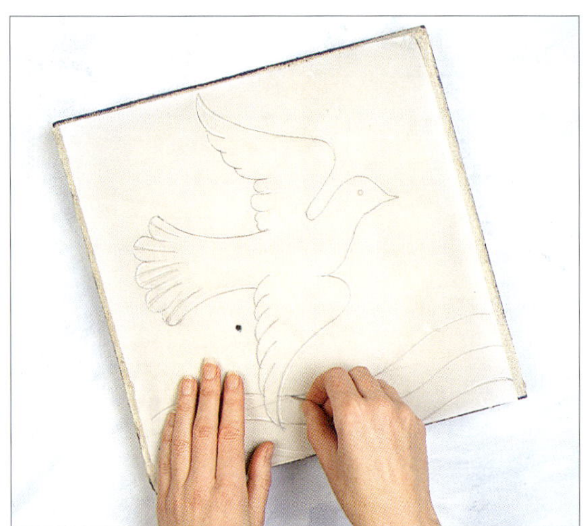

3 Laissez sécher le plâtre jusqu'à ce qu'il soit assez ferme, mais encore humide et souple au toucher. Reportez le motif sur la surface en le gravant par-dessus le dessin à l'aide d'un clou. Appuyez assez pour laisser une marque nette sur la surface (assez rapidement, soulevez un coin du dessin pour vérifier si la gravure est assez claire).

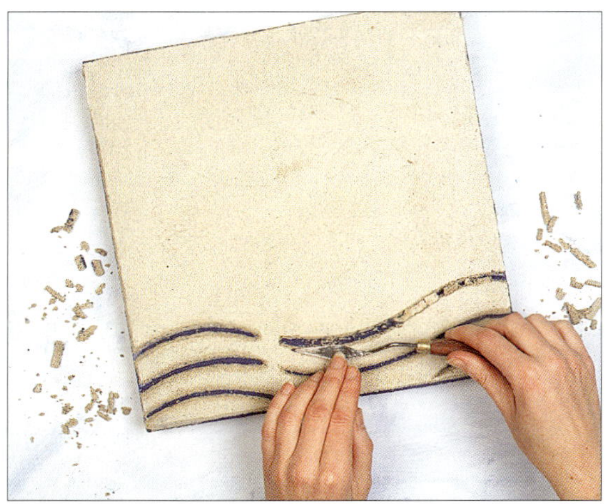

4 Servez-vous du couteau à peindre pour entailler le plâtre. Les lignes du motif forment un sillon en "V", en raison de la position du couteau, tenu par le côté. Commencez par la mer, en coupant chaque bord du tracé avant de retirer le plâtre avec la pointe du couteau. Arrondissez les bords du sillon avec le couteau.

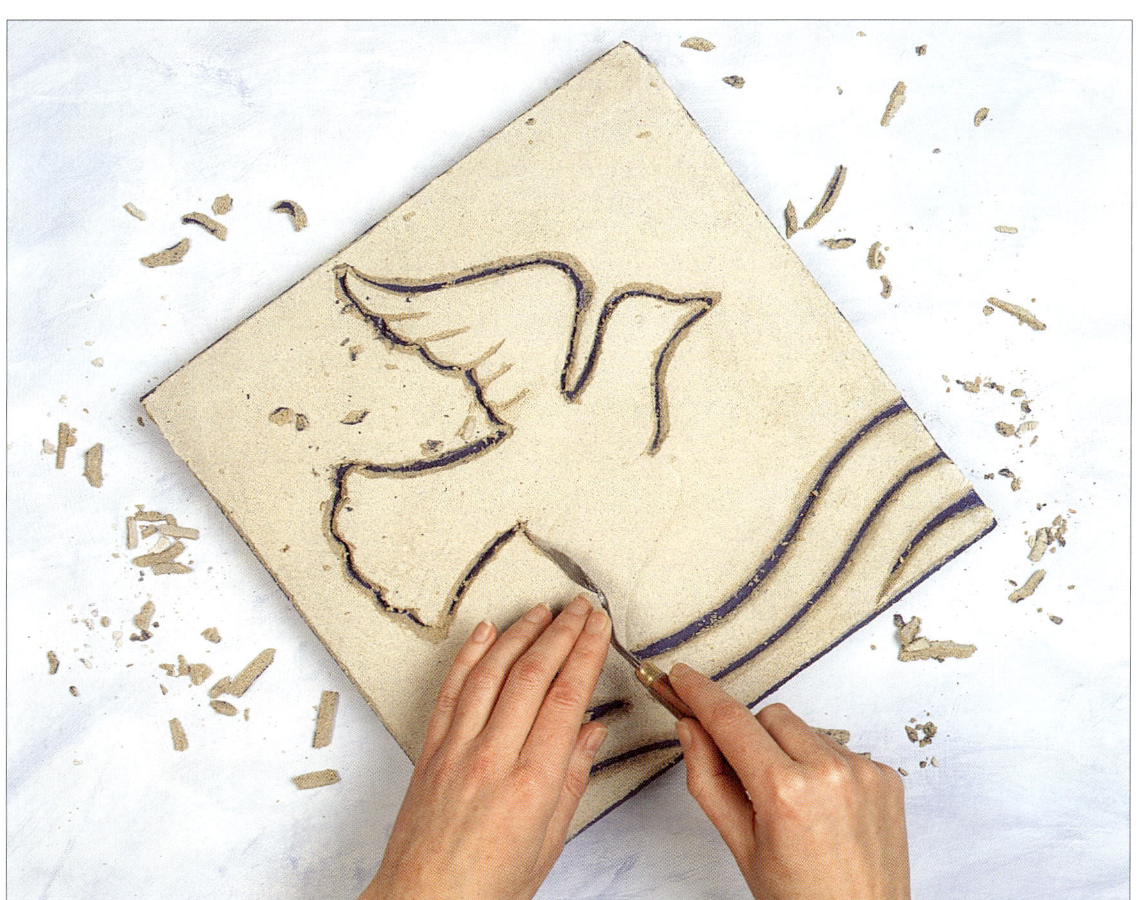

5 Entaillez les lignes de l'oiseau avec la même technique que pour la mer. Les lignes fines de la queue et des ailes sont marquées en sillons moins profonds sur la surface. Sur ce motif, ces détails seraient trop lourds et casseraient la fluidité du dessin s'ils étaient entaillés aussi profondément que le tracé principal.

BORDURE DE CITRONS

Les guirlandes de fruits et de fleurs constituent un motif de décoration familier. Cette bordure vivante, inspirée des couleurs méditerranéennes intenses de la côte italienne à Amalfi, est la variante contemporaine d'un thème traditionnel.

En répétant le motif, la bordure a été utilisée pour encadrer une ouverture, en contraste avec les murs unis et en donnant à la pièce un air convivial de soleil et de vigueur. Le motif peut également être utilisé comme une frise. A lieu de fixer des panneaux sur le mur, vous pouvez appliquer directement le plâtre sur une toile de jute en utilisant la méthode décrite p. 116.

Le bleu utilisé dans la peinture est un bleu de cobalt clair, une couleur aérienne vibrante très proche du bleu égyptien utilisé par les Romains et les Grecs. Si votre fournisseur n'en possède pas en stock, le bleu de céruléum ou le bleu de cobalt ordinaire sont de bons substituts, mais n'oubliez pas de choisir des couleurs intenses et vivantes en les prenant sous leur forme pure et non pas mélangées avec du blanc.

FOURNITURES

Un panneau de 30 x 90 cm recouvert de grillage, d'environ 3,1 kg de mélange de plâtre de base et 2,1 kg de mélange de plâtre de finition

♦

Un sac à poudrer ou un gros pinceau souple

♦

Une palette

♦

Un appuie-main

♦

Pinceaux : une brosse souple plate de 2,5 cm, un pinceau rond fin n° 10 et une brosse éventail à estomper de 2,5 cm

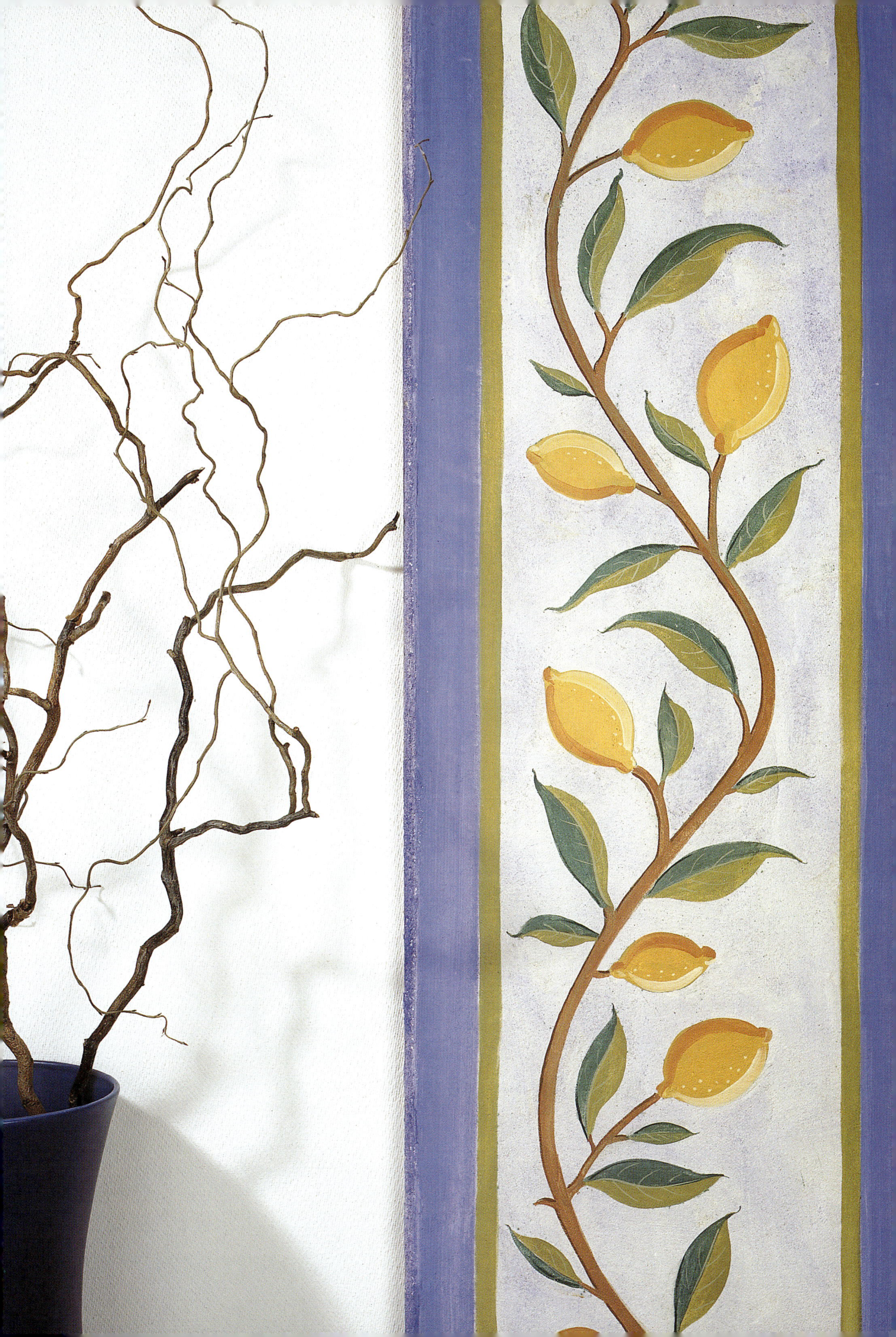

PIGMENTS

Mélanges de pigments
Fond et rayures bleues : *1½ mes. bleu de cobalt clair*
Vert clair des feuilles et des rayures : *1 mes. ocre jaune et ⅓ mes. vert d'oxyde de chrome en mélange*
Vert foncé des feuilles : *¼ mes. bleu de cobalt clair et ½ mes. vert de cobalt en mélange*
Tiges : *½ mes. terre d'Herculanum*
Citrons : *1 mes. ocre jaune et ¼ mes. blanc de titane en mélange*

Sur la palette *un peu d'ombre brûlée et de Sienne brûlée; ½ mes. blanc de titane et ocre jaune*

Pigment pour le poudrage
½ mes. terre verte

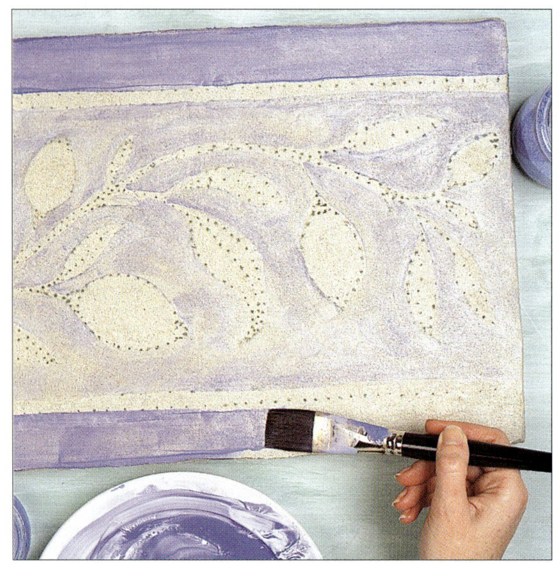

1 Lorsque le plâtre est à la bonne consistance pour la peinture, poudrez le motif. Prenez environ un tiers du bleu de cobalt clair sur la palette et diluez-le en un jus fluide. Utilisez la brosse plate de 2,5 cm et le pinceau n° 10 pour appliquer ce jus autour des feuilles et des branches. On doit voir les coups de pinceau, ils donnent plus de vie et de mouvement au motif, mais servez-vous de la brosse à estomper pour fondre les marques qui contrastent trop avec la zone voisine. Peignez les rayures bleues le long des bords du panneau.

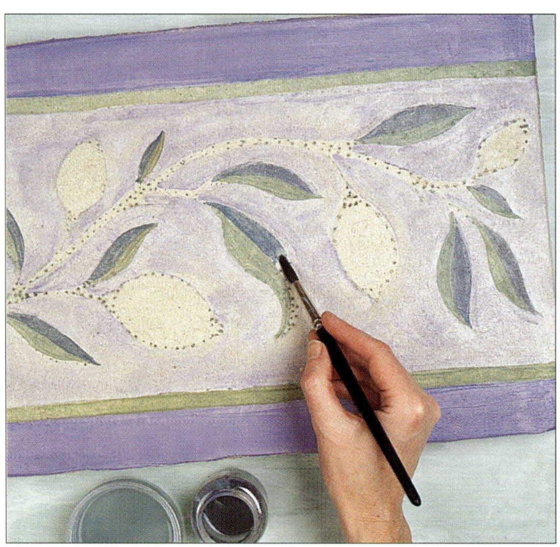

2 Prenez le pinceau n° 10 pour peindre le vert clair des rayures et un côté de chaque feuille. Utilisez le même pinceau pour peindre les parties vert foncé.

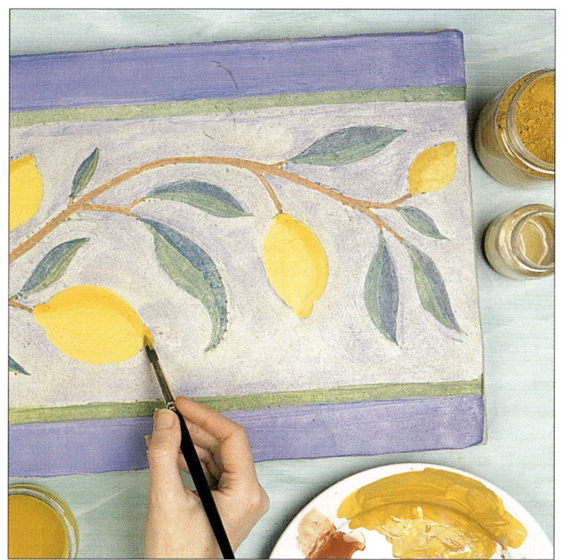

3 Peignez les tiges avec un jus de terre d'Herculanum. Si le bleu a débordé sur les tiges et devient difficile à cacher, foncez le jus avec plus de terre d'Herculanum puis ajoutez un peu de blanc de titane pour le rendre plus opaque. Peignez les citrons en ajoutant des ombres en ocre jaune.

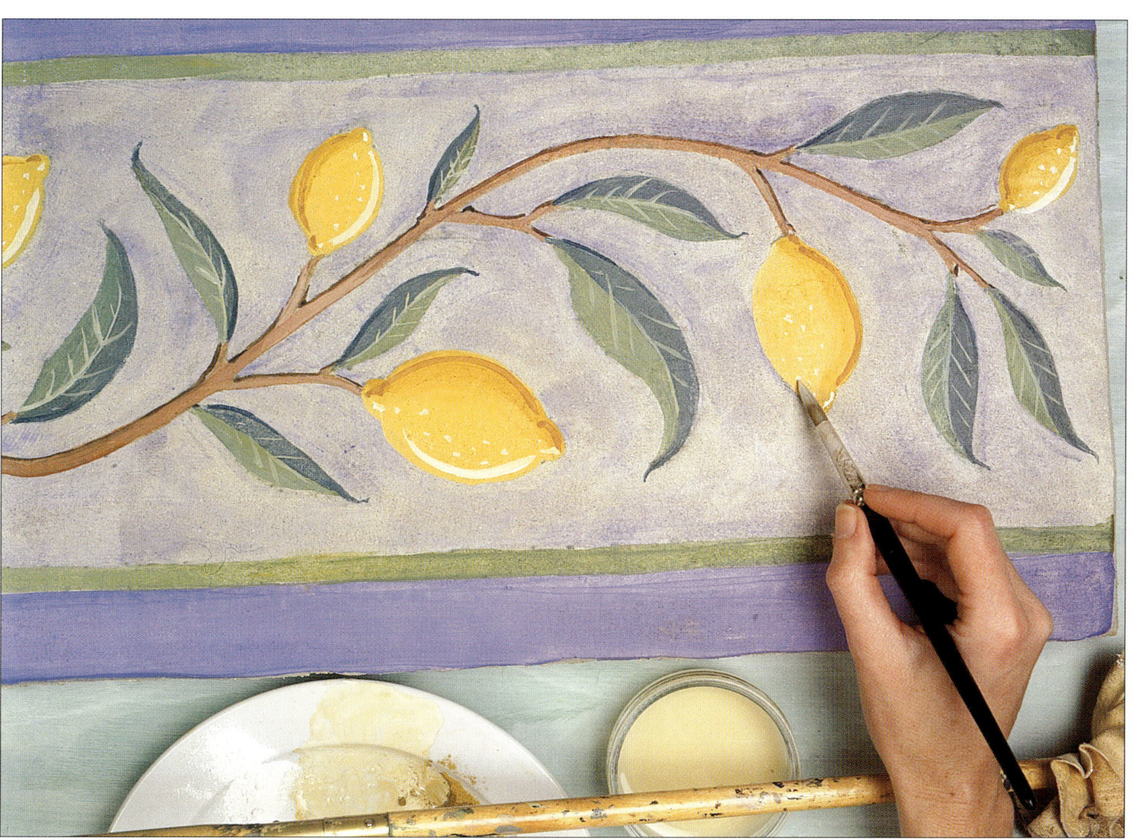

4 Prenez le pinceau n° 10 pour dessiner l'ombre sur l'envers des citrons, avec la terre d'Herculanum mélangée à de l'ocre jaune. Ajoutez une ombre sur l'envers des branches avec de l'ombre brûlée mélangée à la terre d'Herculanum. Peignez les veines des feuilles avec l'ocre jaune mélangé à du blanc de titane. Avec le vert de cobalt, définissez les bords foncés des feuilles; foncez la pointe des feuilles et donnez-leur une fine extrémité courbée. Retouchez en bleu toutes les parties manquantes autour des branches, des feuilles et des citrons. Enfin, avec du blanc de titane, donnez une touche de lumière du côté éclairé des citrons et quelques points blancs pour figurer la texture granuleuse de l'écorce. Un appuie-main vous sera utile.

OISEAU SUR UN VASE

De la Maison du Verger, Pompéi

CERTAINES DES PLUS CHARMANTES fresques romaines proviennent de Pompéi. Les oiseaux et les détails architecturaux prennent vie d'un coup de pinceau rapide et léger. C'est en dessinant ces motifs avec un soin tout particulier, d'un tracé aérien et spontané, que ce style de peinture peut être recréé. Cet oiseau sur un vase provient d'un détail d'une frise qui court en haut d'un mur de la petite pièce de la Maison du Verger, à Pompéi. La peinture, qui se trouve toujours sur le mur de la maison où on l'a découverte, représente de beaux oiseaux perchés sur des vases et volant dans les airs, entre des masques et des ornements architecturaux, sous des guirlandes de feuilles suspendues.

FOURNITURES

Un carreau en terre cuite de 30 x 30 cm recouvert d'environ 725 g de mélange de plâtre de finition

♦

Un clou

♦

Une palette

♦

Une éponge naturelle

♦

Pinceaux : pinceaux ronds fins n° 10, n° 4 et n° 3

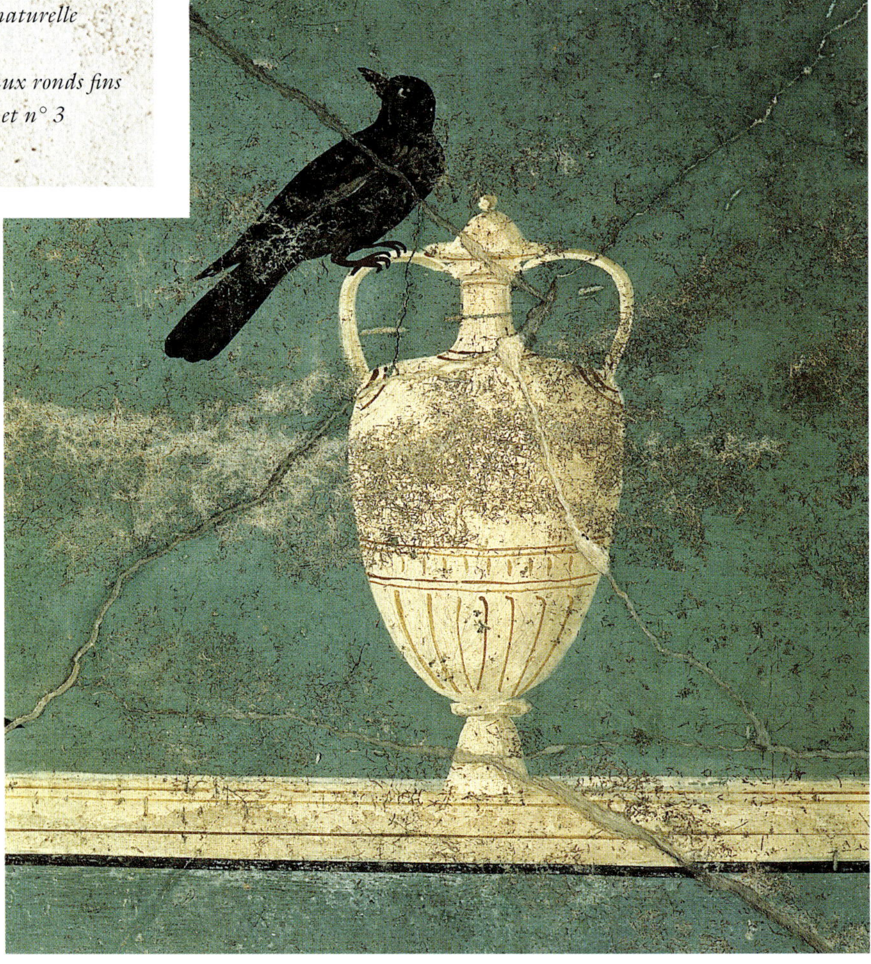

Une fois que la fresque terminée a séché, elle est frottée par endroits pour patiner la surface.

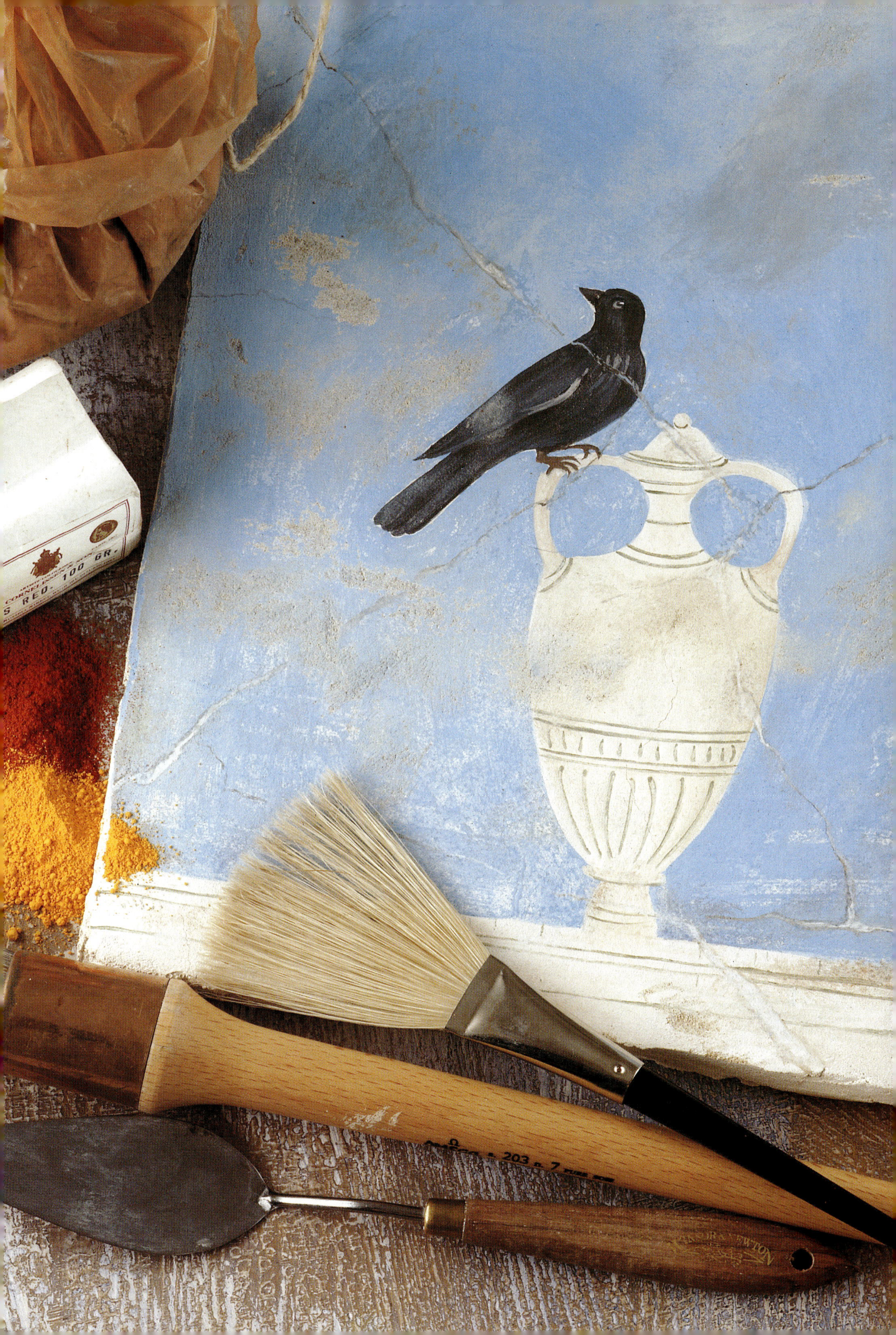
S REG. 100 GR.

PIGMENTS

Mélanges de pigments
Ciel : *1 mes. bleu de céruléum, $1\frac{1}{2}$ mes. blanc de titane et 1 mes. terre verte en mélange*
Vase et bordure : *$\frac{1}{2}$ mes. blanc de titane, un peu de terre verte et de Sienne brûlée en mélange; $\frac{1}{2}$ mes. terre verte*
Oiseau : *$\frac{1}{2}$ mes. bleu de céruléum et $\frac{1}{2}$ mes. noir en mélange; $\frac{1}{4}$ mes. Sienne brûlée et un peu de noir en mélange*

Sur la palette *un peu d'ocre jaune, de Sienne brûlée, de blanc de titane et de noir*

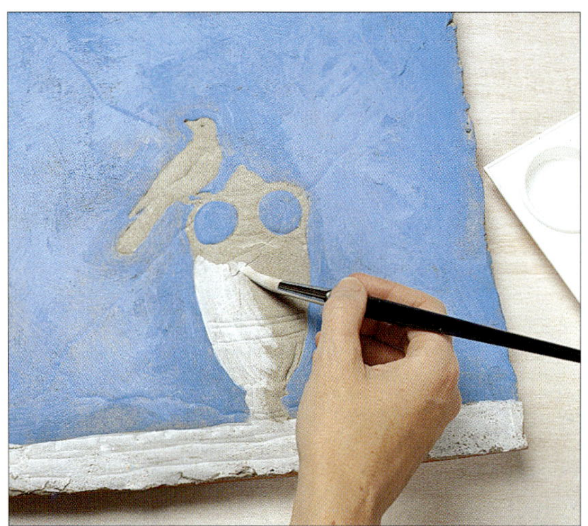

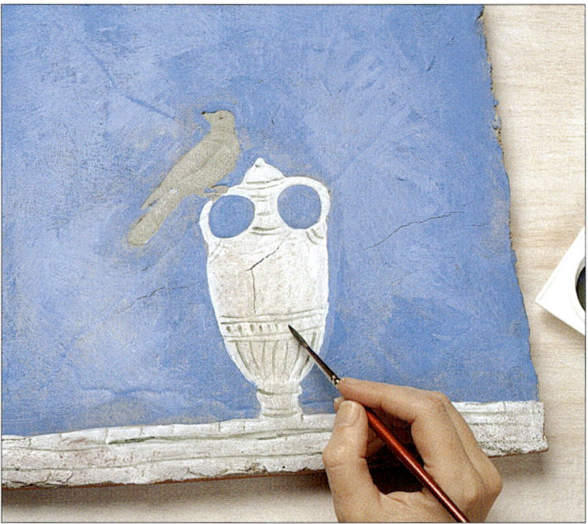

1 Lorsque le plâtre est à la bonne consistance pour la peinture, gravez le dessin sur la surface du carreau en vous reportant à la méthode décrite p. 14. Prenez le pinceau n° 10 pour peindre le ciel autour du vase et au-dessus de la bordure. Diluez la couleur par endroits pour donner des variations dans la teinte. Prenez le pinceau n° 10 pour peindre la bordure et le corps du vase et le pinceau n° 4 pour le col et les poignées.

2 Avec une petite éponge naturelle, tamponnez légèrement sur le vase et la bordure une teinte plus foncée, obtenue en ajoutant un peu d'ocre jaune et de Sienne brûlée au mélange d'origine pour le vase. Prenez le pinceau n° 3 pour peindre les lignes en terre verte sur le vase. Variez la tonalité des lignes par endroits en diluant le mélange. Affirmez vos coups de pinceaux : ne vous inquiétez pas s'ils ne suivent pas exactement le modèle.

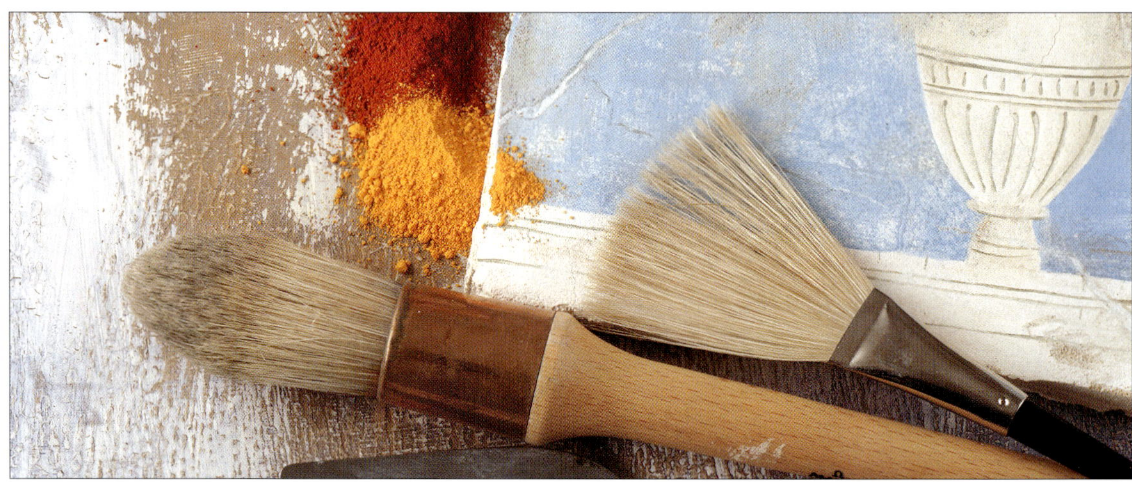

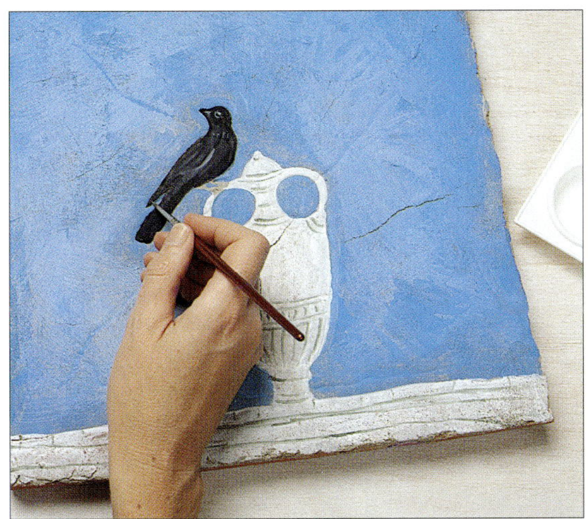

3 Prenez le pinceau n° 4 pour peindre le corps de l'oiseau. Prenez le pinceau n° 3 pour le bec et les pattes, en vous servant d'un mélange de Sienne brûlée et de noir. Avec le même pinceau, éclairez les plumes et les yeux avec du blanc de titane.

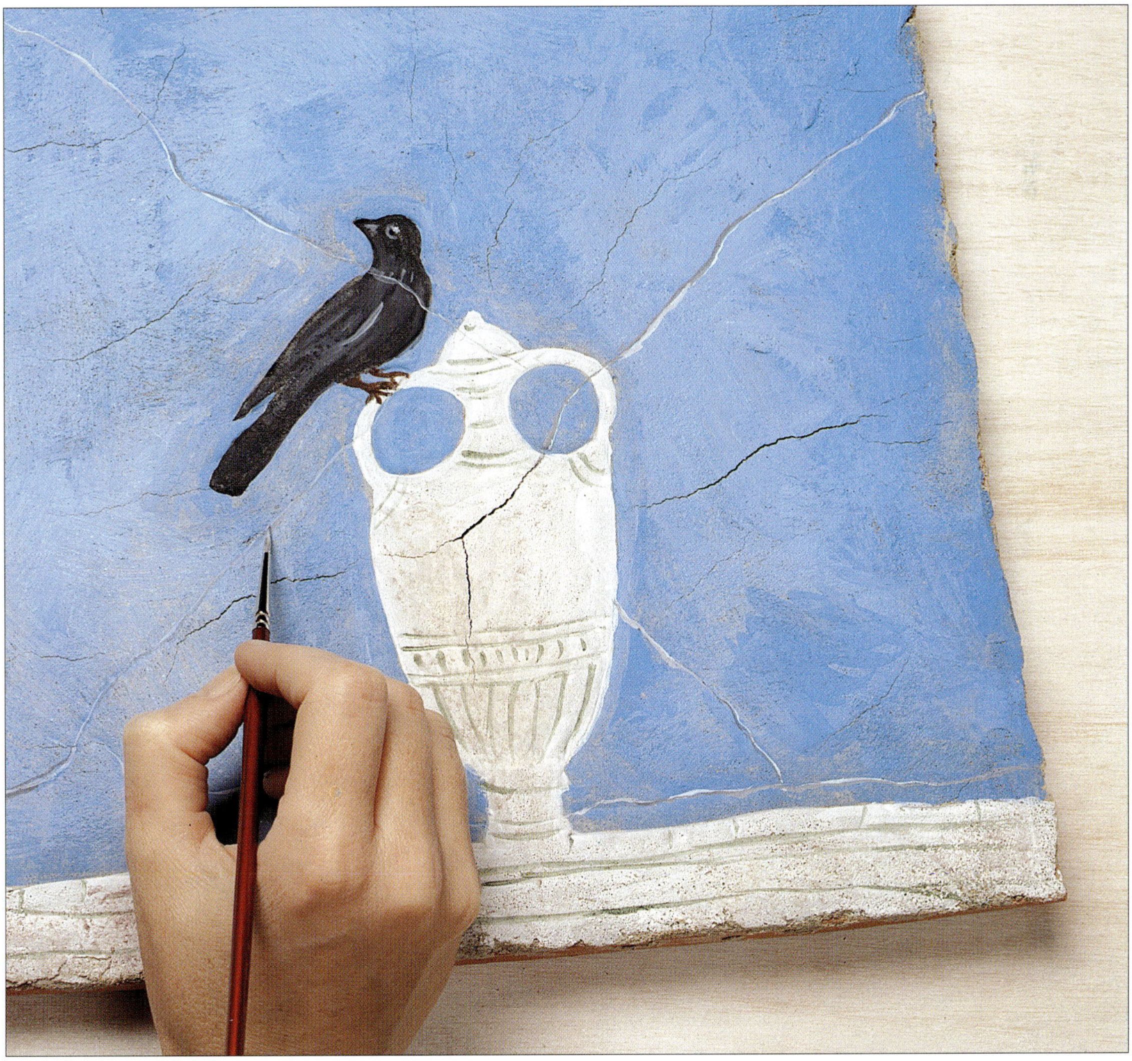

4 Pour créer l'aspect « vieilli », identique à celui de l'original, prenez le pinceau n° 3 et peignez quelques fines lignes en blanc pour imiter les craquelures réparées sur la surface. Soulignez ces lignes avec un fin trait de gris, obtenu en mélangeant du blanc de titane et un peu de noir.

DAUPHINS ÉTRUSQUES

De la Maison de la Lionne, Tarquinia

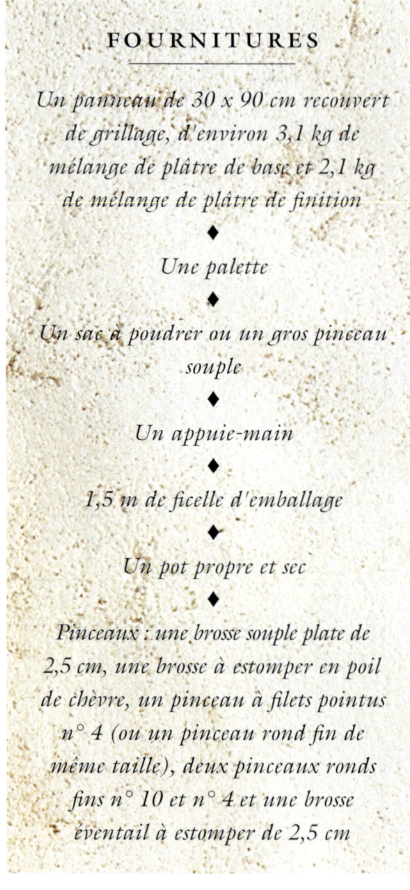

FOURNITURES

Un panneau de 30 x 90 cm recouvert de grillage, d'environ 3,1 kg de mélange de plâtre de base et 2,1 kg de mélange de plâtre de finition

♦

Une palette

♦

Un sac à poudrer ou un gros pinceau souple

♦

Un appuie-main

♦

1,5 m de ficelle d'emballage

♦

Un pot propre et sec

♦

Pinceaux : une brosse souple plate de 2,5 cm, une brosse à estomper en poil de chèvre, un pinceau à filets pointus n° 4 (ou un pinceau rond fin de même taille), deux pinceaux ronds fins n° 10 et n° 4 et une brosse éventail à estomper de 2,5 cm

CETTE COPIE D'UNE CÉLÈBRE peinture, datant de 520 avant J.-C., est inspirée d'un site étrusque à Tarquinia, en Italie centrale. Elle est constituée de formes et de couleurs belles, puissantes qui, bien que peintes à plat, créent une forte impression de mouvement et de spontanéité. Une observation plus attentive révèle que certaines formes ont été oubliées dans le motif répétitif; que cela ait été délibéré ou soit une erreur lors de la mise en couleur, nul ne le sait (je préfère la dernière explication!). Dans mon interprétation, j'ai choisi de compléter le motif. Les lignes droites au-dessus des vagues et sous la frise sont présentes pour servir de guide au placement du motif central. Ces lignes doivent être tracées avec une longueur de cordelette trempée dans le pigment qui était, dans le cas de nombreuses peintures étrusques, fixée par le plâtre. Les traces de cordelettes imprimées existent dans les peintures minoennes et romaines, et on peut également voir par endroits la marque laissée par les mains qui tenaient la corde. Cette méthode de placement d'un motif sur le mur est toujours utilisée de nos jours et on s'en sert à l'étape 6 de cette réalisation. Il serait bon que vous vous entraîniez à cette méthode sur un papier ou que vous l'essayiez sur le panneau au préalable : on ne peut pas corriger aisément les erreurs !

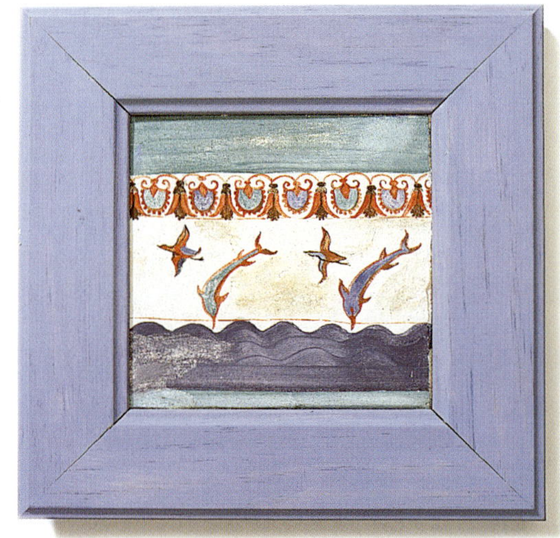

Ce petit détail encadré a été peint sur une fine couche de plâtre appliquée au dos d'un carreau standard de salle de bains.

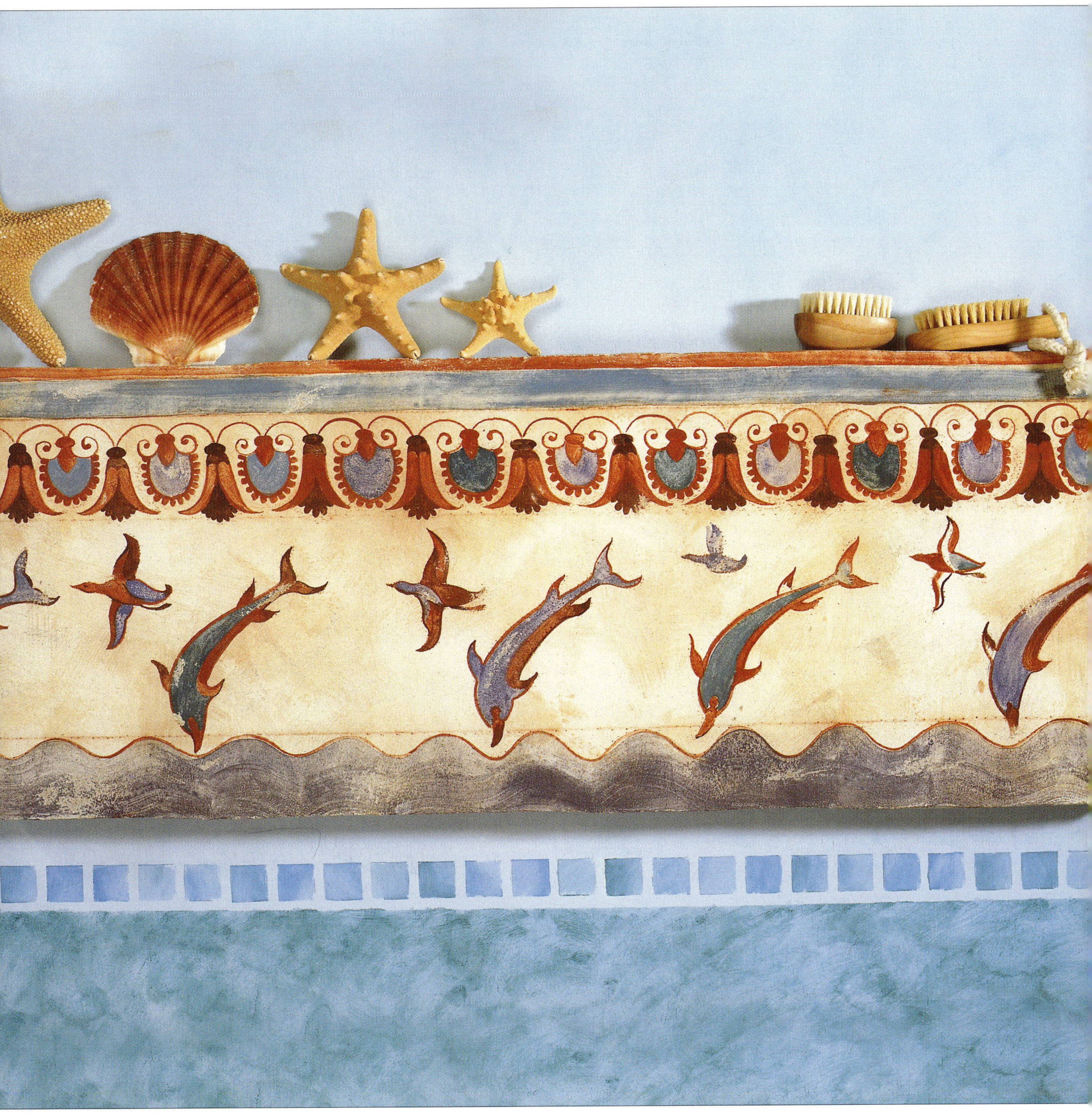

La pièce terminée a été « vieillie » une fois sèche en la frottant par endroit avec du papier de verre fin.

PIGMENTS

Mélanges de pigments
Tracés et parties marron clair : *3 mes. terre d'Herculanum*
Vagues : *$\frac{1}{4}$ mes. noir, $\frac{1}{4}$ mes. ombre naturelle, $\frac{1}{2}$ mes. bleu outremer et $\frac{1}{4}$ mes. blanc de titane en mélange*
Formes vertes : *2 mes. vert de cobalt, 1 mes. bleu de cobalt clair et $\frac{1}{2}$ mes. blanc de titane en mélange*
Formes bleues : *1 mes. bleu de cobalt, $\frac{1}{2}$ mes. bleu outremer, $\frac{1}{2}$ mes. vert de cobalt et $\frac{1}{4}$ mes. blanc de titane en mélange*
Formes marron foncé : *2 mes. ombre brûlée et 1 mes. noir en mélange*
Sur la palette *1 mes. blanc de titane, $\frac{1}{2}$ mes. Sienne naturelle, $\frac{1}{2}$ mes. ombre naturelle, $\frac{1}{2}$ mes. ombre brûlée, un peu de noir et de bleu de cobalt clair*

Pigment pour le poudrage
1 mes. terre d'Herculanum

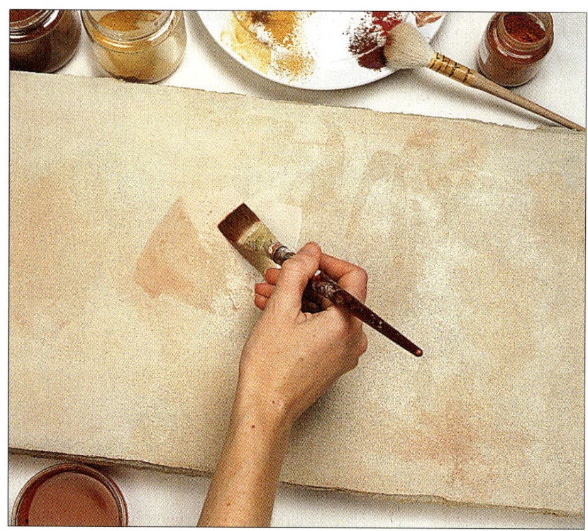

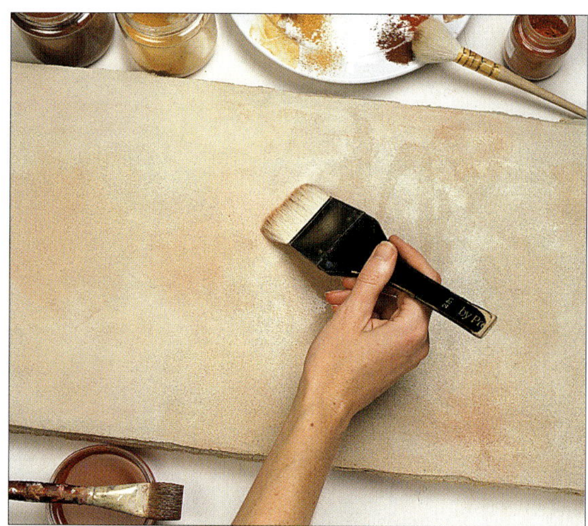

1 Lorsque le plâtre est prêt pour la peinture, préparez un lavis à l'eau très dilué de blanc de titane teinté d'un peu de Sienne naturelle et de blanc teinté d'un peu d'ombre brûlée. Prenez la brosse de 2,5 cm et peignez des taches de ces deux couleurs au hasard sur toute la surface du plâtre, pour imiter les variations de teinte de l'original. N'oubliez pas que le plâtre va beaucoup éclaircir la couleur en séchant, aussi ne vous inquiétez pas si les couleurs sont trop voyantes.

2 Prenez très vite la grande brosse à estomper en poil de chèvre pour fondre les marques, avant qu'elles ne s'incrustent dans le plâtre.

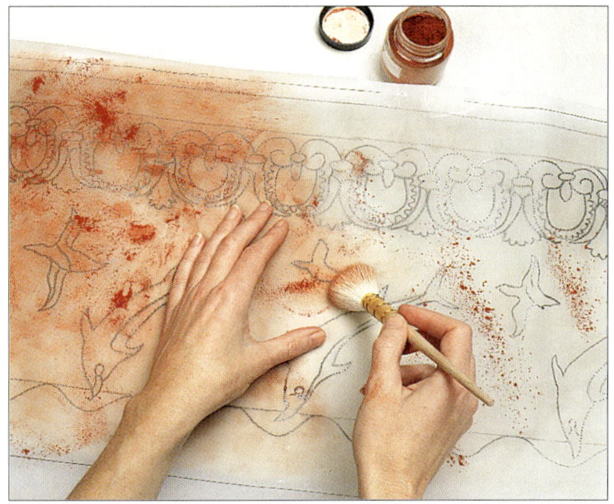

3 Laissez le plâtre boire toute l'eau des lavis, puis poudrez le dessin avec le pigment terre d'Herculanum.

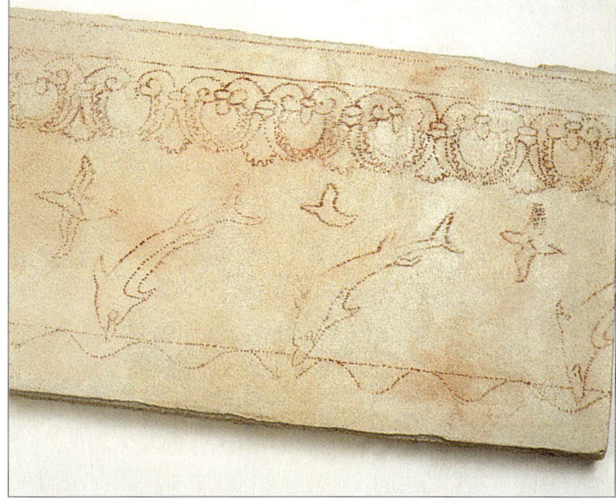

4 Une fois que le patron des motifs est retiré, le dessin poudré apparaît sur la surface du plâtre.

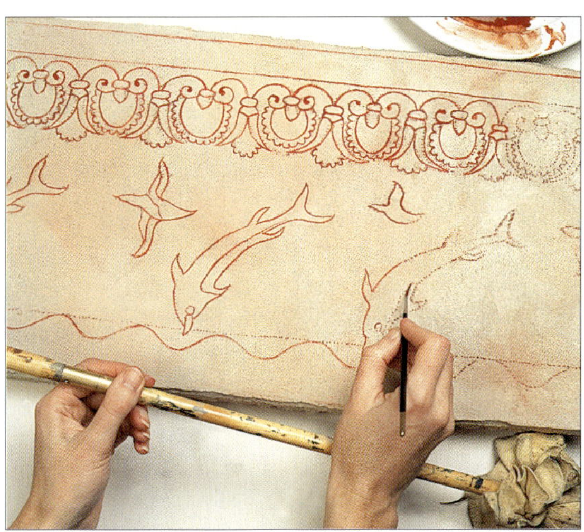

5 Peignez tous les tracés avec le pinceau à filets pointus n° 4 et la terre d'Herculanum. Vous vous rendrez compte qu'un pinceau mouillé tiré en travers de la ligne de poudrage suffira à cerner le motif, mais si nécessaire, préparez sur la palette une petite quantité de terre d'Herculanum et utilisez-la pour compléter. Vous travaillerez plus confortablement en vous appuyant sur l'appuie-main pour suivre les tracés assez compliqués de la pointe du pinceau.

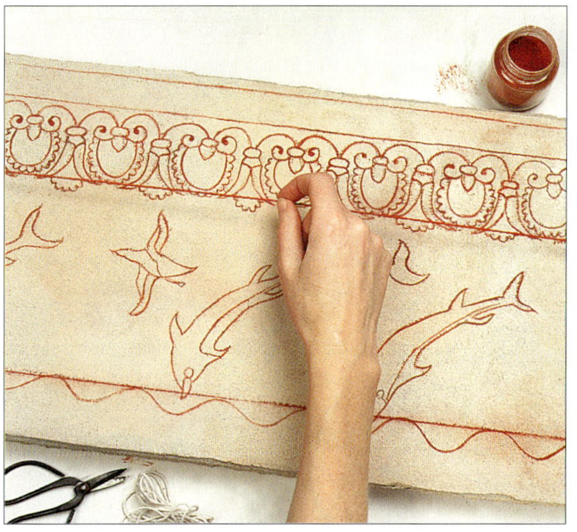

6 Tracez les lignes droites au-dessus des vagues et à la base du motif. Trempez une longueur de corde dans le pot de pigment de terre d'Herculanum. Secouez le pot pour que la corde soit recouverte de terre. Sortez la corde et retirez délicatement l'excédent en la roulant entre l'index et le pouce sur toute sa longueur. La corde doit être tenue à environ 5 mm de la surface, alignée avec la ligne de poudrage et tenue tendue (vous aurez besoin d'une assistance pour tenir une extrémité). Lorsque la corde est en place, pincez-la fermement entre deux doigts vers le centre. Tirez la corde vers le haut sur environ 13 mm puis relâchez. La corde va entrer brièvement en contact avec la surface, en déposant une ligne nette de pigment.

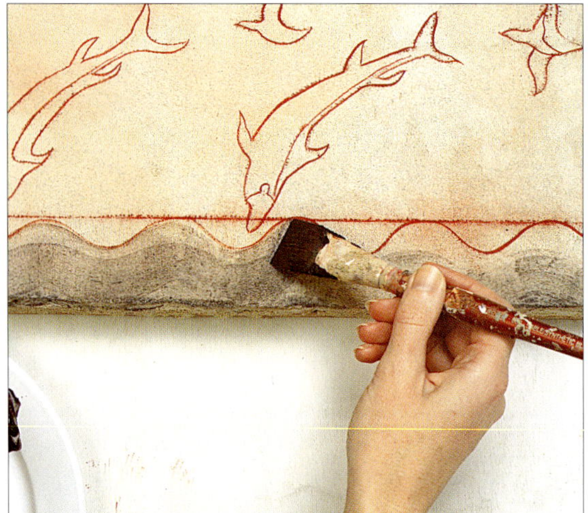

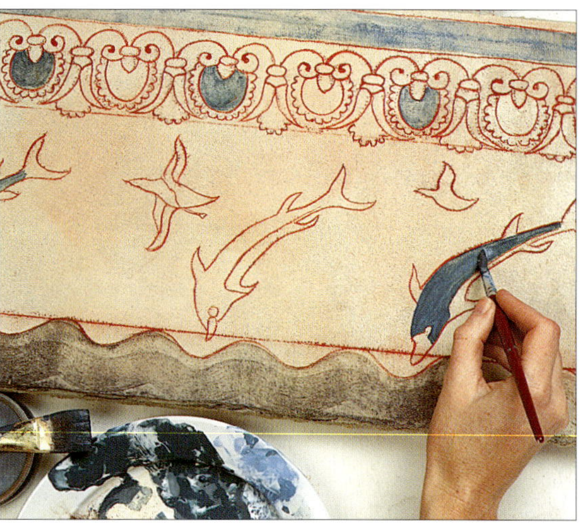

7 Prenez la brosse n° 2 pour peindre les vagues avec le mélange de couleurs. Si vous suivez les courbes avec la brosse, vous réaliserez un motif serpentin qui donnera du mouvement aux vagues. Diluez la couleur par endroits pour introduire une variation dans la teinte.

8 Prenez le pinceau n° 10 et peignez les formes vertes avec le mélange. Diluez par endroits et à d'autres, « salissez » avec un peu de pigment sur la palette afin d'apporter des variations subtiles de teinte et de couleur. Avec la petite brosse éventail, fondez les marques de pinceau çà et là. Il n'est pas nécessaire de suivre précisément tous les tracés; de petites irrégularités aideront à recréer l'esprit spontané et frais de l'original.

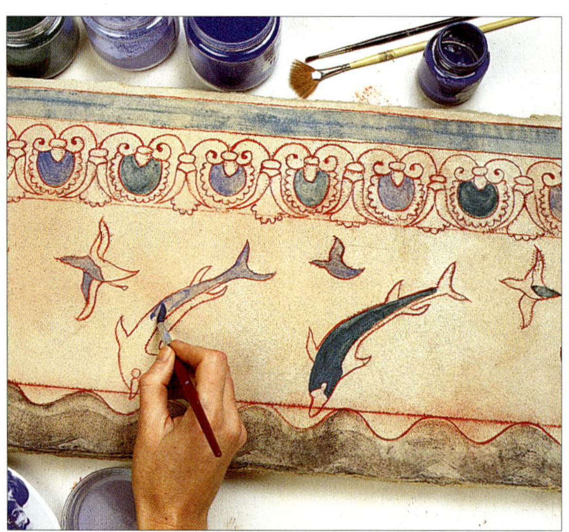

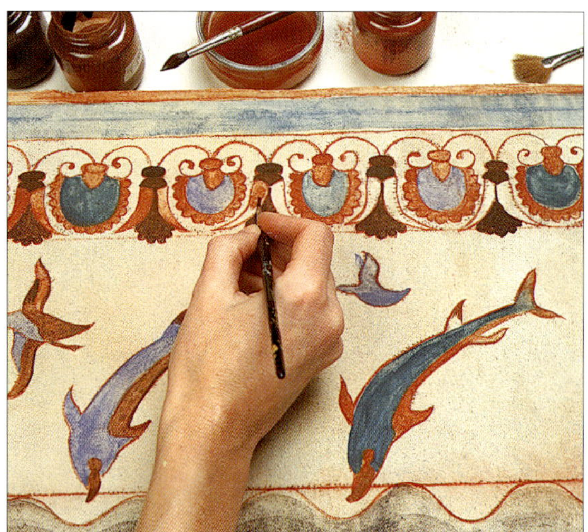

9 Avec le pinceau n° 10, peignez les formes bleues de la même façon que les vertes.

10 Peignez les formes restantes de deux teintes de marron comme pour le bleu et le vert, mais en introduisant plus de variations dans la couleur et la tonalité. Prenez le pinceau n° 4 pour ajouter les détails.

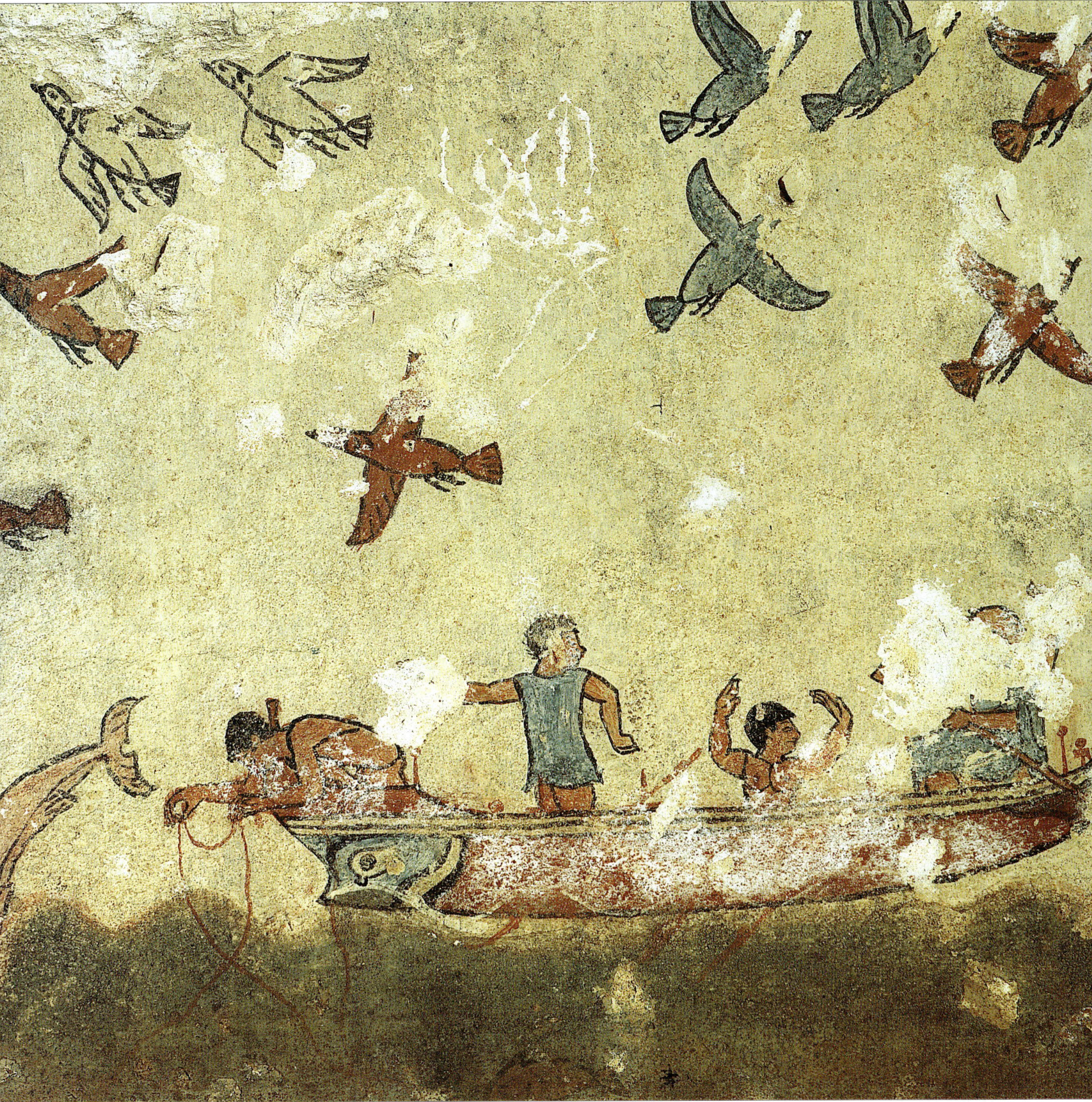

Cette scène pleine de vie provient de la Maison de la Chasse et de la Pêche à Tarquinia.

PAYSAGE À L'AQUARELLE

FOURNITURES

Un carreau en terre cuite de 30 x 30 cm recouvert d'environ 725 g de mélange de plâtre de finition

♦

Une grande palette

♦

Du papier absorbant

♦

Une épingle

♦

Pinceaux : une brosse n° 24 en petit-gris (ou équivalent pour créer des fondus très doux), une brosse à estomper en poil de chèvre, pinceaux ronds fins n° 10 et n° 0

Une petite boîte d'aquarelles est si facile à transporter que j'ai pris l'habitude d'avoir toujours sur moi ma boîte, un bloc et un crayon. J'ai cherché un médium qui capture la douceur et la spontanéité de l'aquarelle et qui puisse être transposé en décoration murale. Mes expérimentations avec l'huile et l'acrylique ne furent pas satisfaisantes : les couleurs semblaient parfois boueuses et perdaient leur force une fois détendues en lavis à l'eau ou en glacis, et un tracé au crayon ressemblait à une ligne peinte qui aurait perdue sa force. Dès que j'ai commencé à interpréter l'aquarelle dans la fresque, j'ai su que je tenais une idée qui méritait d'être développée en une technique intéressante. Ce motif vous est donné en exemple; vous pourrez travailler d'après une peinture ou une photographie personnelle.

PIGMENTS

Sur la palette *un peu de bleu outremer, bleu de céruléum, bleu de cobalt clair, blanc de titane, violet de cobalt foncé, terre rouge, vert d'oxyde de chrome, terre verte, ocre jaune, ombre brûlée et noir*

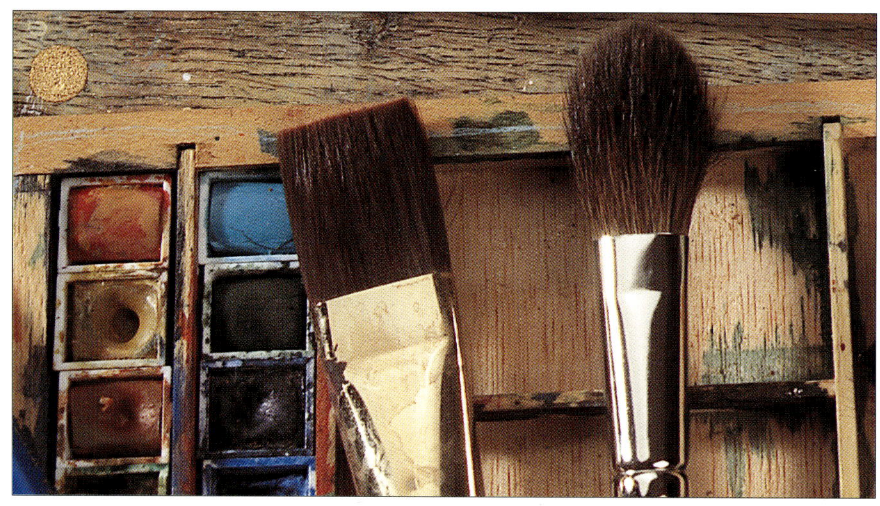

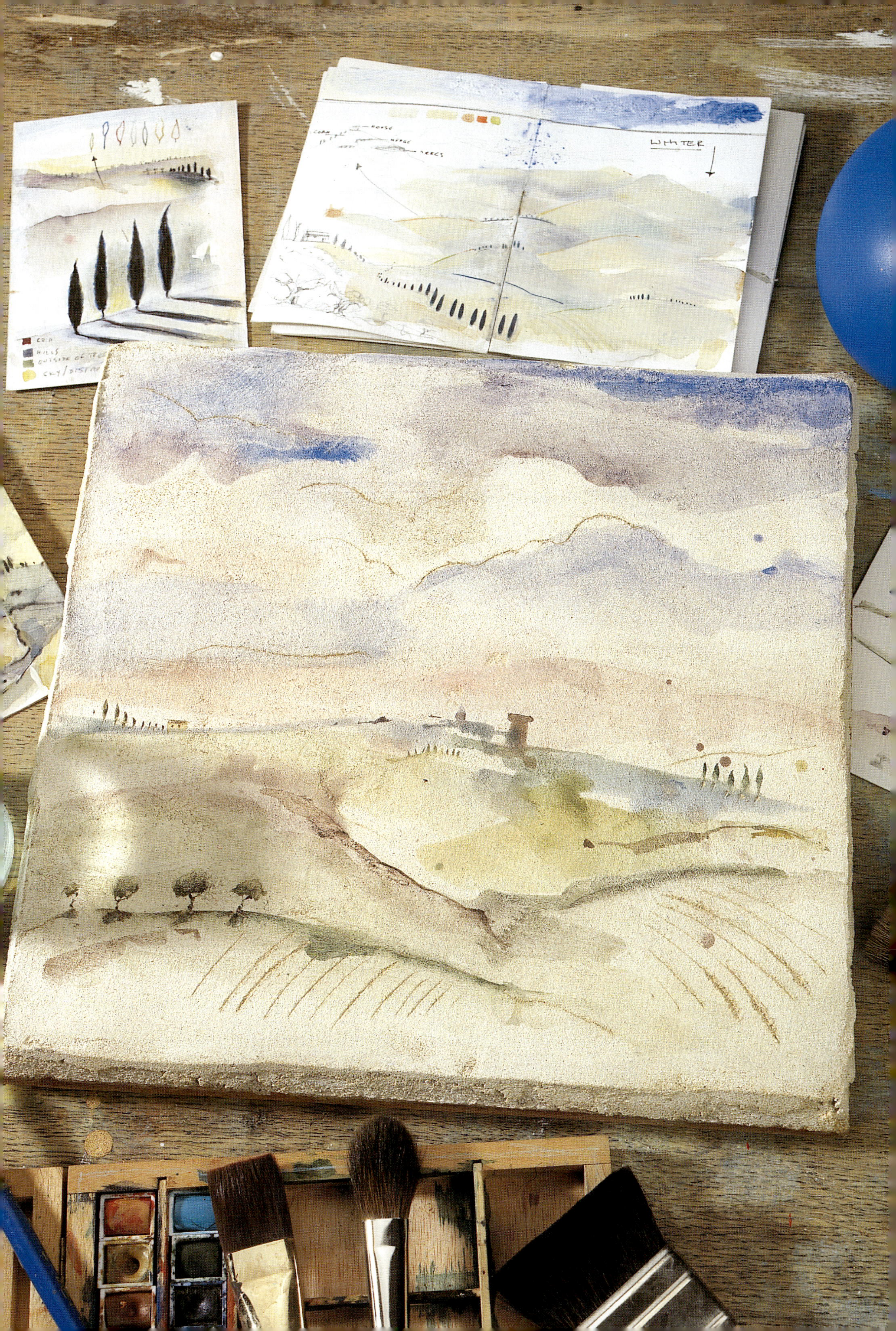

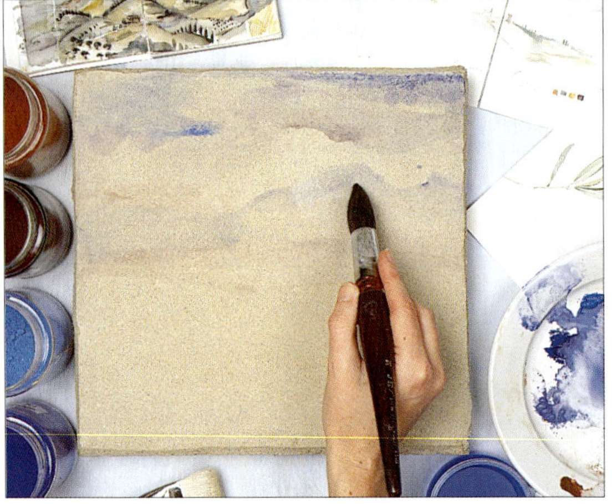

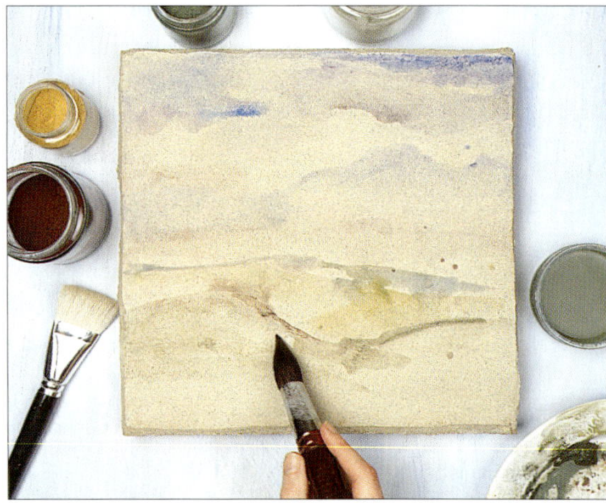

1 Lorsque le plâtre est prêt pour la peinture, peignez le ciel avec la brosse n° 24, en estompant au fur et à mesure. Passez des lavis à l'eau très dilués de bleu outremer, bleu de céruléum, bleu de cobalt clair, blanc de titane, violet de cobalt foncé et terre rouge. Servez-vous du papier pour absorber l'eau en excédent entre chaque jus. Laissez les couleurs couler et se mélanger dans un premier temps (sans vous inquiéter d'éclabousser la surface), puis construisez des couleurs plus affirmées pour définir la forme des nuages (si nécessaire, utilisez le pinceau n° 10 pour les détails).

2 Peignez la partie principale du paysage avec la même méthode, en vous servant du vert d'oxyde de chrome, de la terre verte, de l'ocre jaune, du bleu de céruléum, de l'ombre brûlée, du noir et du violet de cobalt foncé.

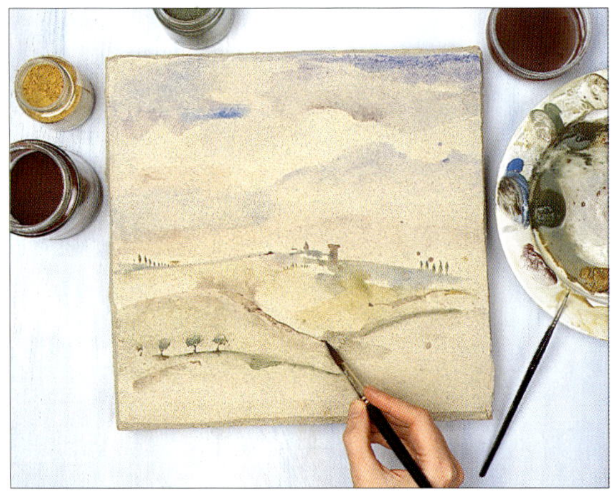

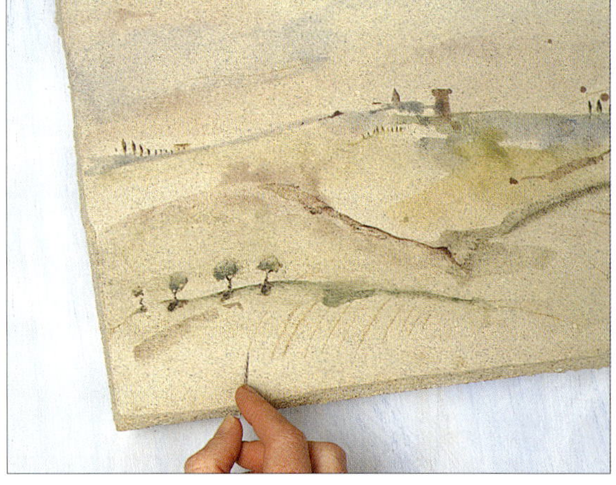

3 En reprenant toutes la palette des couleurs et le pinceau n° 10, peignez les arbres et les maisons et définissez les bords des collines. Il faudra prendre le pinceau n° 0 pour les détails fins comme les troncs des arbres.

4 Prenez l'épingle pour graver des lignes qui imitent celles de la peinture à l'aquarelle. Servez-vous de la pointe pour les lignes fines et de la « tête » pour les marques plus importantes. Vous pouvez amplifier la perspective en dessinant des marques plus importantes au premier plan.

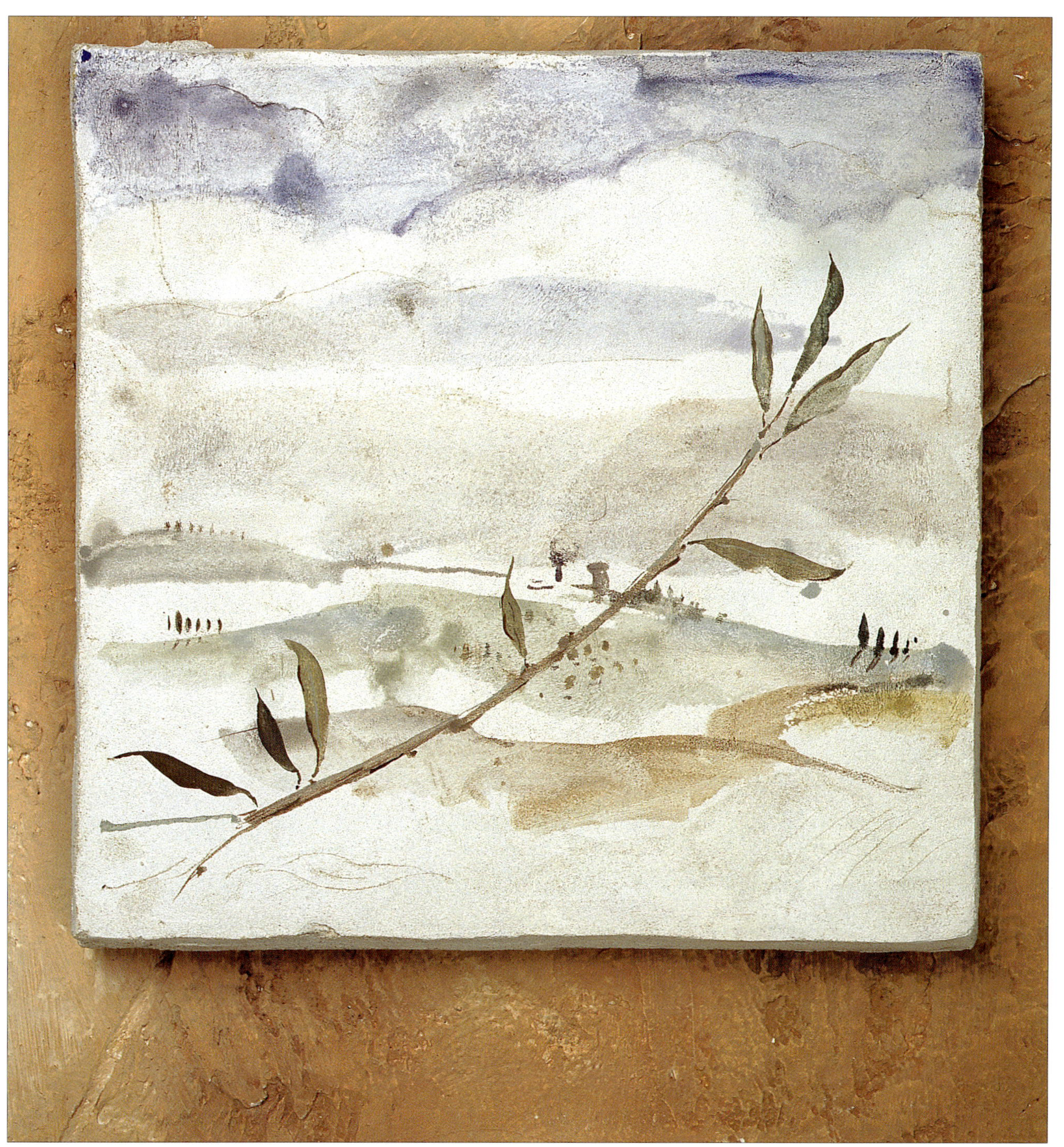

Une autre représentation du même paysage, transposé en fresque.

FINES HERBES À LA CHAUX

FOURNITURES

1,5 m de ficelle d'emballage

♦

Deux pots propres et secs

♦

Une palette jetable (une fois séché, le lait de chaux est assez difficile à retirer)

♦

Du ruban à masquer

♦

Un sac à poudrer ou un gros pinceau souple

♦

Un vaporisateur en plastique

♦

Deux pinceaux ronds fins n° 10 et n° 0

LA PEINTURE AU LAIT de chaud a été utilisée pour décorer l'intérieur et l'extérieur des constructions au plâtre de chaux pendant des milliers d'années. Tout en étant par elle-même une technique de décoration intéressante, on peut l'utiliser pour ajouter des détails à une fresque qui a séché, une technique que l'on appelle quelquefois *fresco-secco* de l'italien *secco*, qui signifie sec. Les peintures réalisées au lait de chaux adhèrent mieux sur un plâtre à la chaux relativement frais et la surface idéale pour ce faire tient en un secret, talocher le plâtre de finition avant qu'il ne sèche. La surface sera humidifiée à nouveau avant de peindre.

Toutes les couleurs doivent être testées avant de commencer la peinture car elles éclaircissent considérablement en séchant. Les peindre sur du papier est une bonne méthode : les couleurs vont sécher rapidement, ce qui est précieux si vous jugez utile d'essayer plusieurs mélanges avant de trouver la couleur précise que vous désirez. Le lait de chaux doit être manié avec soin. C'est une peinture fluide qui peut éclabousser, et la causticité de la chaux pourrait attaquer les yeux et la peau. Un masque et des gants sont des précautions indispensables pour peindre de grandes surfaces.

Ce motif de fines herbes embellira une cuisine; il peut être réalisé avec d'autres plantes ou d'autres textes. La plupart des ordinateurs possèdent une variété de caractères intéressante, que vous pouvez agrandir et utiliser pour poudrer les motifs si vous n'avez pas confiance en vos talents d'écriture.

Pour ce motif, la peinture est réalisée à main levée. Vous pouvez vous entraîner sur du papier en réalisant différentes plantes au préalable, avant de décider exactement de ce que vous peindrez. Souvenez-vous qu'avec le lait de chaux, qui ne dépend pas du plâtre pour fixer les couleurs, il n'y a pas d'urgence en ce qui concerne la vitesse d'exécution; vous pouvez y revenir quant vous le souhaitez, mais gardez en tête qu'une fois la peinture posée, elle est difficile à retirer. Si vos murs ne sont pas enduits à la chaux, ce motif rendra tout aussi bien sur un panneau recouvert d'un mélange de plâtre de base.

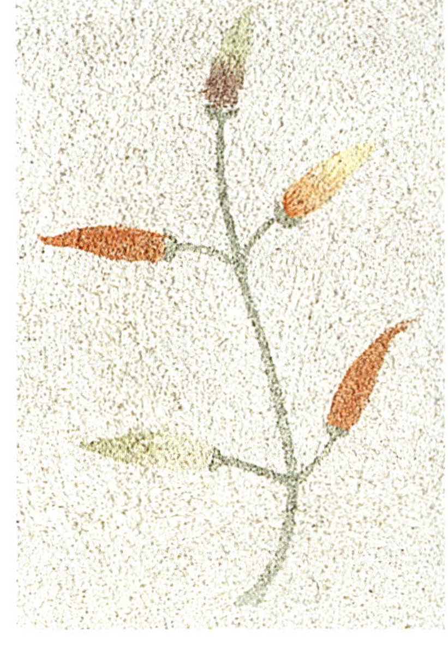

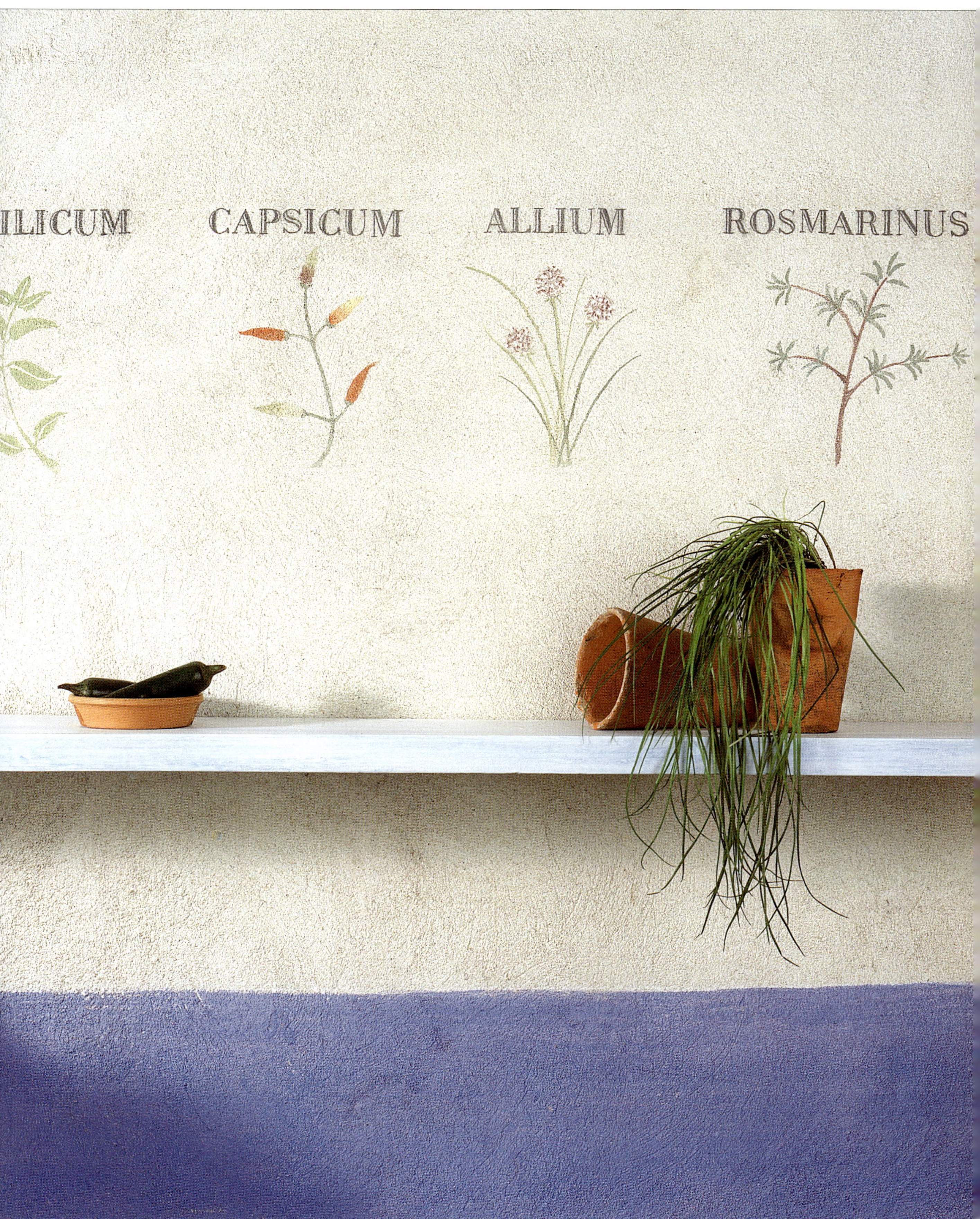
ILICUM
CAPSICUM
ALLIUM
ROSMARINUS

PIGMENTS

Couleurs au lait de chaux, dans des pots hermétiques séparés, chacune préparée avec 2 mes. bombées de pâte de chaux tamisée, bien mélangée avec environ 70 ml d'eau (prenez de l'eau de chaux, si vous en avez). La peinture doit avoir la consistance du lait. Dans chaque pot ajoutez env. 1 mes. des couleurs suivantes : noir, vert clair, ocre jaune, vert d'oxyde de chrome, terre d'Herculanum, violet de cobalt foncé et vert de cobalt. Un autre pot contient le mélange de lait de chaux blanc, sans aucune couleur ajoutée.

Pigments pour le poudrage *$\frac{1}{2}$ mes. blanc de titane et $\frac{1}{2}$ mes. noir*

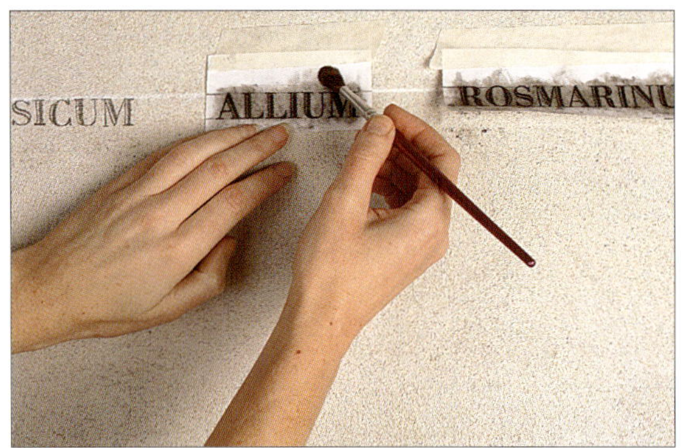

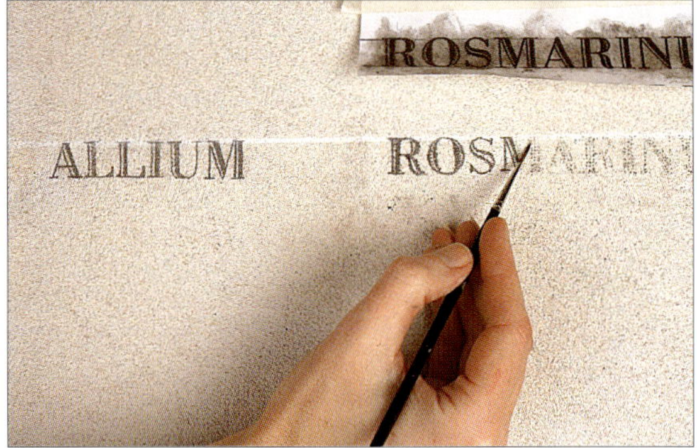

1 Tracez des lignes de guide en blanc pour repérer l'emplacement du haut du texte et de la base des herbes, en vous servant de la méthode expliquée p. 41. Dessinez une ligne droite sur le patron au-dessus des lettres et alignez-la avec le repère du mur. Collez provisoirement les patrons sur le mur en les espaçant à votre gré. Poudrez toutes les lettres avec un peu de pigment noir.

2 Secouez le pot de lait de chaux noir pour homogénéiser tous les ingrédients, puis peignez les lettres avec le pinceau n° 0 en vous inspirant du modèle imprimé (n'oubliez pas de secouer les autres pots de couleurs avant usage).

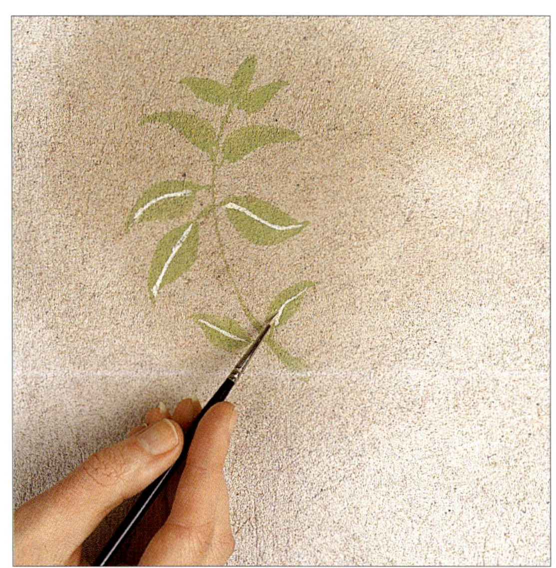

3 Mélangez un peu de vert clair, ocre jaune et vert d'oxyde de chrome sur la palette. Peignez le brin de basilic avec le pinceau n° 10, en vous reportant au dessin. Avec le pinceau n° 0, ajoutez les veines caractéristiques en blanc auquel vous aurez ajouté un peu de vert.

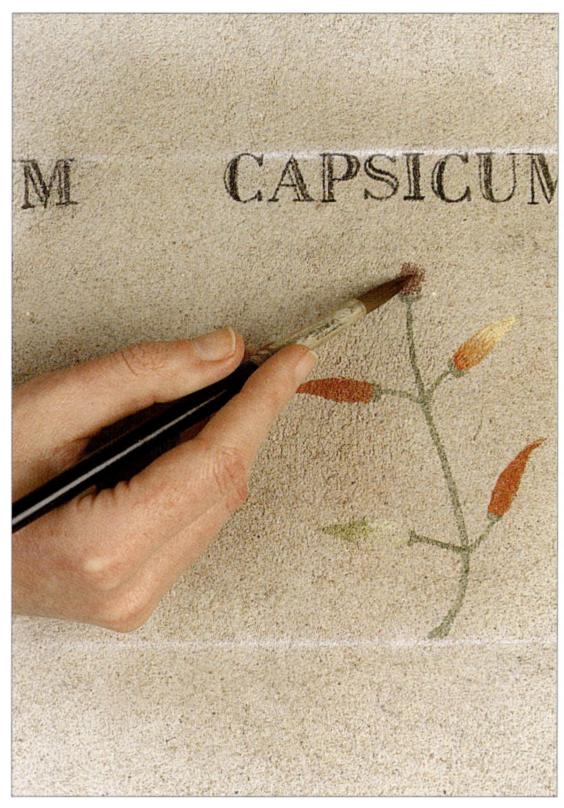

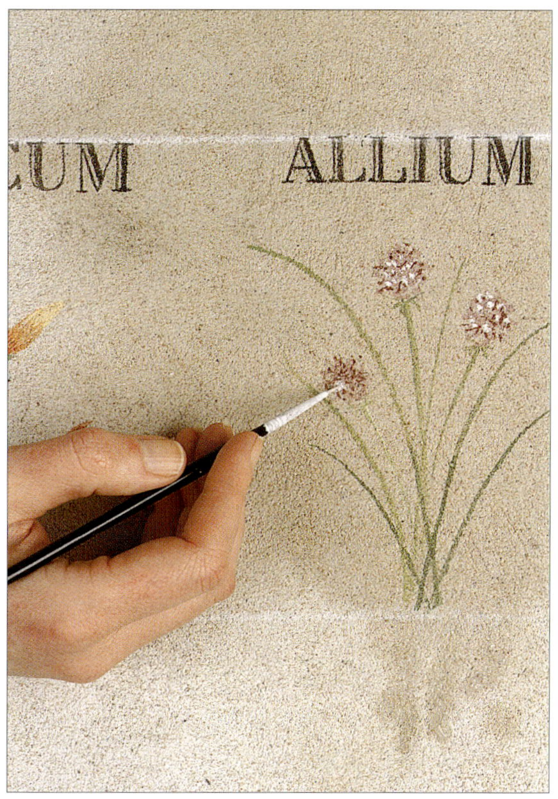

4 Peignez le brin de poivre, avec le pinceau n° 10. Chaque fruit est à un stade de maturité différent. Prenez la terre d'Herculanum pour les poivres rouges et le violet de cobalt foncé pour les parties violettes. Le jaune est ocre jaune. Le poivre vert, en bas à gauche, est peint avec le vert du basilic à la base, auquel on a ajouté un peu de blanc et d'ocre jaune avant de peindre la tige. Les tiges sont vert d'oxyde de chrome.

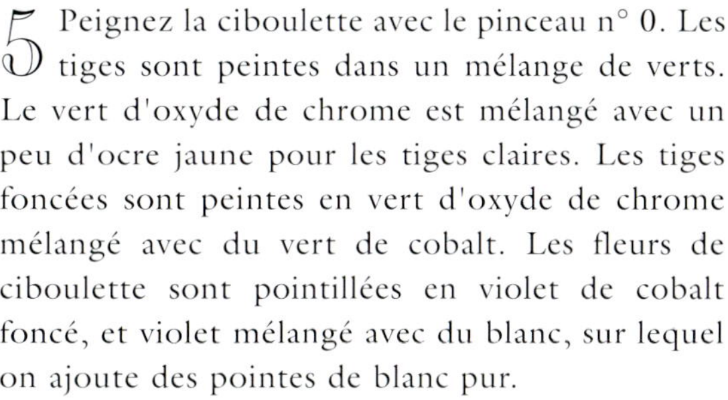

5 Peignez la ciboulette avec le pinceau n° 0. Les tiges sont peintes dans un mélange de verts. Le vert d'oxyde de chrome est mélangé avec un peu d'ocre jaune pour les tiges claires. Les tiges foncées sont peintes en vert d'oxyde de chrome mélangé avec du vert de cobalt. Les fleurs de ciboulette sont pointillées en violet de cobalt foncé, et violet mélangé avec du blanc, sur lequel on ajoute des pointes de blanc pur.

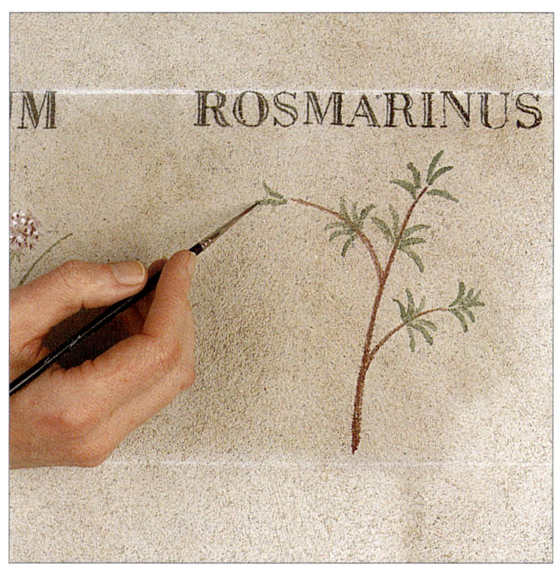

6 Peignez le brin de romarin avec le pinceau n° 0. Les branches sont peintes en violet de cobalt foncé et les feuilles en vert de cobalt mélangé avec du vert d'oxyde de chrome.

NICHE AUX BRANCHES D'OLIVIER

De la Maison du Bracelet d'Or, Pompéi

On trouve des dessins de branches d'oliviers dans la décoration étrusque et romaine. Ce motif particulier est inspiré du motif de la fresque d'une niche murale à Pompéi. Les fresques d'extérieur doivent avoir des bords qui les protègent de la pluie, car le ruissellement qui pénètre entre les couches de plâtre peut causer des détériorations, particulièrement par temps froids. Traditionnellement, les fresques sont protégées par une avancée de toit ou une bordure en stuc. De nos jours, la pollution pose un problème supplémentaire aux fresques d'extérieur, bien que de nombreux motifs décoratifs qui ont été bien appliqués aient survécu à l'extérieur des constructions pendant des centaines d'années.

FOURNITURES

Une niche de 30 x 60 cm recouverte d'environ 3,75 kg de mélange de plâtre de finition appliqué sur une couche de base rugueuse comme nécessaire

♦

Une palette

♦

Pinceaux : un pinceau rond fin n° 10, un pinceau rond à longs poils en soie de porc (quelquefois nommé pinceau à fresque), ou un pinceau rond à aquarelle avec une virole d'environ 13 mm

Pour enduire de plâtre une niche d'extérieur, reportez-vous aux instructions des p. 124-125. Si vous souhaitez décorer une niche en plâtre à l'intérieur, appliquez de la toile de jute comme indiqué p. 118. Avec une cuillère usagée, vous lisserez les courbes.

Une réalisation comme celle-ci, peinte dans une niche, est raisonnablement protégée. Si, éventuellement, elle était attaquée par l'humidité ou le gel, les qualités inhérentes à cette « dégradation » pourraient se révéler un élément tout à fait attirant.

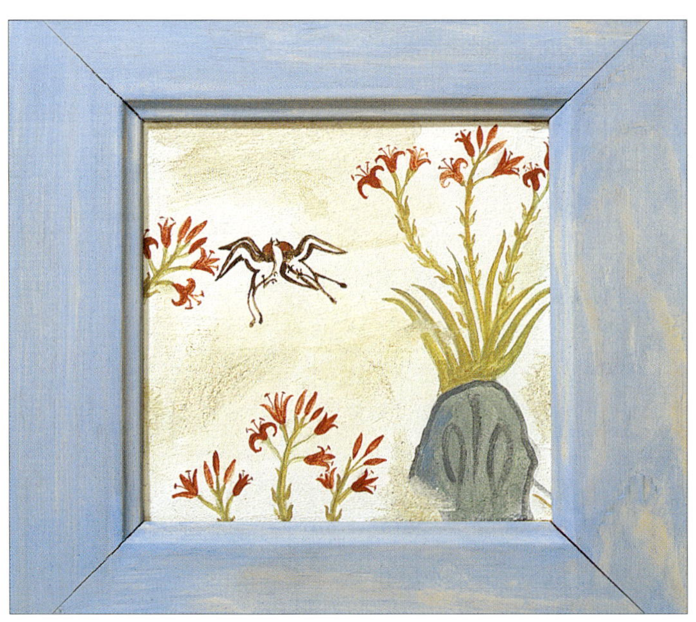

Ces lys et ces hirondelles sont inspirés d'une fresque minoenne datant approximativement de 1550 à 1500 av. J.-C.

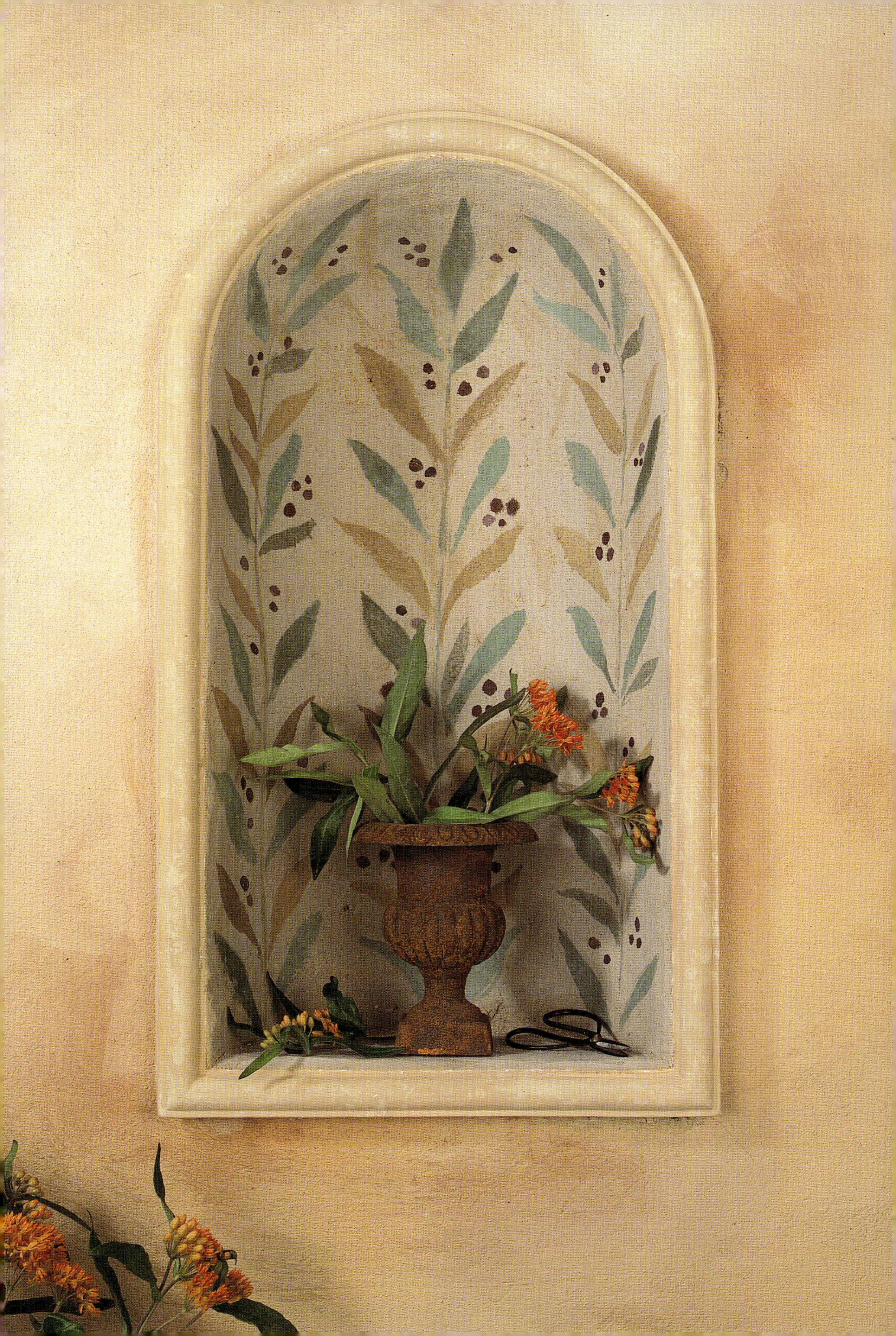

PIGMENTS

Mélanges de pigments

Feuilles vertes : *2 mes. terre verte et ½ mes. blanc de titane en mélange; 1 mes. terre verte, 1 mes. bleu de cobalt clair et ½ mes. blanc de titane en mélange*

Feuilles marron : *1 mes. Sienne naturelle et ½ mes. blanc de titane en mélange; 1 mes. Sienne naturelle et ¼ mes. blanc de titane en mélange*

Sur la palette *½ mes. vert d'oxyde de chrome, ½ mes. violet de cobalt foncé et ¼ mes. noir*

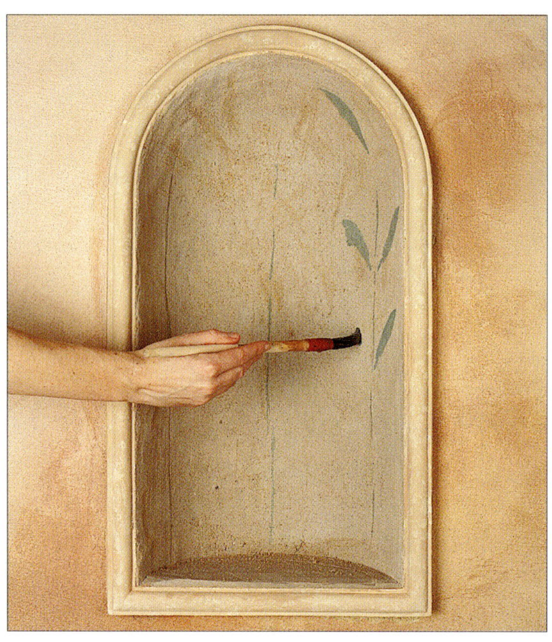

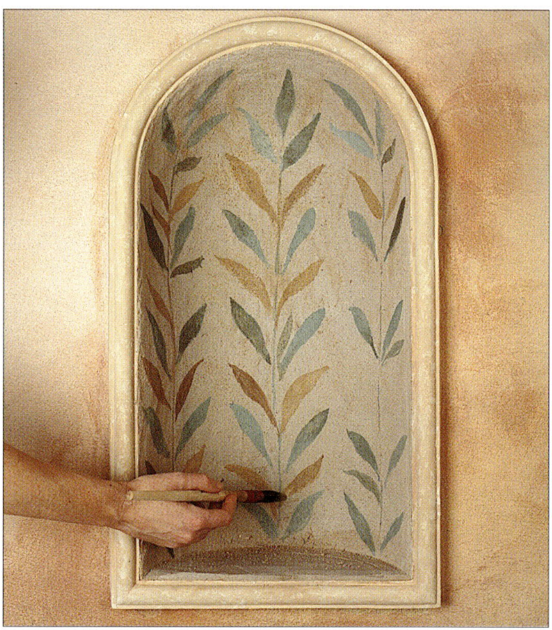

1 Esquissez les branches avec le pinceau n° 10 et le mélange vert le plus clair. Prenez le plus gros pinceau pour peindre les feuilles vertes, en utilisant les deux mélanges de vert, puis foncez certaines feuilles avec le vert d'oxyde de chrome.

2 Peignez certaines feuilles en marron avec les deux mélanges de couleurs, en prenant le même pinceau que pour les feuilles vertes.

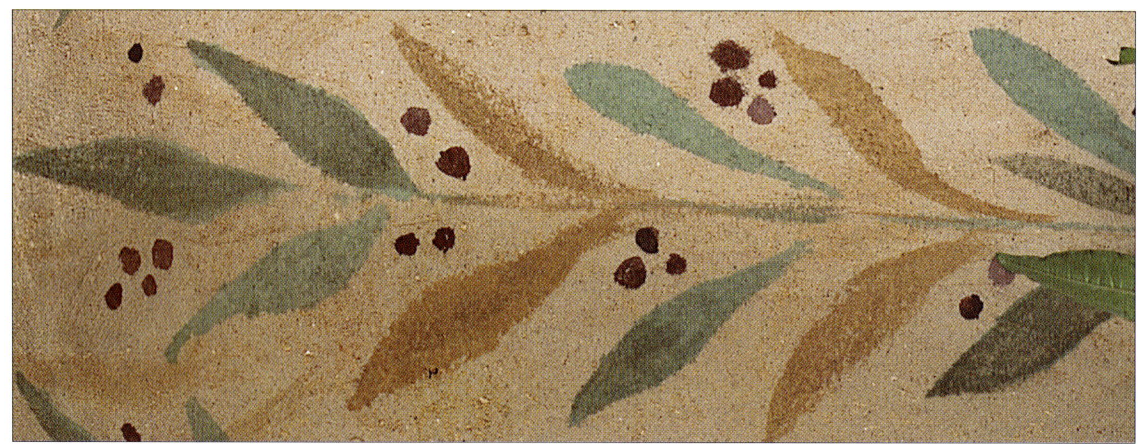

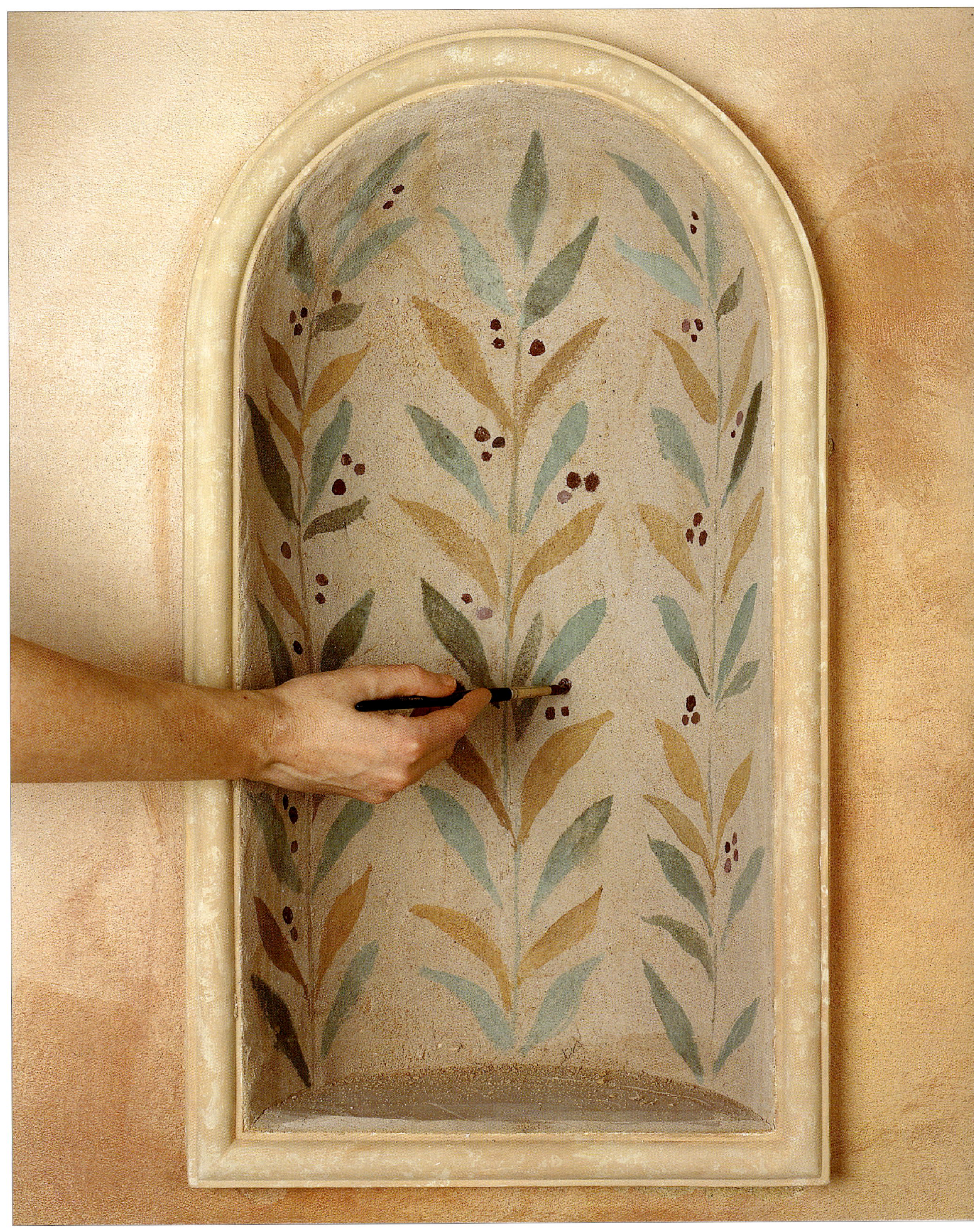

3 Ajoutez les olives avec le pigment violet de cobalt foncé et le pinceau n° 10. Foncez certaines olives en additionnant du noir au violet. Si vous diluez les couleurs dans l'eau, vous aurez des olives plus claires.

VASE À LA PÊCHE

Du Musée archéologique, Naples

FOURNITURES

Un carreau en terre cuite de 30 x 30 cm recouvert d'environ 725 g de mélange de plâtre de finition

♦

Un sac à poudrer ou un gros pinceau souple

♦

Une palette

♦

Un appuie-main

♦

Pinceaux : brosses plates souples de 2,5 cm et de 1 cm, une brosse à estomper en poil de chèvre et un pinceau rond fin n° 4

CETTE COMPOSITION EST inspirée d'une nature morte faisant partie d'une série à Pompéi et à Herculanum. Ma version simplifiée oublie certaines branches de fruits, mais comprend le vase et la pêche verte de l'original.

Les natures mortes de cette époque étaient observées de façon très attentive, avec une grande précision apportée au traitement des clairs et des contrastes de textures et de couleurs entre les objets. Les compositions étaient souvent présentées sur des étagères comme ici. La forme du vase n'est pas particulièrement intéressante, mais la manière avec laquelle les ombres et les lumières ont été peintes donne une impression vibrante de clarté et de reflets, ce qui rend sans importance les imperfections de la perpective. Vous vous faciliterez le travail en vous servant d'un vase en verre comme modèle lors de la peinture.

Les différents styles de la peinture romaine sont numérotés. Cette nature morte date du quatrième style, en vigueur lors de la destruction de Pompéi en 79 ap. J.-C.

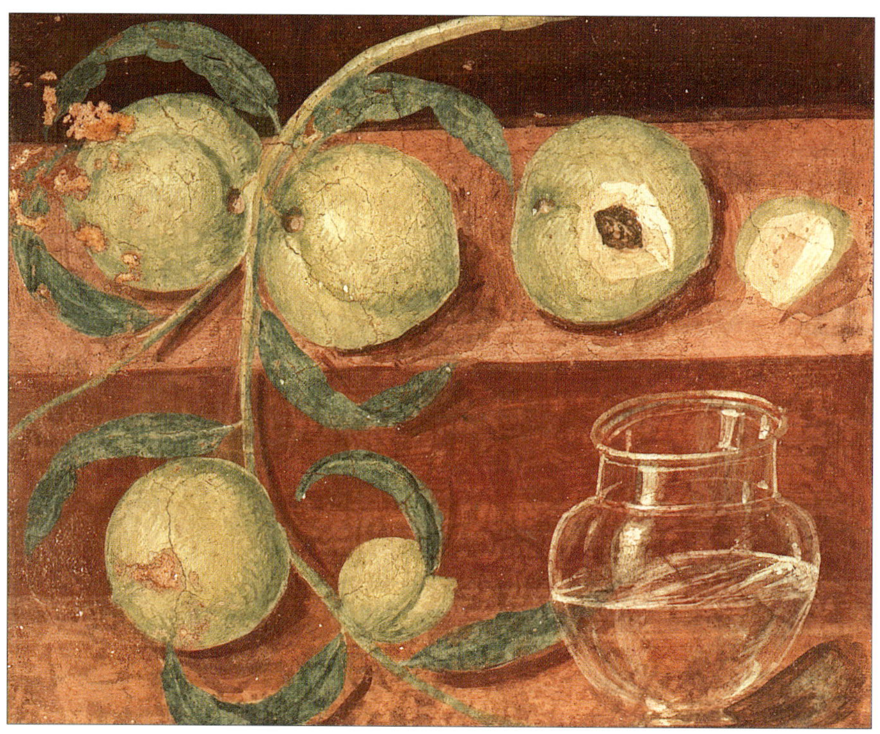

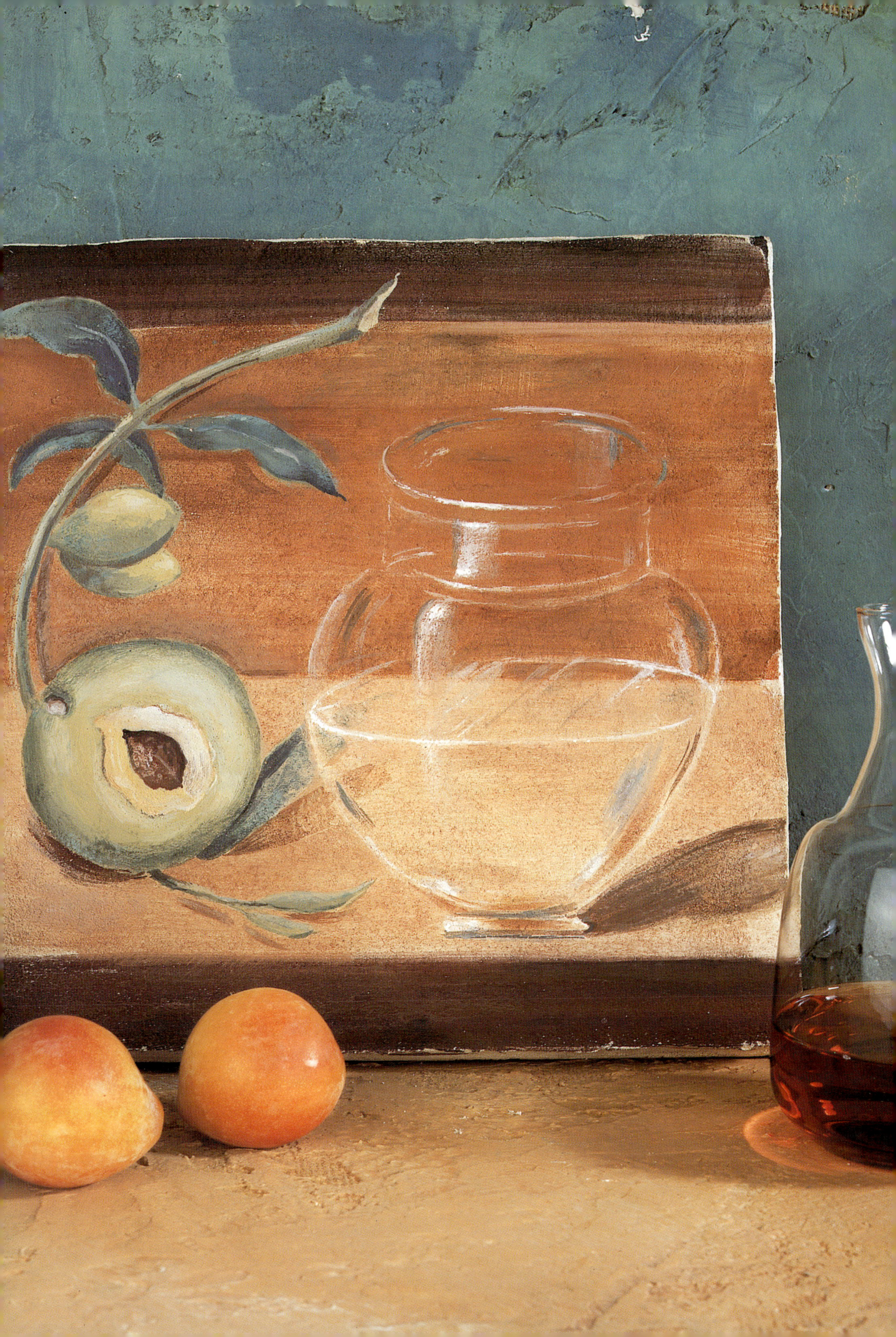

PIGMENTS

Mélanges de pigments
Rayures foncées : *½ mes. violet de cobalt foncé, ½ mes. noir et ¼ mes. Sienne brûlée en mélange*
Rayure moyenne : *1 mes. terre d'Herculanum et ½ mes. Sienne brûlée en mélange*
Rayure claire : *½ mes. blanc de titane et 1 mes. Sienne brûlée en mélange*
Vert foncé : *1 mes. vert de cobalt et ½ mes. vert d'oxyde de chrome en mélange*
Vert clair : *½ mes. blanc de titane, 1 mes. vert d'oxyde de chrome et 1 mes. ocre jaune en mélange*

Sur la palette *1 mes. blanc de titane, ½ mes. ocre jaune, ½ mes. Sienne brûlée, ¼ mes. violet de cobalt foncé, ½ mes. noir, ¼ mes. vert de cobalt, ½ mes. ombre brûlée*

Pigments pour le poudrage *½ mes. Sienne brûlée, ½ mes. terre verte, ½ mes. blanc de titane*

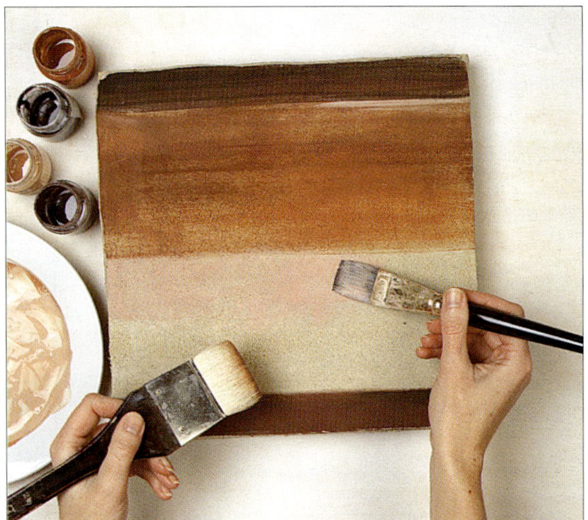

1 Lorsque le plâtre est à la bonne consistance pour la peinture, reportez le motif. Servez-vous du Sienne brûlée pour marquer les divisions horizontales des étagères puis prenez la brosse de 2,5 cm et les mélanges de couleurs pour peindre les quatre rayures. Estompez certains des traces de pinceau avec la brosse en poil de chèvre. Pour apporter des variations dans la couleur et la tonalité des rayures, diluez les couleurs par endroits et ajoutez dans les autres un peu d'un des coloris terre ou blanc de la palette.

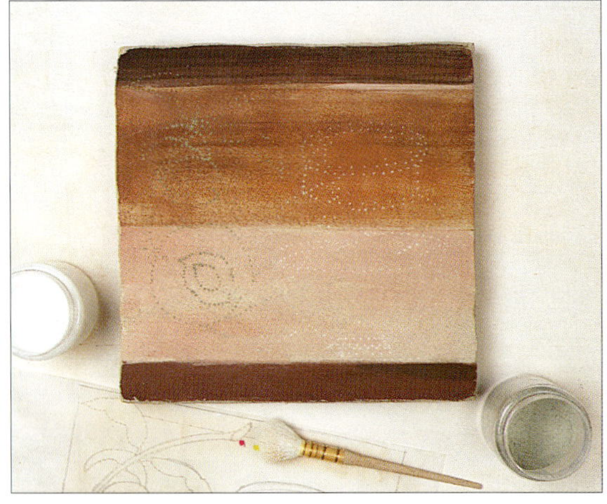

2 Poudrez le dessin de la pêche et du vase. Utilisez la terre verte pour les branches et les pêches, le blanc pour le vase. Prenez la brosse n° 4 trempée dans l'eau et le pigment déposé sur la surface lors du poudrage, pour peindre les tracés. Prenez soin de nettoyer tous les dépôts de pigments trop chargés qui demeureraient sur le tracé du vase. Il est important de s'assurer que les lignes de guide sont reportées aussi légèrement que possible car vous aurez besoin de créer beaucoup de contraste entre elles et les éclats de lumière en blanc, ultérieurement.

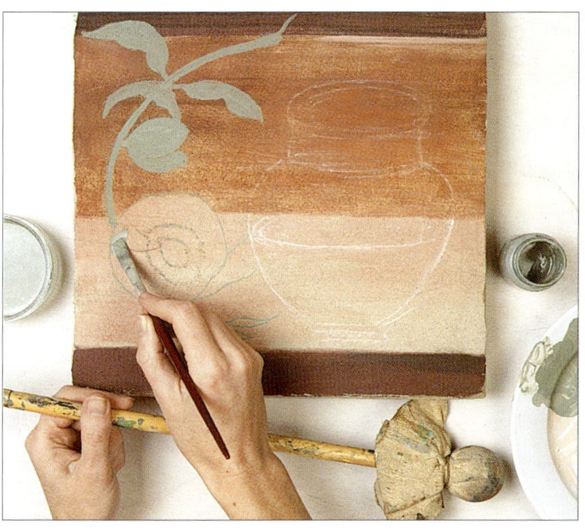

3 Mélangez ensemble un peu des verts clair et foncé et, avec la brosse de 1 cm, peignez les feuilles, les tiges et l'extérieur de la pêche. Vous aurez sans doute besoin d'un appuie-main pour vous aider lors de la peinture de ces formes.

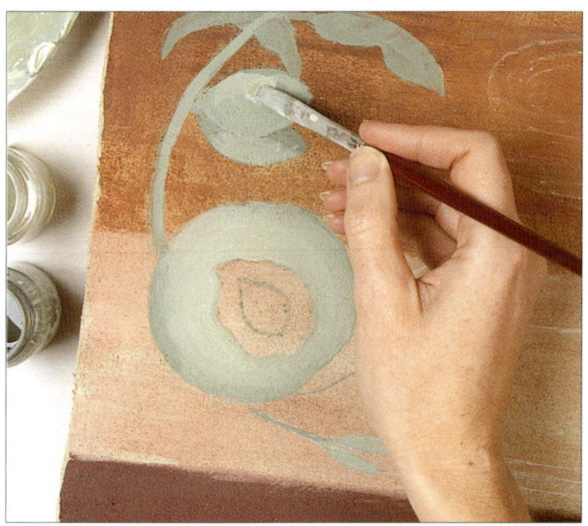

4 Commencez à vous servir du vert clair pour ajouter les éclats de lumière aux branches et aux fruits, en fondant les teintes avec la brosse en poil de chèvre. A ce stade, vous pouvez également commencer à ajouter un peu de vert foncé par endroits, au fur et à mesure que s'établissent les reliefs.

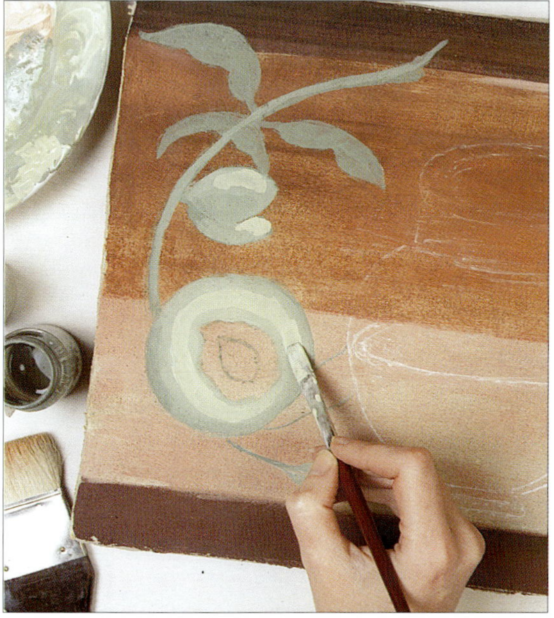

5 Continuez à construire les volumes des fruits, en prenant la brosse de 1 cm et en ajoutant encore plus de lumières contrastées. Ajoutez plus de blanc et d'ocre jaune au mélange vert clair, si cela est nécessaire.

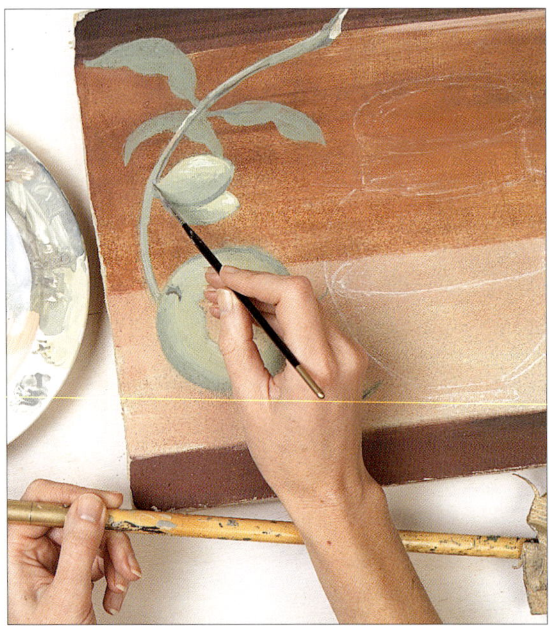

6 Prenez le pinceau n° 4 pour ajouter les détails des fruits et des branches. Prenez le mélange vert foncé pour les ombres et un peu de blanc mélangé avec de l'ocre jaune et « sali » avec une touche de vert foncé pour les lumières.

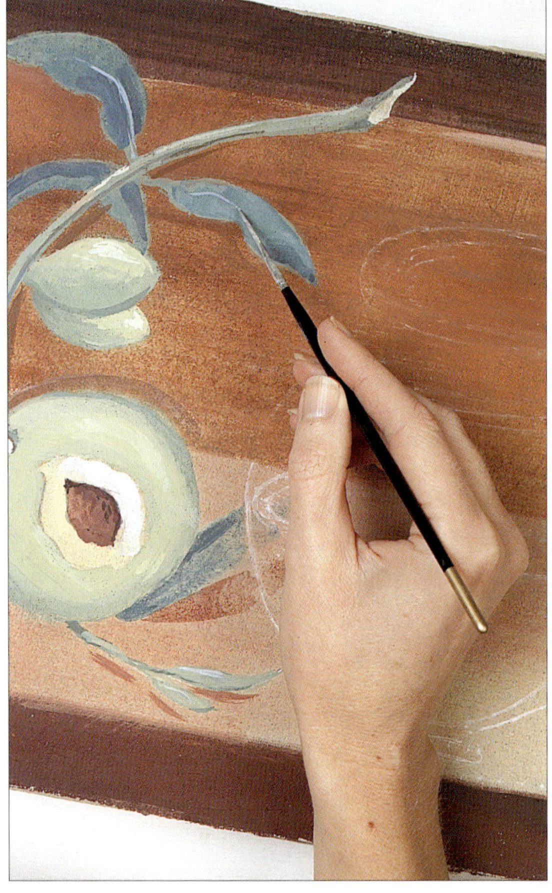

7 Prenez la brosse n° 4 pour peindre la chair autour du noyau, avec du blanc de titane mélangé à de l'ocre jaune. Éclairez le haut avec du blanc. Peignez le noyau avec du Sienne brûlée mélangé avec du violet de cobalt foncé. Peignez les aspérités sur le noyau avec du violet mélangé à du noir. Avec le même pinceau, foncez les feuilles par endroits avec un peu de vert de cobalt mélangé à de l'ombre brûlée. Peignez les veines des feuilles en vert clair teinté d'un peu de blanc. On peut ajouter des fines lignes d'ombres sur les tiges avec de l'ombre brûlée mélangée avec une touche de mélange vert clair.

Peignez les ombres derrière les feuilles, les tiges et le vase : prenez la couleur de l'étagère du milieu mélangée avec la couleur de l'étagère foncée pour ombrer les zones de teinte moyenne et la couleur moyenne mélangée avec la couleur claire pour ombrer les zones claires. L'ombre portée du vase est plus foncée que les ombres des fruits et des feuilles (un peu d'ombre brûlée a été ajoutée au mélange foncé pour ombrer). N'oubliez pas de laisser une zone plus claire dans les ombres du vase. La feuille que l'on peut voir à travers le vase est également peinte à ce moment. Prenez soin d'introduire une cassure lorsqu'elle passe derrière le verre. La partie vue à travers l'eau est peinte en tonalités plus claires que les autres feuilles, puis estompée ou fondue tout autant.

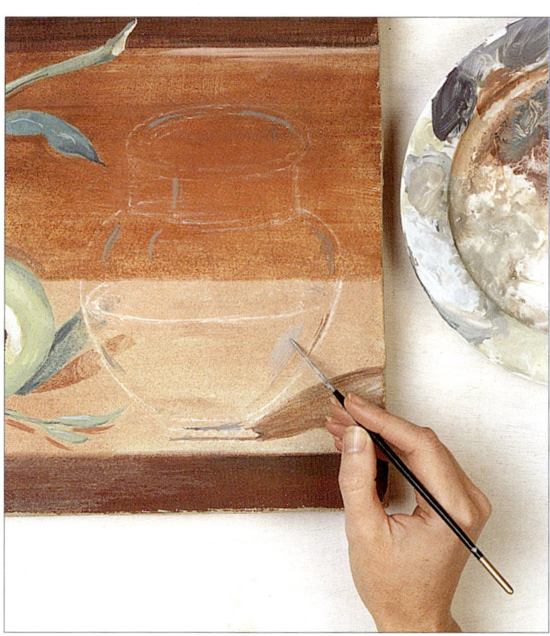

8 Prenez le pinceau n° 4 pour peindre les ombres sur le vase. Préparez du gris en mélangeant un peu de vert clair avec du blanc de titane et du noir. Variez la tonalité par endroits, en vous reportant à la photo.

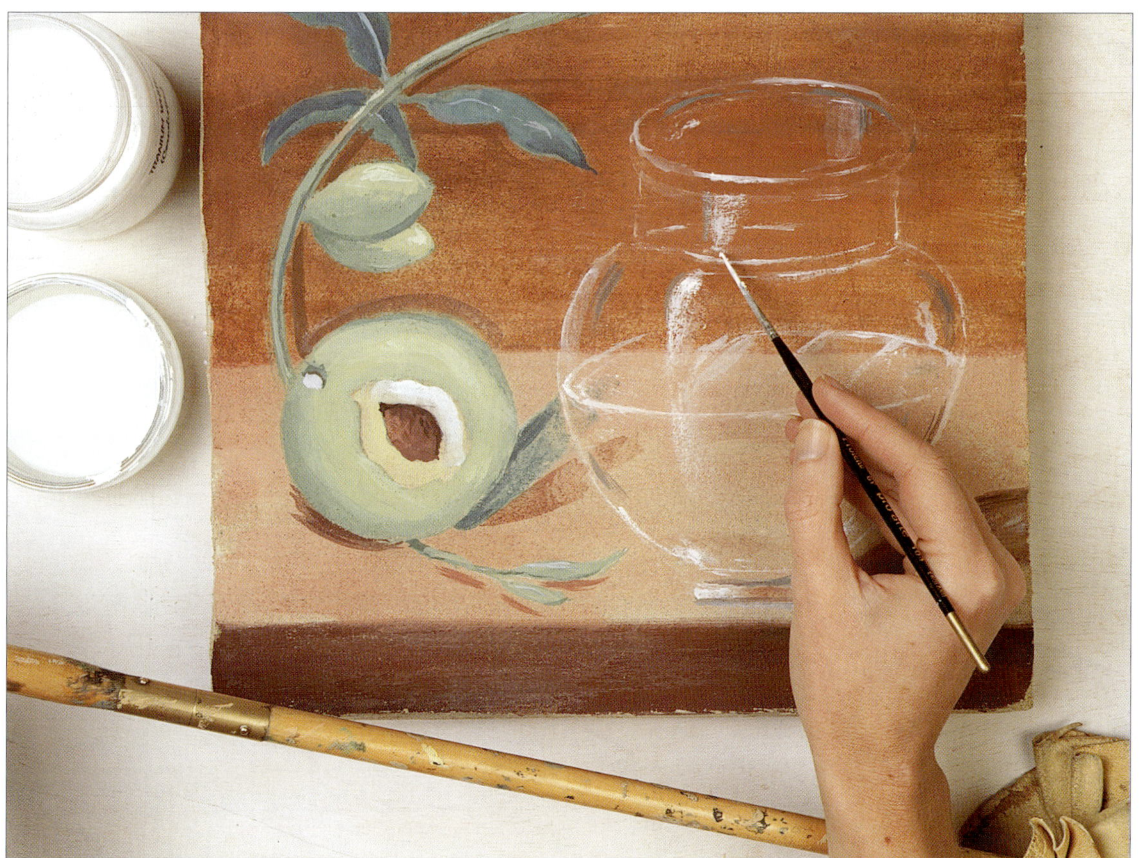

9 Prenez le pinceau n° 4 pour peindre les éclats de lumière avec le blanc de titane. Préparez un mélange dilué, en lui ajoutant seulement plus de pigment pour les zones plus claires. Travaillez du foncé vers le clair, en plaçant les éclats brillants à la fin. Pour les éclats plus grands qui forment une bande de lumière courant en bas du vase, la peinture doit être bien sèche; essuyez en travers de la surface en travaillant horizontalement. Pour les éclats de lumière, commencez par le mélange le plus dilué puis ajoutez quelques petits points de blanc éclatant.

PANNEAU ABSTRAIT

DANS CETTE PIÈCE, la bordure est réalisée avec du plâtre nature, dans lequel on a ajouté des paillettes de mica naturel. Lorsque j'ai essayé cet effet pour la première fois, je n'avais connaissance d'aucun exemple de cet usage. J'ai depuis découvert que différentes pierres naturelles ont été ajoutées au mélange de plâtre à différentes époques à travers l'histoire, pour créer des surfaces délicatement scintillantes. Les pigments pailletés ne peuvent pas aisément être peints car ils isolent le pigment de la peinture de l'effet de carbonisation du plâtre à la chaux. De toute façon, ils perdraient leur effet pailleté une fois peints. On peut mélanger des pigments pailletés avec du plâtre de couleur, bien que la teinte naturelle soit sûrement la plus élégante. Comme pour les autres couleurs, les pigments pailletés doivent être testés pour leur résistance à la chaux avant usage.

Ce projet est inspiré de l'imagerie orientale, car les patrons des moules ont un air venu d'Orient. L'utilisation conjointe de moulages en relief et d'impressions appliquées est traditionnelle dans la fresque. Les Minoens ont créé des figures en relief. A la Renaissance, les halos des saints étaient souvent en relief et imprimés de motifs décoratifs.

L'un des pigments utilisés dans ce projet est le cinabre. Si vous n'en trouvez pas, vous pouvez obtenir une couleur similaire en mélangeant quatre parts de Sienne brûlée avec une part de blanc de titane. Ou encore, vous pouvez choisir une gamme de couleurs totalement différente.

FOURNITURES

Environ 5 x 5 cm de pâte à modeler durcissant à l'air

♦

Une épingle ou un petit clou

♦

Du vernis acrylique

♦

Environ 5,5 kg de mélange de plâtre de finition

♦

Une truelle

♦

Un seau à peinture

♦

Un panneau de 75 x 90 cm recouvert de grillage et d'environ 8 kg de mélange de plâtre de base

♦

Un vaporisateur en plastique ou un spalter

♦

Un couteau à peindre

♦

Une palette avec des compartiments

♦

Du papier de verre fin et moyen

♦

Un masque à poussière

♦

Pinceaux : un gros pinceau souple, une brosse plate de 4 cm, une brosse à estomper en poil de chèvre

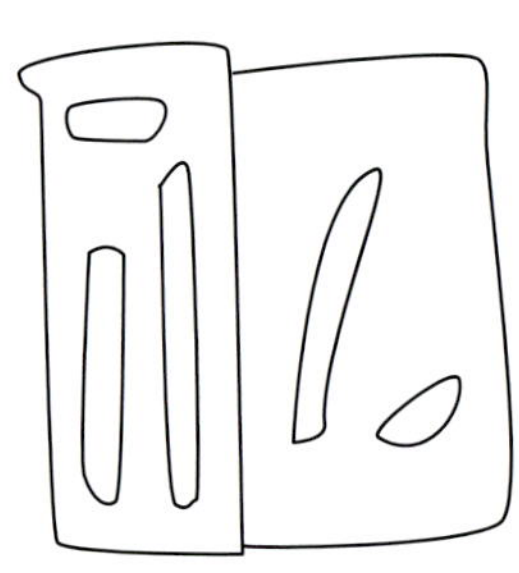

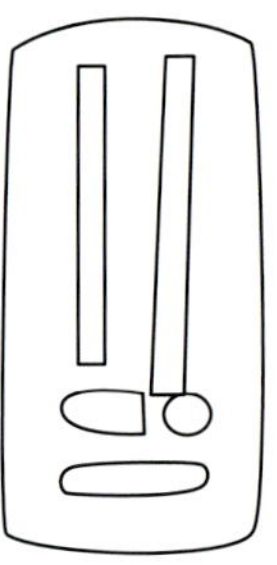

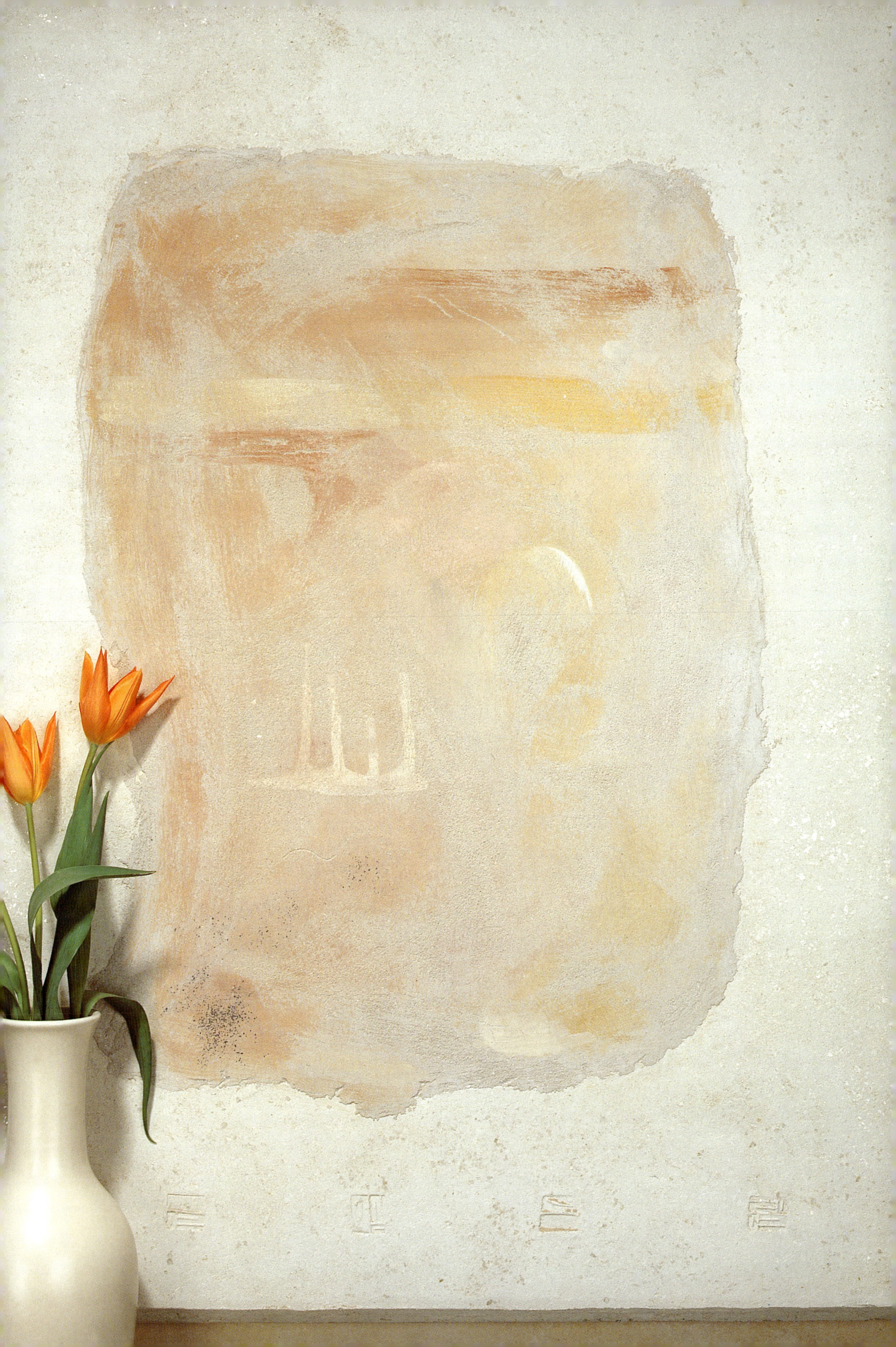

PIGMENTS

Environ 9 mes. rases de mica blanc ou de couleur neutre pour teinter le plâtre

Sur la palette *$\frac{1}{2}$ mes. Sienne brûlée, $\frac{1}{2}$ mes. ocre jaune, $\frac{1}{4}$ mes. terre d'Herculanum, $\frac{1}{4}$ mes. ombre brûlée, 1 $\frac{1}{2}$ mes. cinabre et $\frac{1}{4}$ mes. paillettes de graphite*

Couleurs au lait de chaux, dans des pots hermétiques séparés, chacune préparée avec 2 mes. bombées de pâte de chaux tamisée, bien mélangée avec environ 70 ml d'eau (prenez de l'eau de chaux, si vous en avez). La peinture doit avoir la consistance du lait. Préparez un pot d'ocre jaune et de rouge de Venise en ajoutant 1 mes. de pigment à la préparation de base.

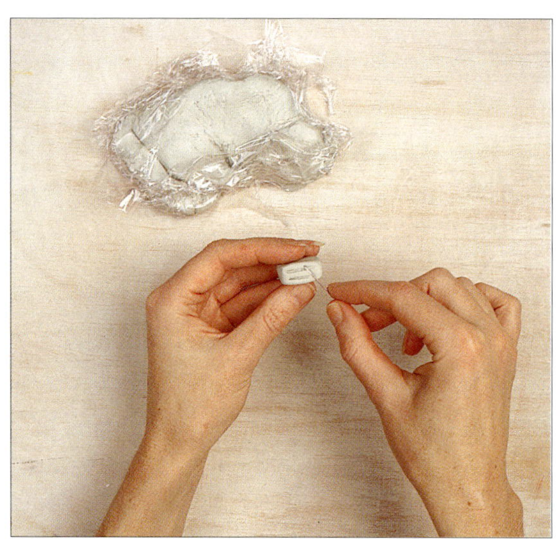

1 Pour réaliser un moule, modelez un rectangle de pâte et servez-vous d'une épingle ou d'un clou pour y graver les lignes. Laissez sécher le moule puis imperméabilisez-le en passant deux couches de vernis acrylique. Testez l'empreinte en la pressant sur une chute de plâtre (vous obtiendrez le meilleur résultat lorsque le plâtre sera devenu assez ferme). Préparez autant de moules que vous le souhaitez d'après la même méthode.

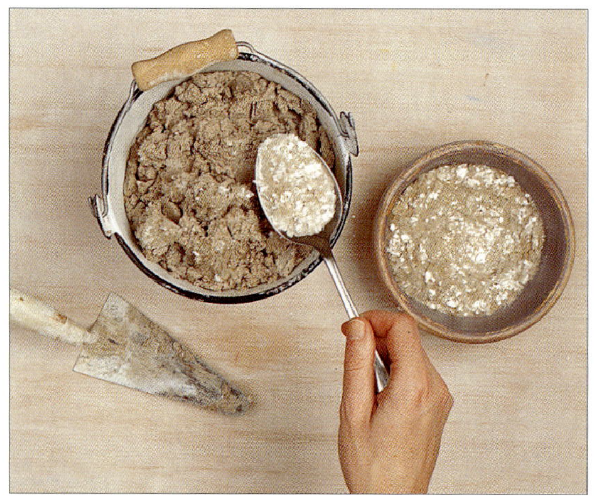

2 Dans le seau, mélangez le mica avec 2,5 kg de plâtre, en tournant jusqu'à ce que le mica soit réparti uniformément. Préparez le panneau avec un vaporisateur en plastique ou une brosse spalter pour humidifier parfaitement la surface du plâtre de base.

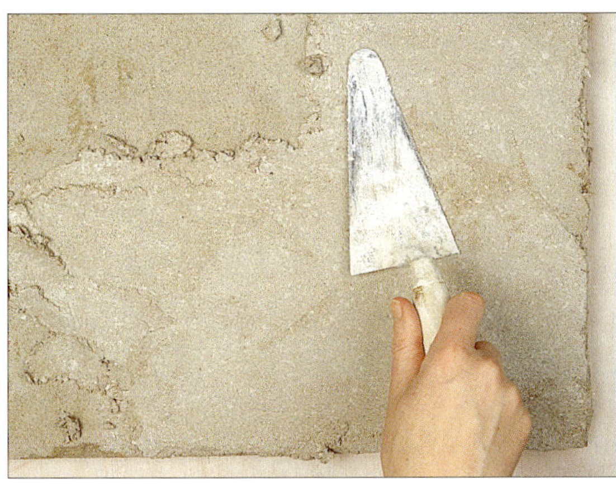

3 Prenez une truelle pour appliquer le plâtre sur l'extérieur du panneau. Étalez le plâtre en débordant de 5 cm environ sur la partie du motif central (reportez-vous à la photographie du panneau terminé). A ce stade, laissez les bords du plâtre sans finition.

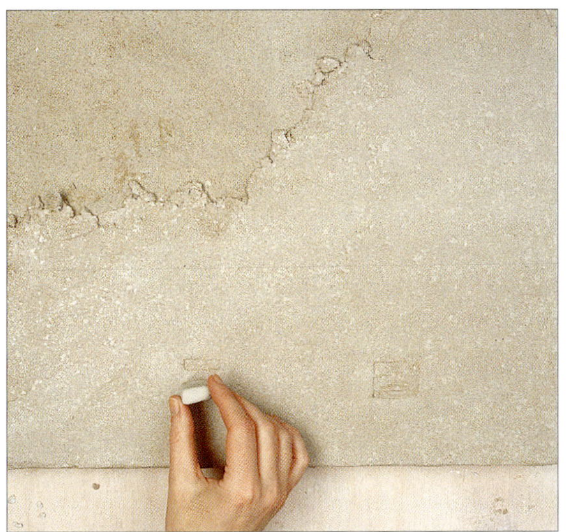

4 Lorsque le plâtre est devenu relativement ferme, pressez les moules sur la surface. Si le motif n'est pas assez clair, lissez à nouveau le plâtre, laissez sécher encore un peu puis appliquez à nouveau le moule.

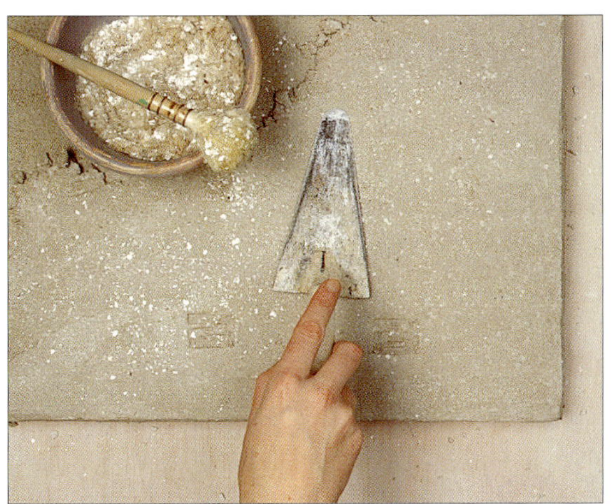

5 Prenez le gros pinceau souple pour balayer davantage de pigments brillants sur la surface encore humide du plâtre et pressez délicatement en appuyant la truelle, en prenant soin de ne pas marquer la surface.

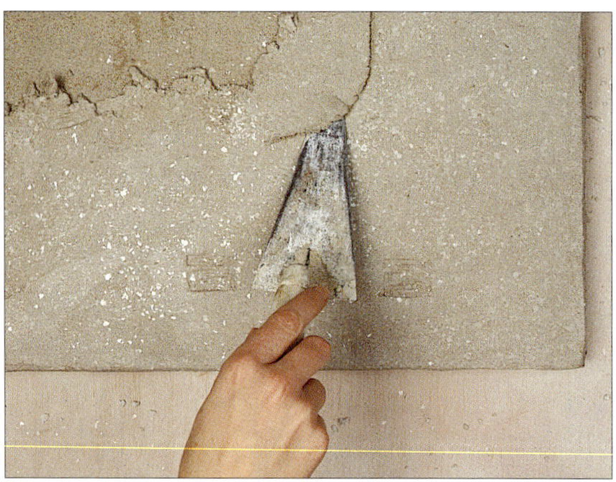

6 Prenez le couteau à peindre ou la pointe de la truelle pour recouper les bords de la bordure. Donnez un bord biseauté à la coupure, en retirant l'excédent de plâtre. Laissez sécher.

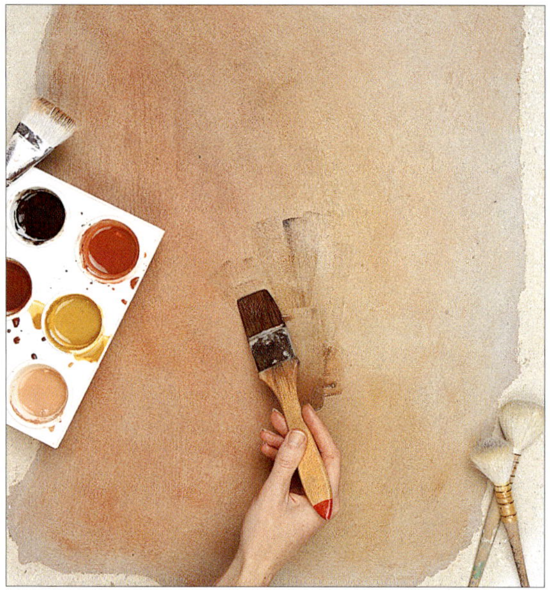

7 Humidifiez le plâtre de base de la partie centrale, y compris la bordure, puis étalez le plâtre avec le mélange restant de plâtre de finition. Dans ce cas, plutôt que de réaliser le joint traditionnel entre les deux *giornate* (voir p. 78), laissez le plâtre au centre chevaucher la bordure légèrement pour créer une lisière irrégulière et découpée. Lorsque le plâtre est prêt pour la peinture, diluez les pigments sur la palette en un jus homogène. Appliquez les couleurs avec la brosse de 4 cm, en estompant les traces de pinceau lorsque cela est nécessaire, et en vous reportant à la photo de la pièce terminée.

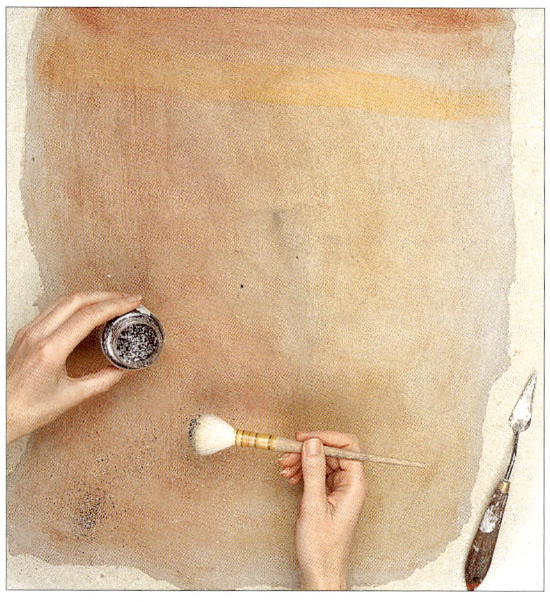

8 Peignez deux rayures de Sienne brûlée et d'ocre jaune puis appliquez le graphite en le parsemant sur la surface puis en pressant délicatement avec le couteau à peindre. Continuez à ajouter des couleurs et des marques jusqu'à ce que vous soyez satisfait du résultat puis laissez sécher le panneau.

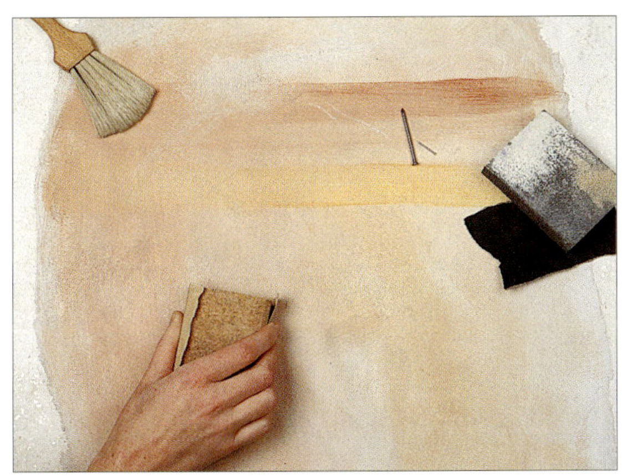

9 Une fois que le panneau est sec (cela peut prendre environ une semaine), « vieillissez » la surface en ponçant certains endroits et en griffant d'autres avec le clou (portez un masque à poussière lors du ponçage). Reportez-vous à des images d'habitations méditerranéennes anciennes aux couleurs douces ou de vieux murs peints et délavés par le temps, et incorporez-les dans votre motif.

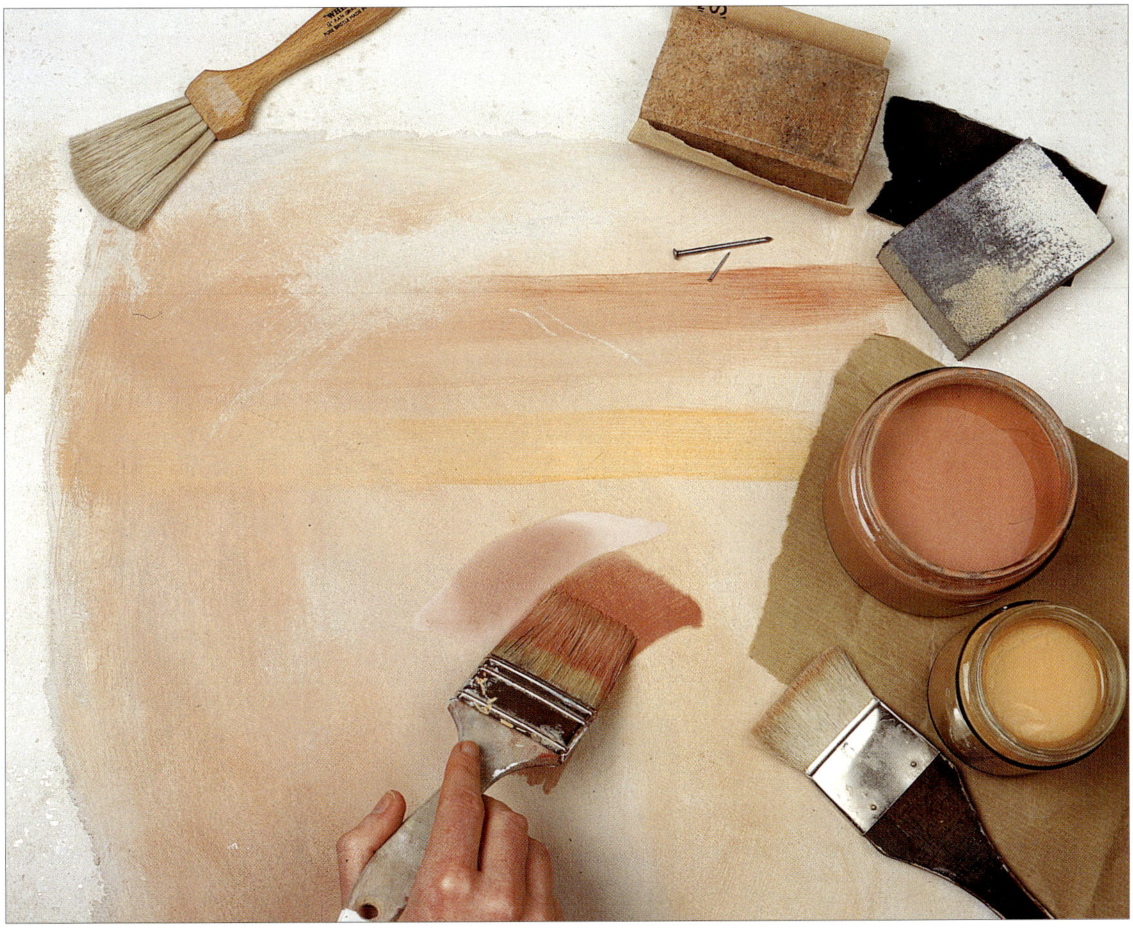

10 Peignez au lait de chaux. Puisque les couleurs au lait de chaux se gardent presque indéfiniment, je possède un grand nombre de mélanges de couleurs dans mon atelier qui me restent d'autres projets. Il m'est arrivé d'avoir certaines des bonnes couleurs conservées dans ces grands pots, mais vous pourrez vous contenter des plus petites quantités indiquées dans **Pigments**.

PAYSAGE MÉDITERRANÉEN

FOURNITURES

Un panneau de 30 x 45 cm recouvert de grillage, d'environ 1,65 kg de mélange de plâtre de base et 1,1 kg de mélange de plâtre de finition

♦

Un sac à poudrer ou un gros pinceau souple

♦

Une palette

♦

Un appuie-main

♦

Pinceaux : une brosse plate de 2,5 cm, une brosse à estomper en poil de chèvre, deux pinceaux ronds fins n° 10 et n° 0

Cette vue de Capri à travers une balustrade est peinte avec des bleus éclatants et des couleurs de terre. La mer et le ciel sont peints à la brosse avec des lavis à l'eau qui laissent transparaître le plâtre, en tirant ainsi partie des qualités lumineuses particulières à la peinture à fresque. Si vous souhaitez créer des couleurs particulièrement brillantes dans la peinture à fresque, ajoutez au mélange de plâtre de finition de la poudre de marbre plus ou moins grossière, pour produire un fond particulièrement clair. Prenez environ une part de sable pour deux parts de poudre de marbre pour obtenir un plâtre vraiment très clair qui ajoutera de la luminosité aux couleurs.

La photo montre des branches de figuier en haut du panneau, mais si vous préférez, vous pouvez leur substituer des citrons en vous inspirant de ceux du projet de la Bordure de Citrons.

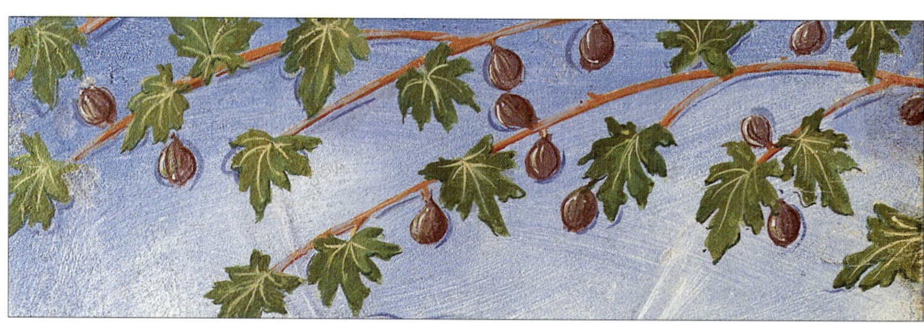

PIGMENTS

Mélanges de pigments

Ciel et mer : *½ mes. bleu de céruléum, ½ mes. bleu de cobalt clair, ½ mes. terre verte*

Nappe, balustrade, bateaux et colombes : *1 mes. blanc de titane*

Figues : *¼ mes. violet de cobalt foncé et ½ mes. blanc de titane en mélange*

Feuilles : *¼ mes. vert de cobalt, 1/2 mes. ocre jaune et un peu de blanc de titane en mélange*

Sur la palette *un peu de bleu outremer, terre d'Herculanum, Sienne brûlée, violet de cobalt foncé, vert de cobalt et ocre jaune*

Pigments pour le poudrage *½ mes. terre verte et ½ mes. blanc de titane*

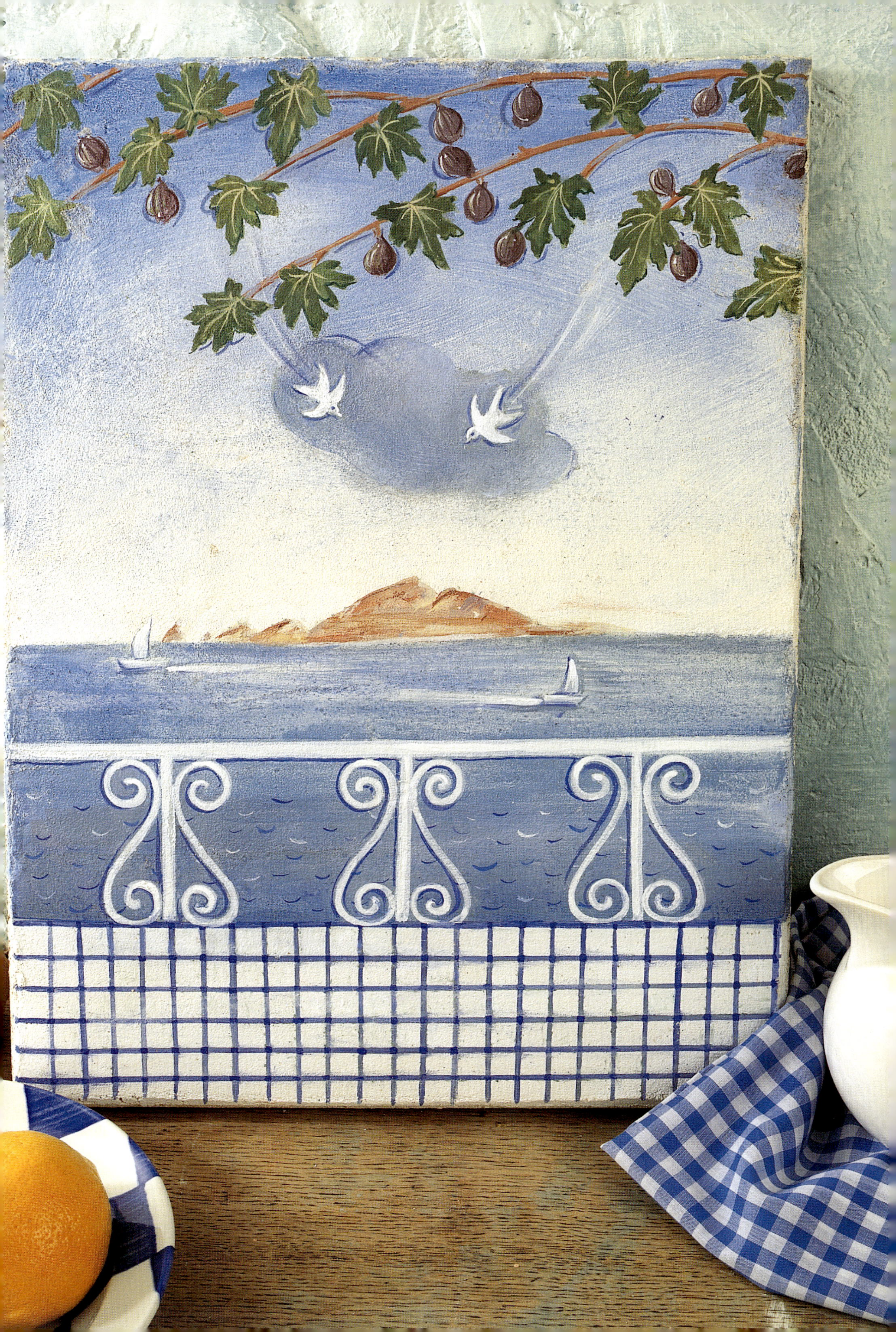

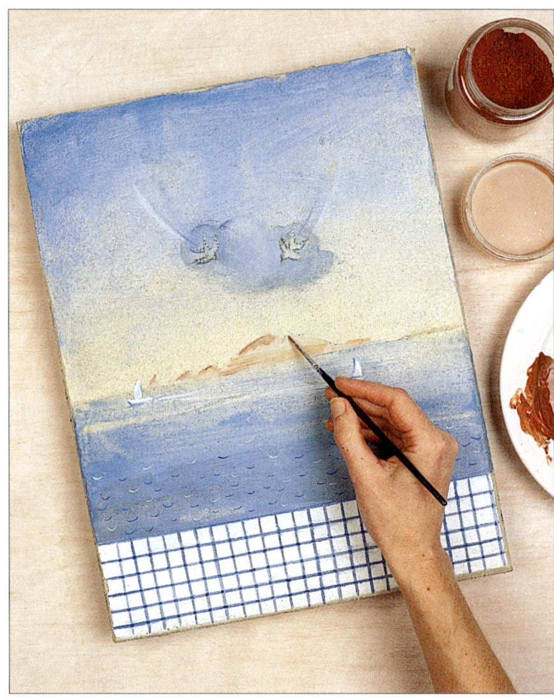

1 Lorsque le plâtre est prêt pour la peinture, poudrez les lignes horizontales en terre verte. Diluez les deux bleus du ciel et de la mer sur la palette. Prenez la brosse de 2,5 cm pour appliquer la peinture, en estompant les coups de pinceau au fur et à mesure. Mettez en place une zone en bleu de céruléum en haut du ciel. Prenez plus de bleu de cobalt clair pour la partie centrale. Servez-vous de jus très dilués là où le ciel rencontre la mer. La mer est bleu de cobalt clair à l'horizon, bleu de céruléum au milieu et bleu de céruléum recouvert de terre verte mélangée à un peu de blanc de titane au premier plan. Peignez la nappe avec du blanc de titane.

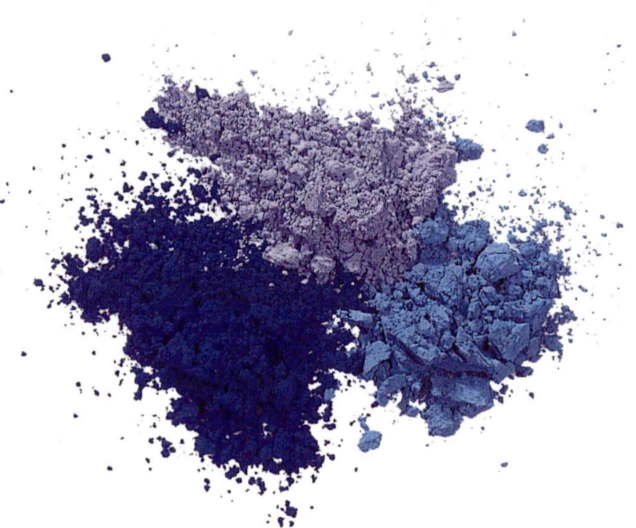

2 Poudrez le nuage, les colombes, l'île, les bateaux, les vagues et la nappe avec le pigment blanc de titane. Prenez le pinceau n° 10, foncez le nuage avec le bleu de cobalt clair mélangé avec un peu de bleu outremer et de blanc de titane. Prenez le pinceau n° 0 et un mélange de blanc de titane et de bleu de céruléum pour peindre les bateaux, en ajoutant des ombres derrière en bleu outremer dilué (prenez le même mélange pour peindre les colombes). Les vagues au premier plan sont peintes en bleu de céruléum, bleu outremer et blanc de titane. Mélangez du bleu outremer avec un peu de blanc de titane pour les carreaux sur la nappe et utilisez la même couleur mais non diluée aux croisements des lignes. Prenez également le pinceau n° 0 pour peindre les carreaux à main levée, ou bien aidez-vous d'une règle comme expliqué p. 97. Les rayures sont estompées par endroits pour les rendre plus subtiles. Peignez l'île avec les pinceaux n° 10 et n° 0. Passez un lavis à l'eau d'un mélange de terre d'Herculanum et de Sienne brûlée. Ajoutez un peu de lilas en vous servant du blanc de titane mélangé à du violet de cobalt foncé.

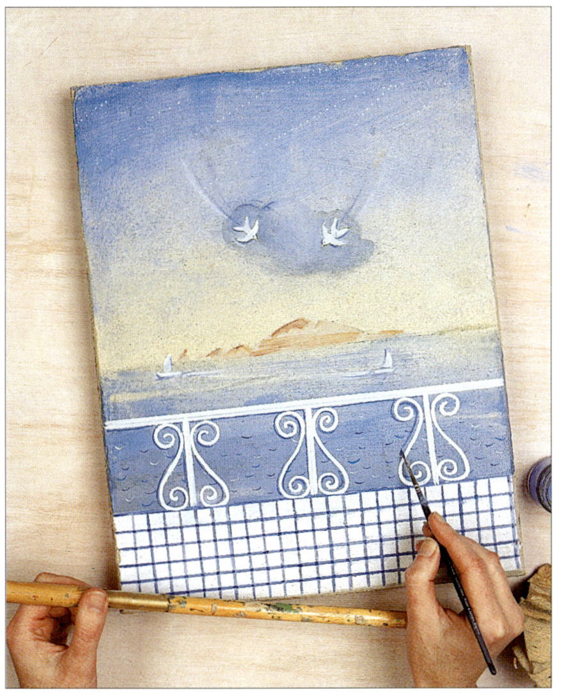

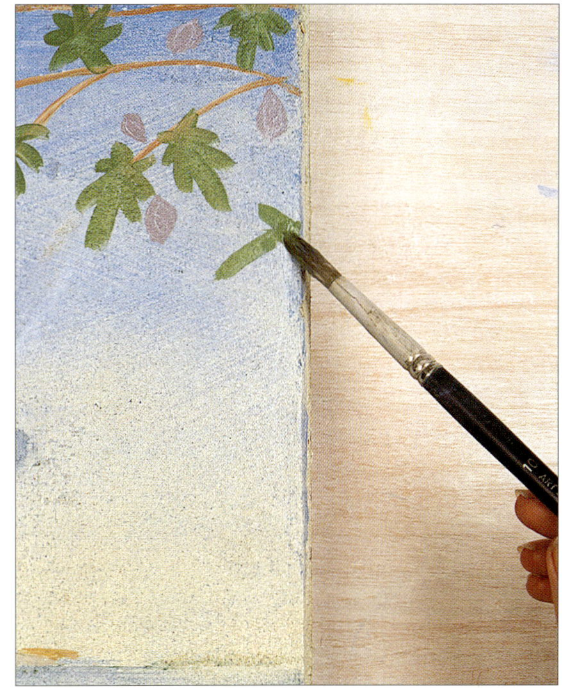

3 Poudrez le feuillage et la balustrade avec du blanc de titane. Prenez le pinceau n° 10 et le blanc de titane préparé pour peindre la balustrade. Ajoutez une ligne d'ombre tout autour en bleu outremer mélangé à un peu de blanc. Pour peindre les détails, aidez-vous de l'appuie-main.

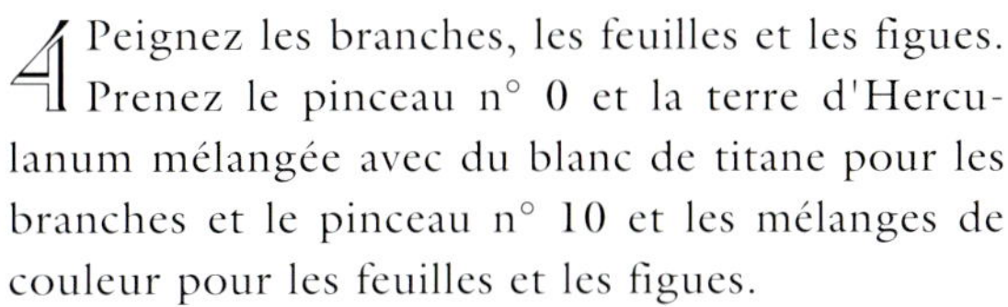

4 Peignez les branches, les feuilles et les figues. Prenez le pinceau n° 0 et la terre d'Herculanum mélangée avec du blanc de titane pour les branches et le pinceau n° 10 et les mélanges de couleur pour les feuilles et les figues.

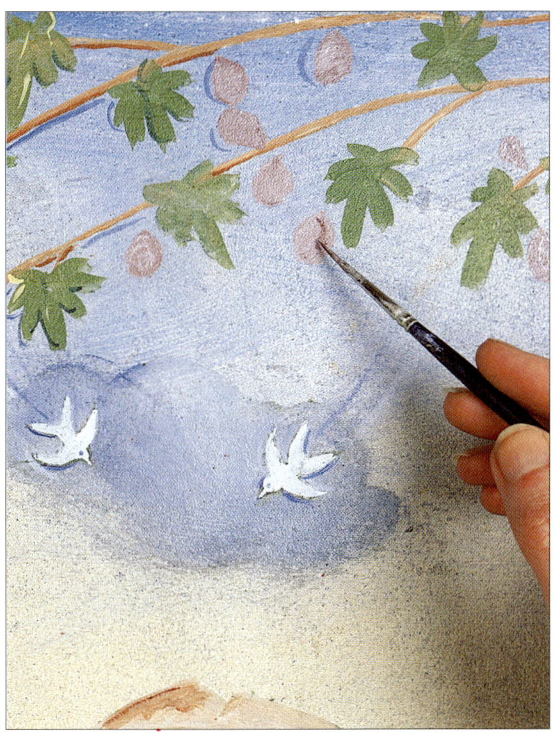

5 Prenez le pinceau n° 0 pour ajouter les ombres et les lumières au figuier. Pour les ombres sur les feuilles, foncez le vert avec du vert de cobalt et du bleu outremer, éclaircissez-le avec du blanc et de l'ocre jaune pour ajouter des éclats de lumière. Prenez du violet de cobalt foncé pur pour les ombres foncées des figues. Ajoutez du blanc à la couleur des figues pour la lumière. Les ombres sur les branches sont peintes en Sienne brûlée. Quelques lignes bleu outremer sont ajoutées autour des branches. Continuez à affiner les détails jusqu'à ce que vous soyez satisfait du résultat.

RELIEF GÉOMÉTRIQUE

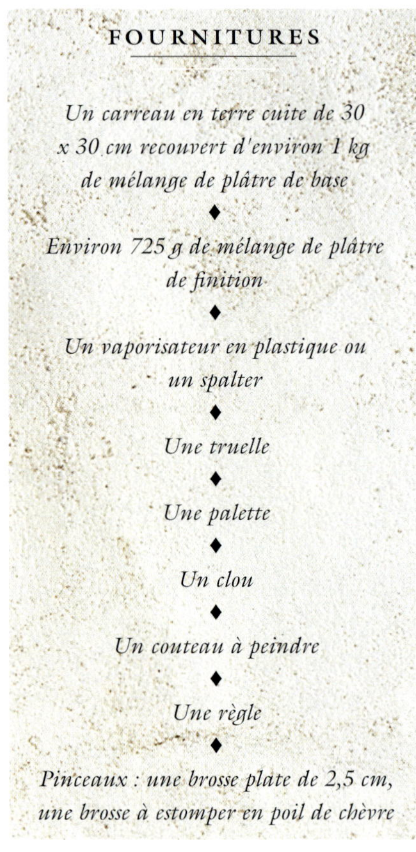

FOURNITURES

Un carreau en terre cuite de 30 x 30 cm recouvert d'environ 1 kg de mélange de plâtre de base

♦

Environ 725 g de mélange de plâtre de finition

♦

Un vaporisateur en plastique ou un spalter

♦

Une truelle

♦

Une palette

♦

Un clou

♦

Un couteau à peindre

♦

Une règle

♦

Pinceaux : une brosse plate de 2,5 cm, une brosse à estomper en poil de chèvre

DANS LA FRESQUE, un motif peut être gravé ou bien découpé dans la surface du plâtre. Un clou ou une épingle sont utiles pour gratter grossièrement la surface; on peut découper des motifs plus précis avec le couteau à peindre. Parfois, la couche de plâtre de base ou celle de finition sont peintes avec une voire plusieurs couleurs. Les ombres, obtenues par les bords découpés dans le plâtre, amplifient l'effet de relief du motif comme nous l'avons vu dans l'OISEAU GRAFFITO de la p. 26.

Ce motif est inspiré de carreaux datant du Moyen-Age, conservés au British Museum. Il rendrait très bien sur une plus grande échelle, mais on ne peut s'en servir qu'à l'intérieur car les petites formes avec leurs bords apparents seraient trop vulnérables au gel et à l'humidité pour être exposées aux éléments. Pour assurer une bonne prise entre les deux couches de plâtre, celui de base doit être gratté à la taloche pour le rendre irrégulier avant d'appliquer la couche de finition. L'addition de pigment au mélange le rend plus propice aux craquelures, aussi séchez la pièce très lentement, en l'emballant dans du plastique.

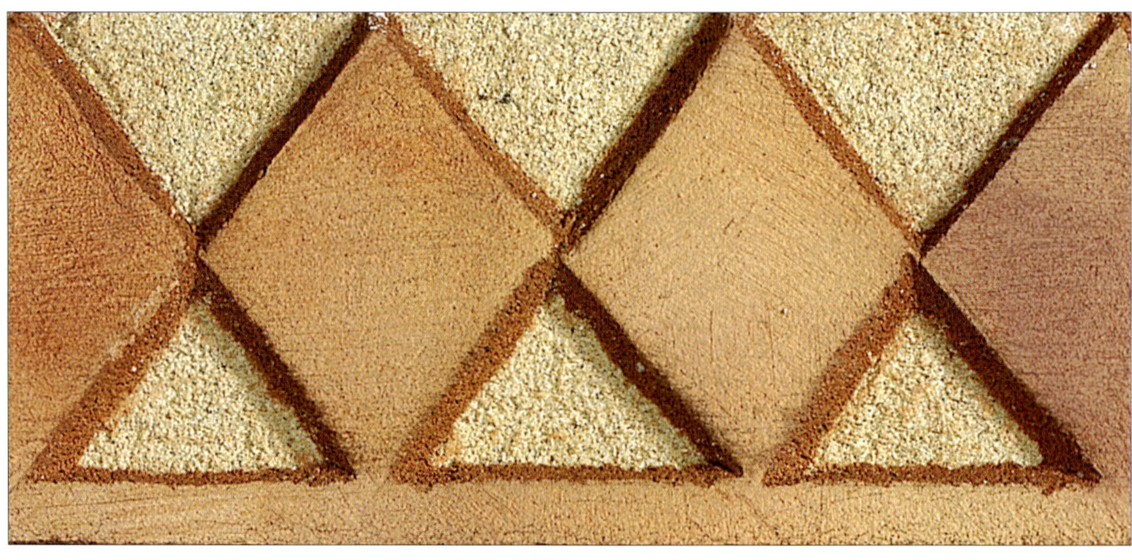

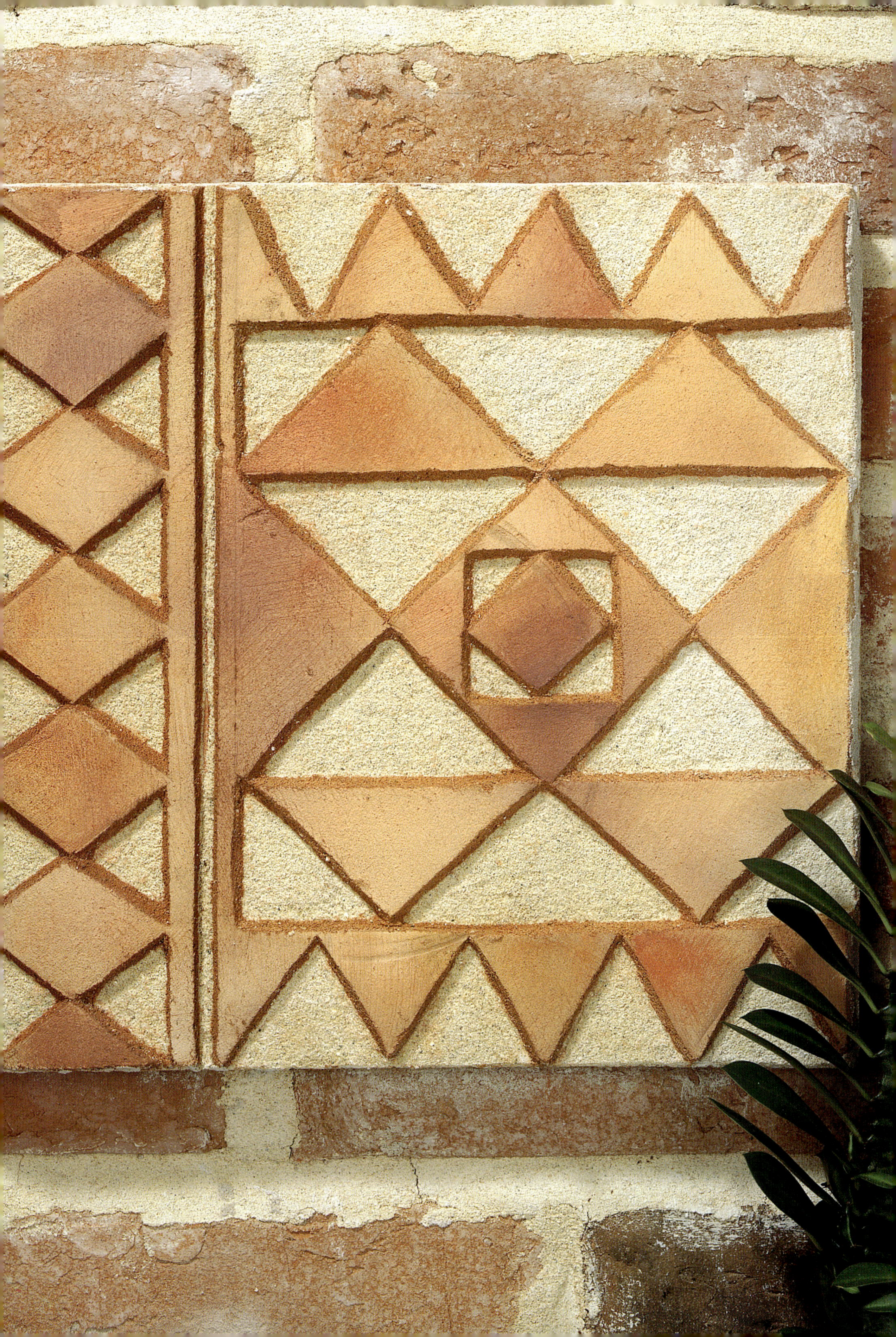

PIGMENTS

Environ 8 mes. Sienne brûlée pour colorer le plâtre

Sur la palette *¼ mes. Sienne brûlée, ½ mes. blanc de titane, ¼ mes. violet de cobalt foncé, ¼ mes. ocre jaune, ¼ mes. terre d'Herculanum*

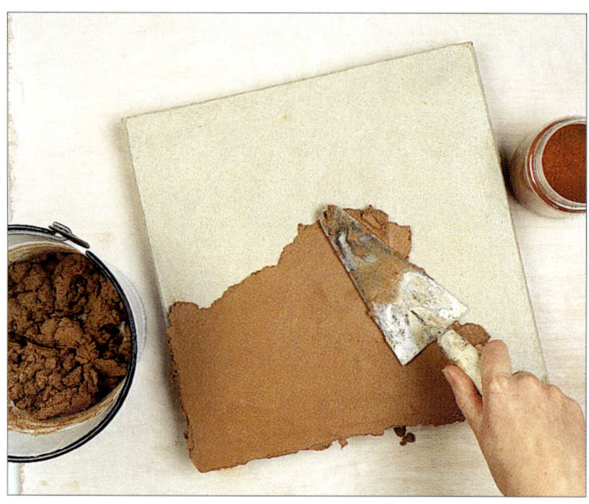

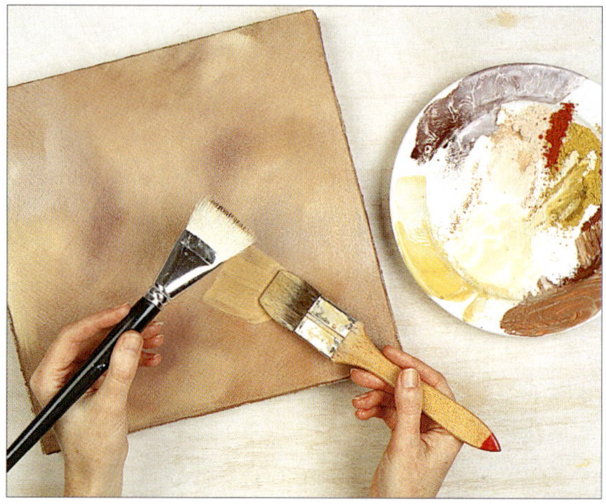

1 Mélangez le plâtre de finition avec le pigment Sienne brûlée et testez la couleur en suivant la méthode indiquée p. 28. Humidifiez le carreau avec un vaporisateur en plastique ou un spalter jusqu'à ce qu'il ait absorbé autant d'eau que possible, puis étalez immédiatement le mélange coloré.

2 Lorsque le plâtre est prêt pour la peinture, préparez les dilutions de tous les pigments indiqués et avec la brosse de 2,5 cm, peignez des taches imbriquées sur la surface. Très vite, fondez les traces avec la brosse à estomper. Construisez le motif en forçant certaines couleurs par endroits pour les rendre plus opaques, en vous reportant à la photographie. Laissez sécher le plâtre jusqu'à ce qu'il soit assez ferme mais encore humide et souple au toucher, puis reportez le motif sur la surface en gravant par-dessus le dessin avec le clou comme indiqué p. 14.

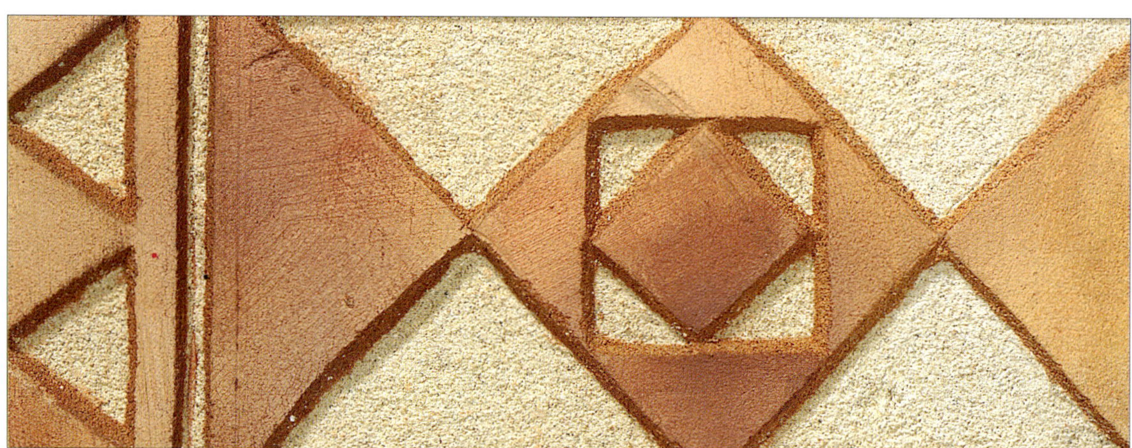

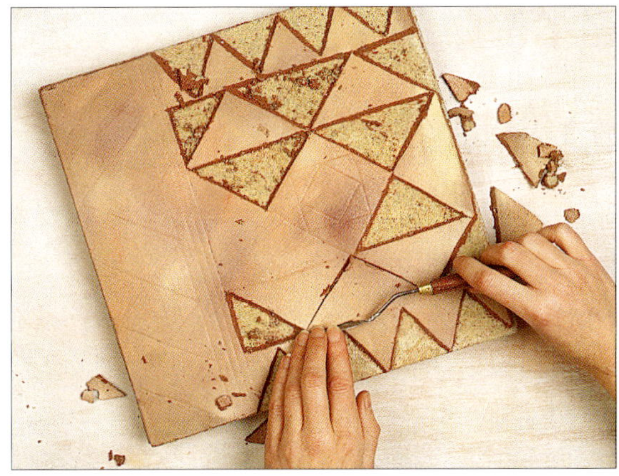

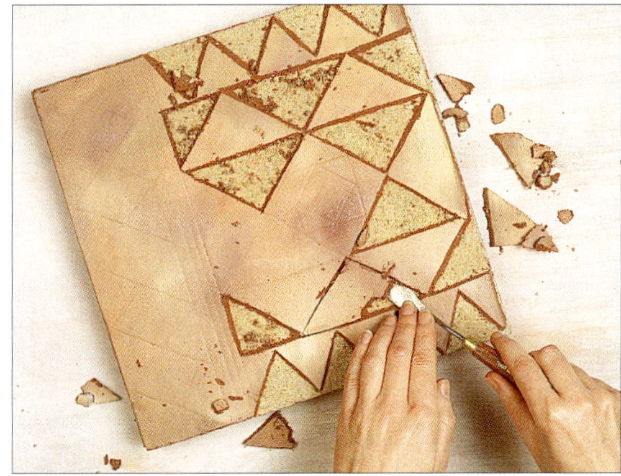

3 Lorsque le motif est complet, découpez les parties du plâtre en excédent. Commencez par couper autour d'une forme, en vous servant du couteau à peindre pour obtenir une découpe biaisée qui dissocie les zones à évider de celles qui resteront en place.

4 Prenez le couteau à peindre pour retirer les zones concernées. Gardez la pointe du couteau à plat pour ne pas pénétrer dans la couche du plâtre de base.

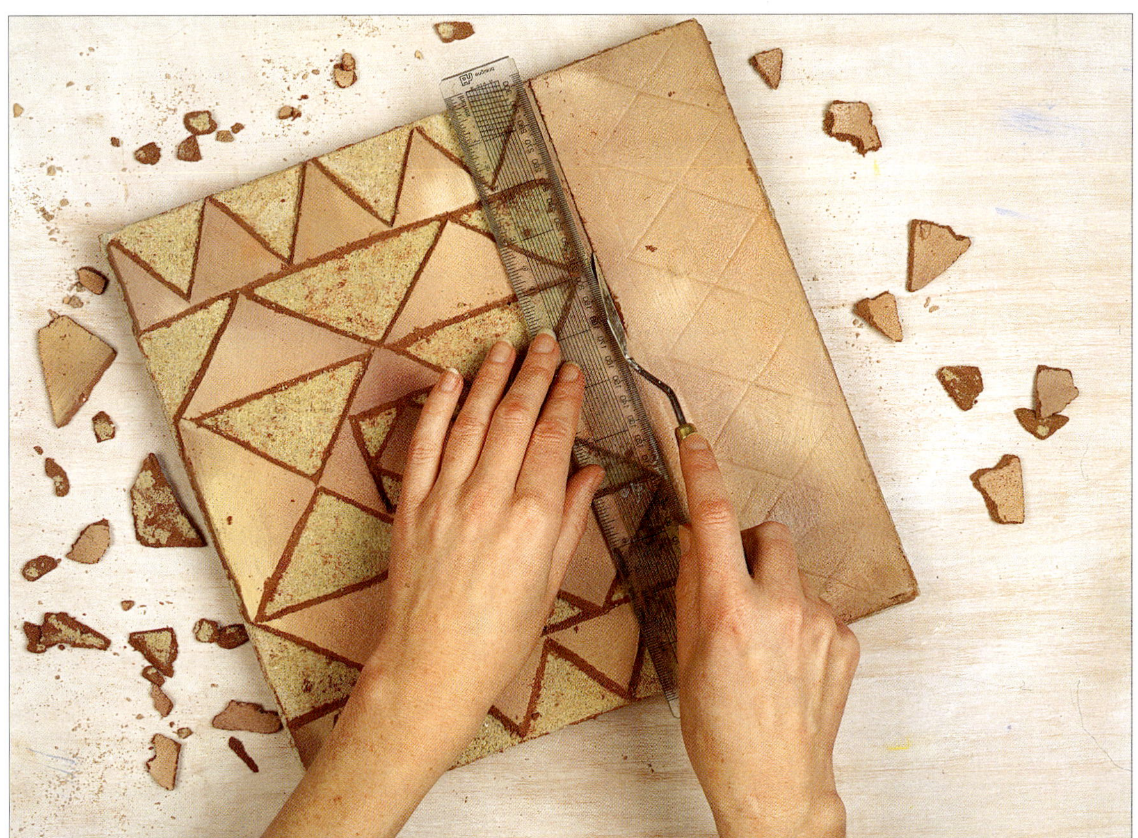

5 Vous aurez besoin d'un bord droit qui vous servira de guide pour les longues lignes droites. Une règle avec un décroché placé vers le bas sera l'idéal : cela vous permet de voir ce qui se passe sous la règle, en vous aidant à mieux contrôler la lame. Lorsque vous avez découpé tout le plâtre, tenez le panneau vertical et servez-vous d'un gros pinceau souple pour retirer tous les fragments restants. S'il reste des miettes sur la couche du plâtre de base, servez-vous du couteau à peindre pour les retirer.

NATURE MORTE À INCRUSTATIONS

Cette pièce colorée est peinte avec de la peinture au lait de chaux sur des zones de plâtres de différentes couleurs. La quantité de plâtre à préparer est plus importante que nécessaire; il en restera assez pour garder un échantillon des couleurs humides, si vous en avez besoin pour référence. Conservez les mélanges de plâtre dans des seaux bien hermétiques jusqu'à ce que vous soyez prêt à les utiliser. Le plâtre saturé de pigment a tendance à être plus sec, vous pouvez le protéger du dessèchement en vaporisant la surface avec de l'eau et en plaçant un sac en plastique avant de fixer le couvercle.

Les couleurs au lait de chaux peuvent être appliquées lorsque le plâtre est prêt pour la peinture, ou mieux, lorsqu'il est complètement sec. Dans cet exemple, la plupart des couleurs ont été appliquées le lendemain de la pose du plâtre. On peut ajouter de la peinture à tous moments, mais prenez soin d'humidifier la surface au préalable.

FOURNITURES

Environ 1 kg de mélange de plâtre de finition

◆

Env. 350 g de mélange de plâtre de finition coloré avec 4 mes. vert clair résistant à la chaux, 1 mes. blanc de titane et 1 mes. bleu de cobalt clair

◆

Env. 350 g de mélange de plâtre de finition coloré avec 4 mes. Sienne brûlée et 2 mes. Sienne naturelle

◆

Env. 350 g de mélange de plâtre de finition coloré avec 4 mes. bleu outremer

◆

Env. 350 g de mélange de plâtre de finition coloré avec 3 mes. violet de cobalt foncé, 1 mes. bleu outremer et 3 mes. blanc de titane

Des seaux à peinture avec couvercle

◆

Une truelle

◆

Un panneau de 90 x 90 cm recouvert de grillage et d'environ 1,5 kg de mélange de plâtre de base

◆

Un vaporisateur en plastique ou un spalter

◆

Un sac à poudrer ou un gros pinceau souple

◆

Une palette

◆

Une épingle ou un clou

◆

Pinceaux : une brosse plate de 2 cm, un pinceau rond fin n° 10

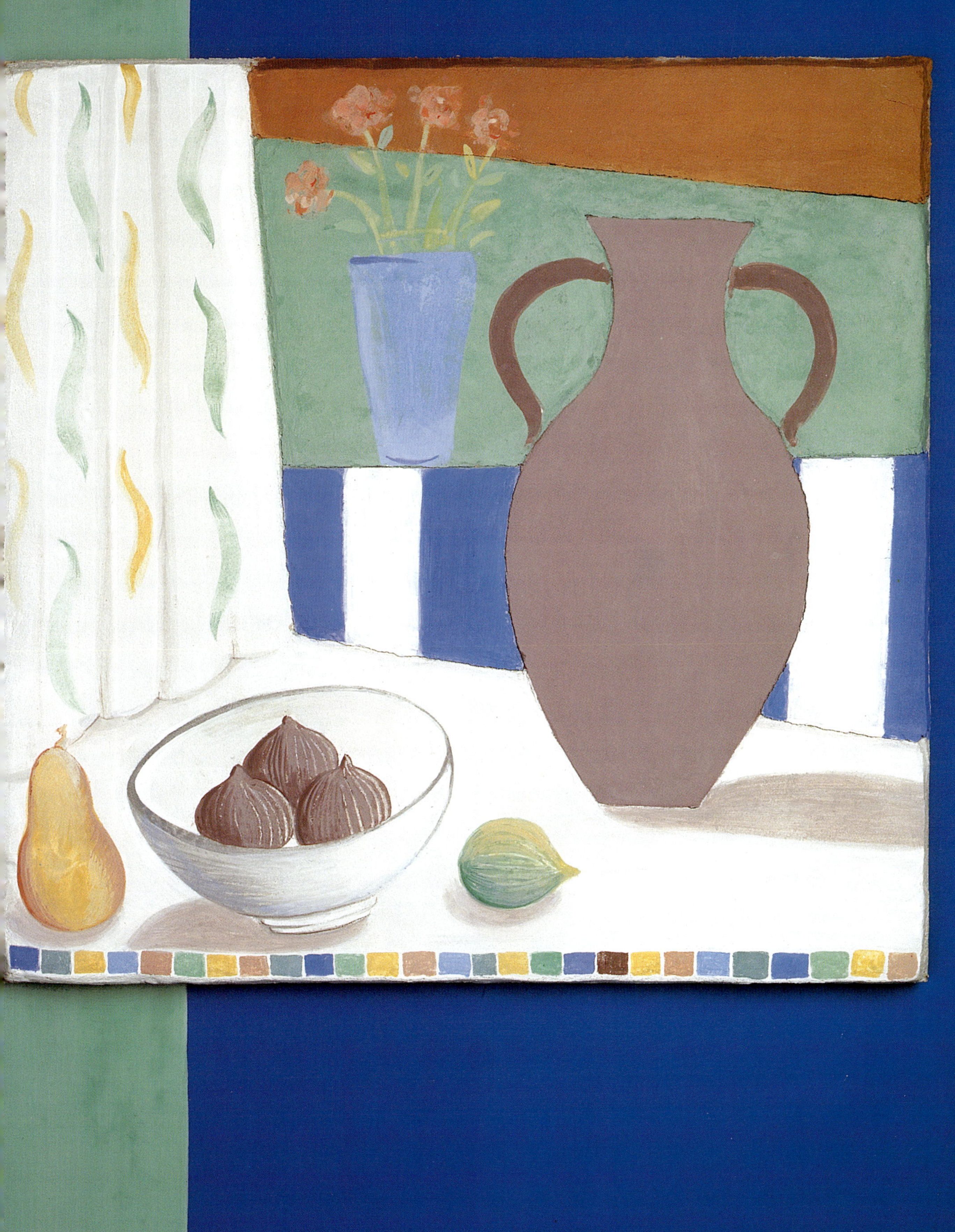

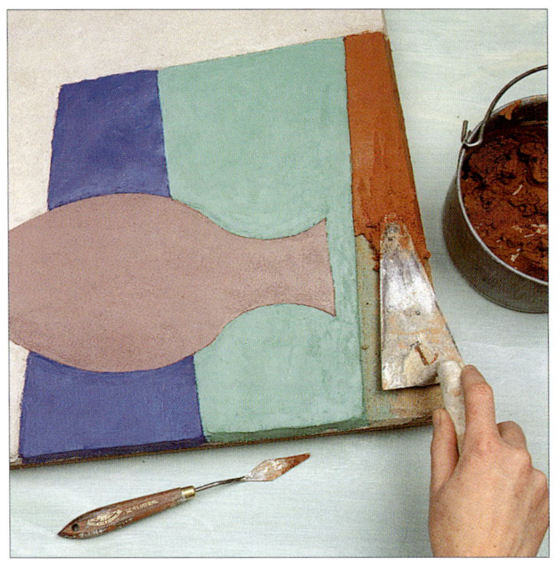

PIGMENTS

Couleurs au lait de chaux, dans des pots hermétiques séparés, chacune préparée avec 2 mes. bombées de pâte de chaux tamisée, bien mélangée avec environ 70 ml d'eau (prenez de l'eau de chaux, si vous en avez). La peinture doit avoir la consistance du lait. Dans chaque pot, ajoutez env. 1 mes. des couleurs suivantes : blanc de titane, bleu de céruléum, bleu de cobalt foncé, rouge de Venise, ocre jaune, violet de cobalt foncé, vert de cobalt, vert clair résistant à la chaux, terre d'Herculanum et noir.

Pigment pour le poudrage

½ mes. blanc de titane

1 Testez les plâtres colorés en vous servant de la méthode donnée p. 28. Préparez le panneau en humidifiant la surface du plâtre puis poudrez les tracés des différentes zones. Commencez par la forme du vase, en étalant le plâtre 2,5 cm plus loin que la découpe. Poudrez à nouveau le tracé du vase et, lorsque le plâtre est ferme, recoupez l'excédent avec le couteau à peindre, en formant un bord biaisé vers l'extérieur. Une seconde *giornata* peut être ajoutée aussitôt que la première est ferme, mais il vaut mieux attendre le jour suivant. Car la couche de base aussi bien que les découpes de la zone du jour précédent doivent être humidifiées avant de poser la nouvelle zone. Si on applique trop d'eau sur les bords d'un plâtre très frais, il pourrait commencer à se ramollir et se dissoudre. Pour aligner le bord de la nouvelle zone avec celle déjà sèche, étalez le plâtre comme à l'ordinaire mais lorsque vous arrivez à la découpe de la *giornata* du jour précédent, appuyez la truelle vers le bas, en pressant le plâtre jusqu'au bord. Remplissez le sillon que vous avez formé en appuyant la truelle vers la base, et terminez comme précédemment. Il faut retirer immédiatement toutes les traces de plâtre qui auraient débordé sur une zone peinte. La chaux contenue dans le plâtre va décolorer la peinture.

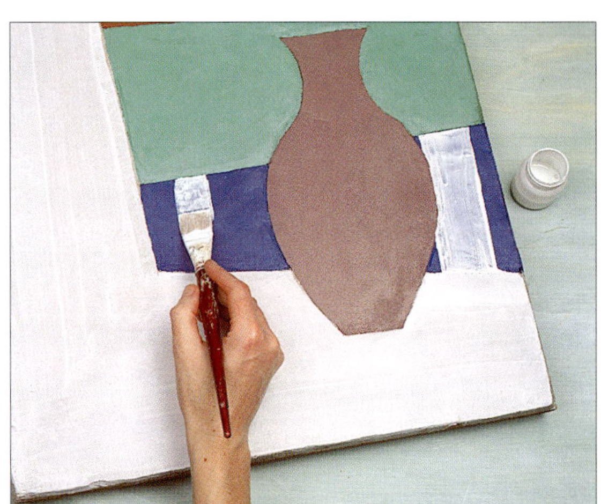

2 Recouvrez tout le plâtre uni avec du blanc de titane en vous servant de la brosse de 2 cm, puis peignez les rayures blanches sur la zone en plâtre bleu.

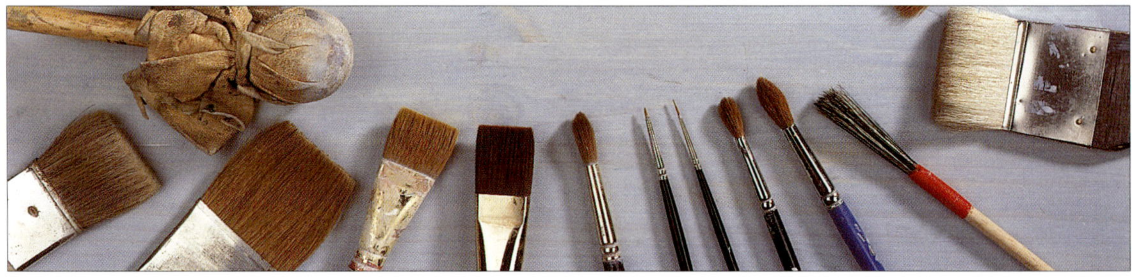

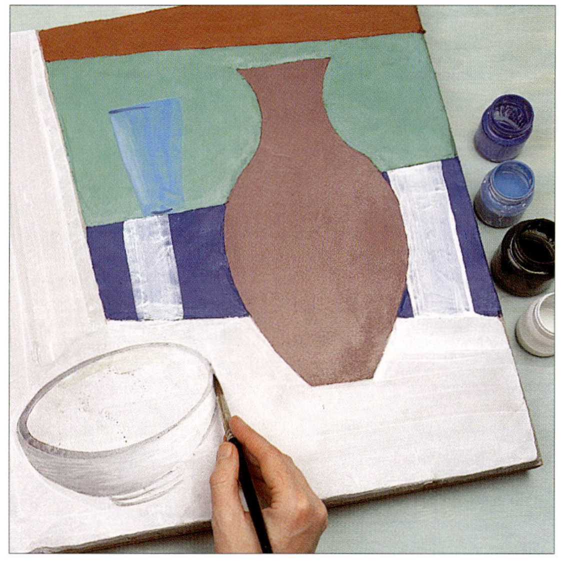

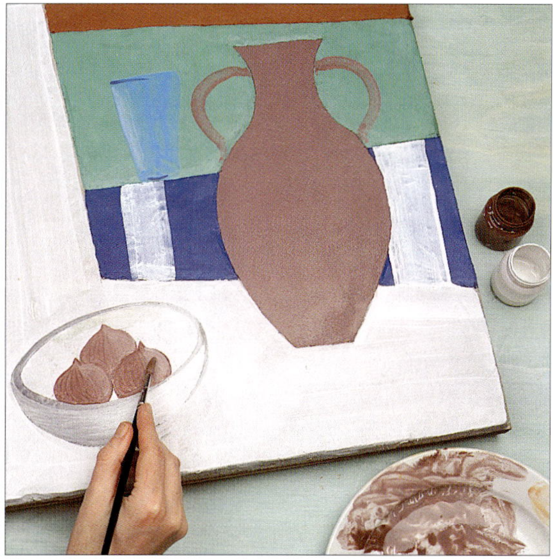

3 Peignez le vase bleu qui se trouve sur l'étagère avec le bleu de céruléum et une ligne d'ombre bleu de cobalt. Poudrez la forme du bol, puis peignez-le avec le mélange noir et blanc de titane, en vous servant du pinceau n° 10. Ajoutez l'ombre sur le rideau avec la même couleur mais plus diluée.

4 Prenez le violet de cobalt foncé pour peindre les figues, dessinez des détails avec du violet de cobalt foncé dans lequel on a ajouté un peu de blanc de titane.

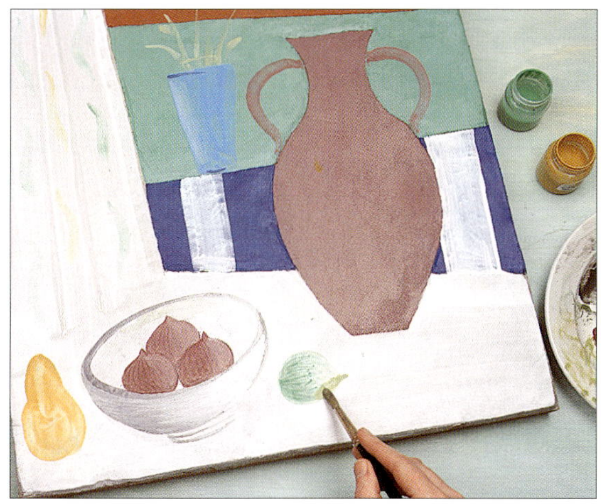

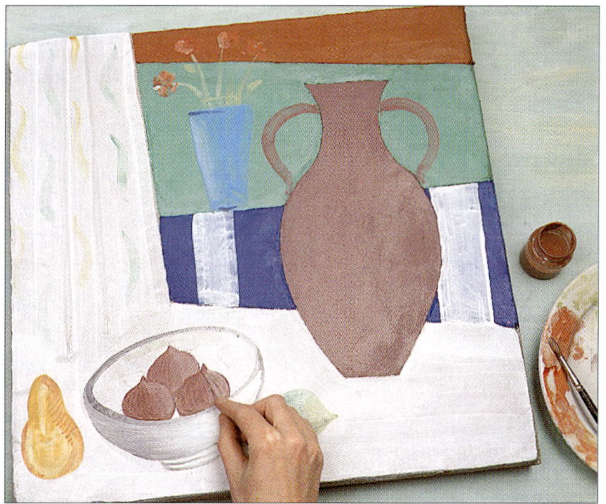

5 Peignez la figue verte au premier plan et les feuilles dans le vase bleu avec du vert vif. Donnez de la profondeur à la base de la figue avec du vert de cobalt et ajoutez de l'ocre jaune à la pointe. Peignez le motif sur le tissu avec de l'ocre jaune dilué et du vert clair dilué dans lequel on a ajouté un peu de vert de cobalt. Ajoutez un peu de violet de cobalt foncé sur les ombres du rideau. La poire est peinte en ocre jaune avec une ligne d'ombre en terre d'Herculanum.

6 Laissez sécher le plâtre lentement sous un plastique. Une fois qu'il est complètement sec, gravez de fines lignes sur les figues pour imiter le motif de leur peau. Humidifiez le plâtre et retouchez toutes les zones désirées, en peignant des ombres derrière le grand vase, le bol et le fruit, et en ajoutant plus de détails jusqu'à ce que vous soyez satisfait du résultat.

CORTÈGE DES ROIS MAGES

Du mur est de la Chapelle des Mages, au Palais Médicis, Florence

FOURNITURES

Un panneau de 30 x 45 cm recouvert de grillage, d'environ 1,65 kg de mélange de plâtre de base et d'1,1 kg de mélange de plâtre de finition

◆

Un sac à poudrer ou un gros pinceau souple

◆

Une cordelette d'environ 30 cm

◆

Une palette

◆

Un appuie-main

◆

Pinceaux : une brosse plate de 2 cm, une brosse éventail de 2,5 cm, deux pinceaux ronds fins n° 20 et n° 4, une brosse plate de 13 mm, un pinceau à filets pointus n° 0 ou un autre pinceau rond fin

Benozzo Gozzoli a peint en 1459 une fresque retraçant le cycle d'une procession de Rois mages. Gozzoli usa d'un mélange parfaitement abouti de deux techniques, la fresque et la tempera; la chapelle dans laquelle cette fresque prit place fut construite avec énormément de soin. Ces raisons font qu'il s'agit là d'une des fresques les mieux conservées de la Renaissance.

A l'origine, la chapelle était très peu éclairée par la lumière naturelle et les fresques étaient faites pour être vues à la bougie. La semi-obscurité accentuait l'impact visuel et les qualités de relief de la peinture. Le brillant des décorations dorées prenait tout son éclat dans une lumière douce et rasante. L'usage intensif de l'or, de l'argent et du bleu outremer, les matériaux les plus onéreux en décoration, servaient à exprimer la richesse de la famille Médicis, un message qui devait être compris par tous les visiteurs qu'ils recevaient dans la Chapelle.

La procession des trois rois, Gaspard, Balthazar et Melchior, avec leur suite, est peinte sur trois murs de la Chapelle. Melchior, sur le mur ouest, représente le coucher du soleil et l'ancien temps. Sa robe incarnat et les rouges utilisés dans l'arrière-plan sont des couleurs automnales. Balthazar, qui symbolise la maturité, est peint sur le mur sud, il est vêtu de vert, la couleur de l'été.

Les détails utilisés pour cette réalisation proviennent du mur est. Gaspard, le jeune roi, est habillé en blanc, pour symboliser l'aube et le printemps. L'ensemble de la procession semble commencer au château blanc, au-dessus du personnage du roi, et se dérouler à travers les parties du paysage choisi pour ce projet.

Pour préparer des mélanges assez proches de ceux utilisés par Benozzo Gozzoli, on a pris des couleurs au lait de chaux pour les couleurs claires, sauf pour les éclats de lumière.

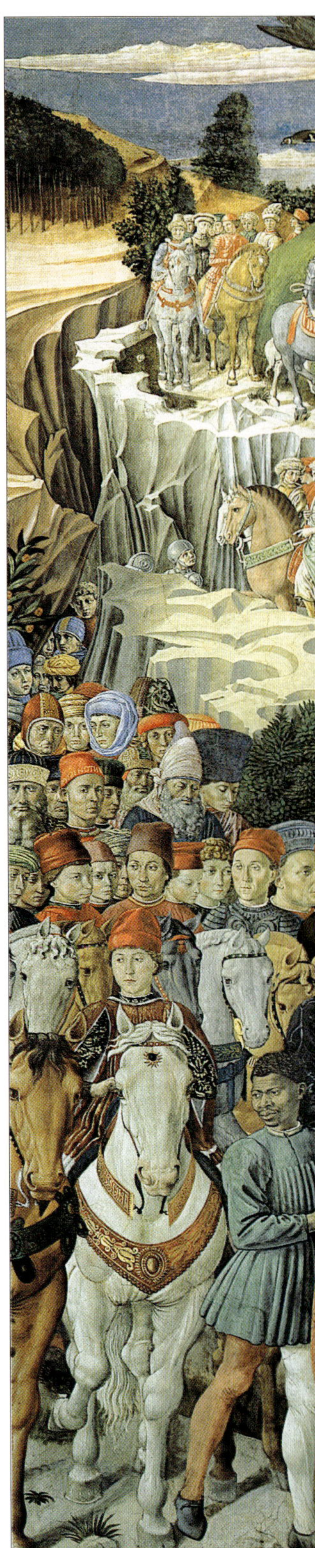

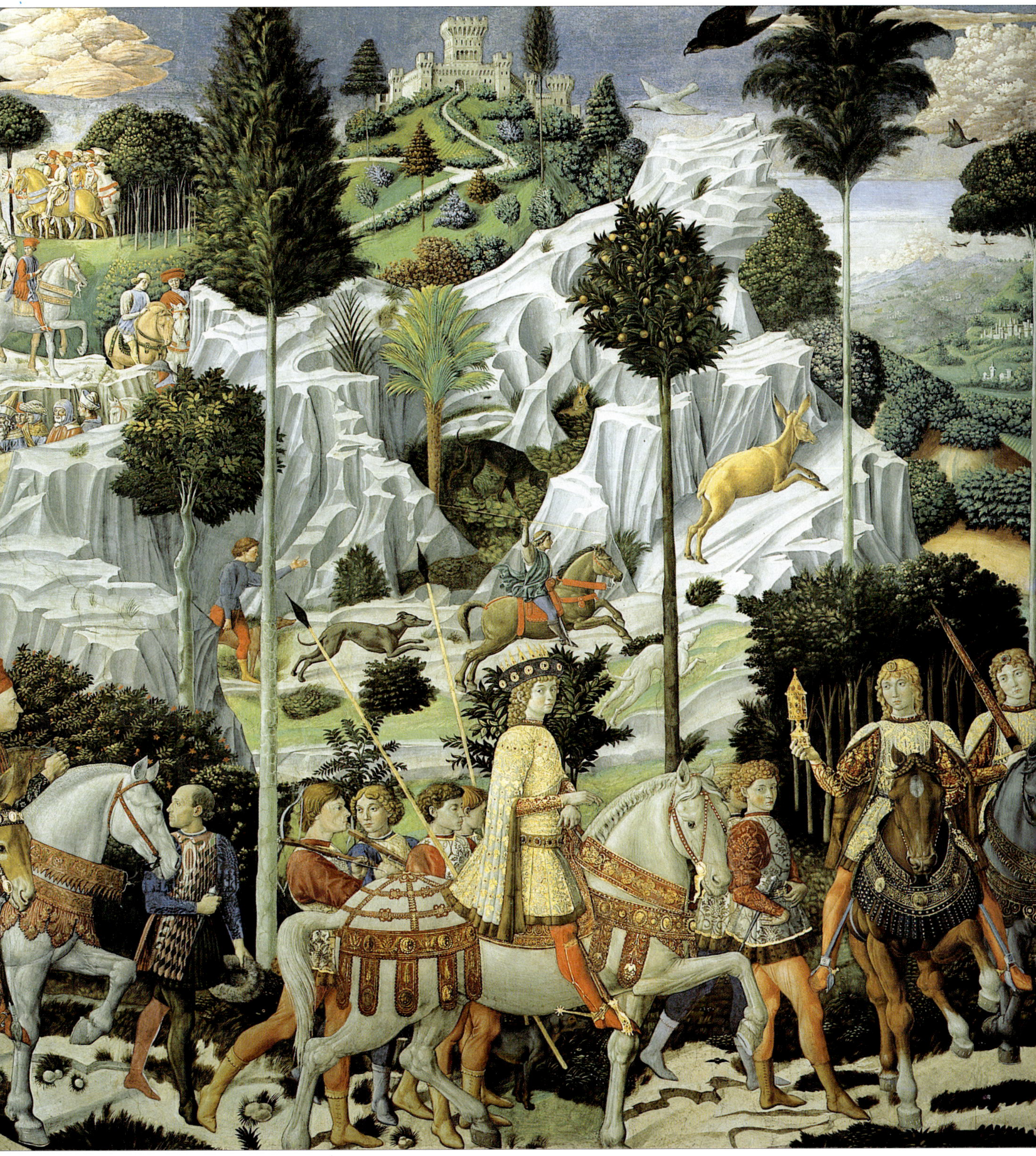

PIGMENTS

Mélanges de pigments

Herbe : *1 mes. terre verte et ¼ mes. ocre jaune en mélange*

Arbres marron :

Arrière-plan et teintes claires : *¼ mes. ocre jaune, ¼ mes. Sienne naturelle et ½ mes. pâte de chaux en mélange*

Teintes moyennes : *½ mes. Sienne brûlée et ½ mes. ocre jaune en mélange*

Teintes foncées : *¼ mes. noir, ¼ mes. ombre brûlée et ¼ mes. pâte de chaux en mélange*

Éclats de lumière : *¼ mes. blanc de titane et ¼ mes. ocre jaune en mélange*

Arbres bleus :

Teintes moyennes : *2 mes. pâte de chaux, ½ mes. bleu outremer et ¼ mes. noir en mélange*

Teintes foncées : *½ mes. pâte de chaux, ½ mes. bleu outremer, ¼ mes. noir et ¼ mes. ombre naturelle en mélange*

Teintes claires : *2 mes. pâte de chaux, ¼ mes. bleu outremer et ¼ mes. noir en mélange*

Arbres verts et haies :

Teintes moyennes : *½ mes. ocre jaune, ¼ mes. vert de cobalt, ¼ mes. vert d'oxyde de chrome, ¼ mes. terre verte et ¼ mes. pâte de chaux en mélange*

Teintes foncées : *¼ mes. vert d'oxyde de chrome, ¼ mes. bleu outremer, ¼ mes. noir, ¼ mes. ombre naturelle et ¼ mes. pâte de chaux en mélange*

Teintes claires : *½ mes. ocre jaune et ½ mes. pâte de chaux en mélange*

Sur la palette *¼ mes. ocre jaune, ½ mes. pâte de chaux, ¼ mes. terre verte, ¼ mes. ombre naturelle, ¼ mes. blanc de titane, ¼ mes. vert de cobalt, ¼ mes. vert d'oxyde de chrome, ¼ mes. Sienne naturelle et ¼ mes. noir*

Pigment pour le poudrage

½ mes. terre verte

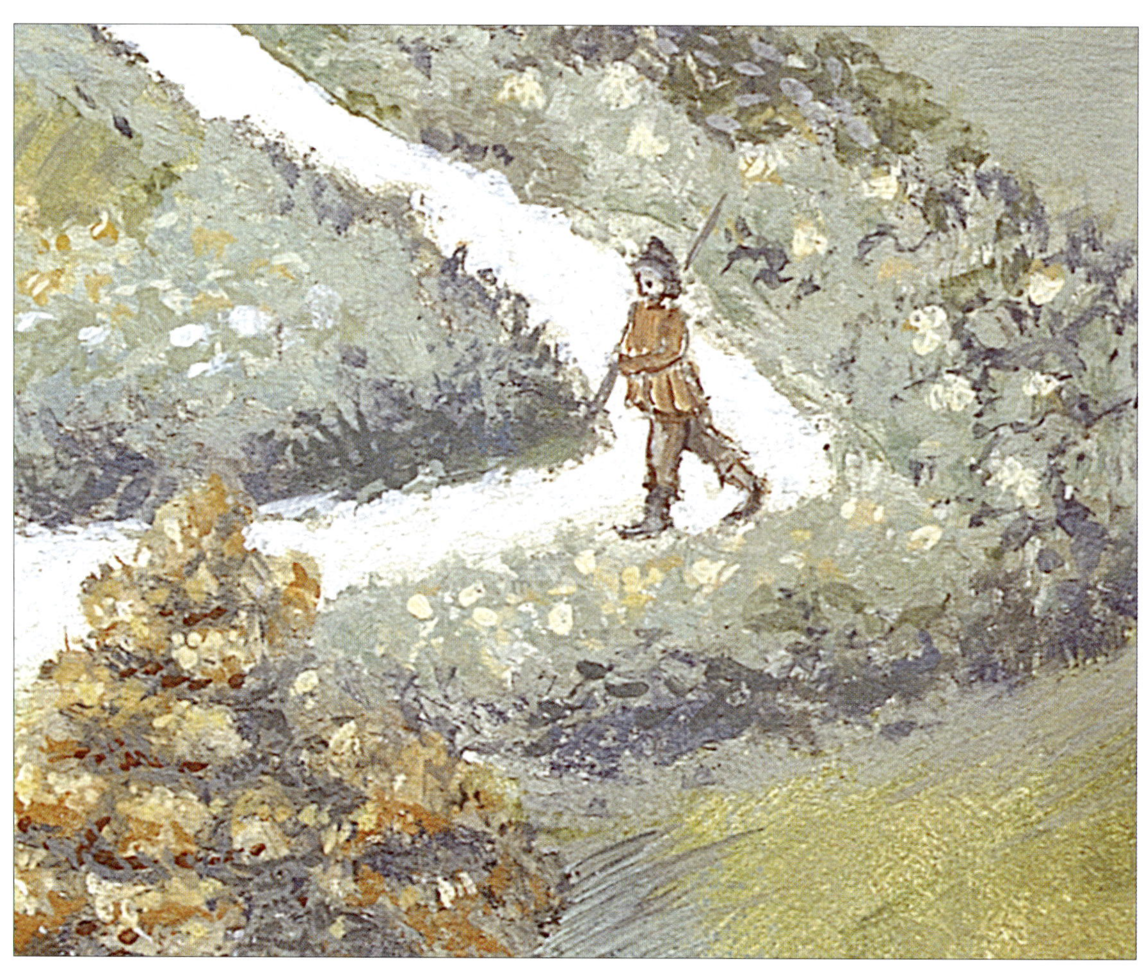

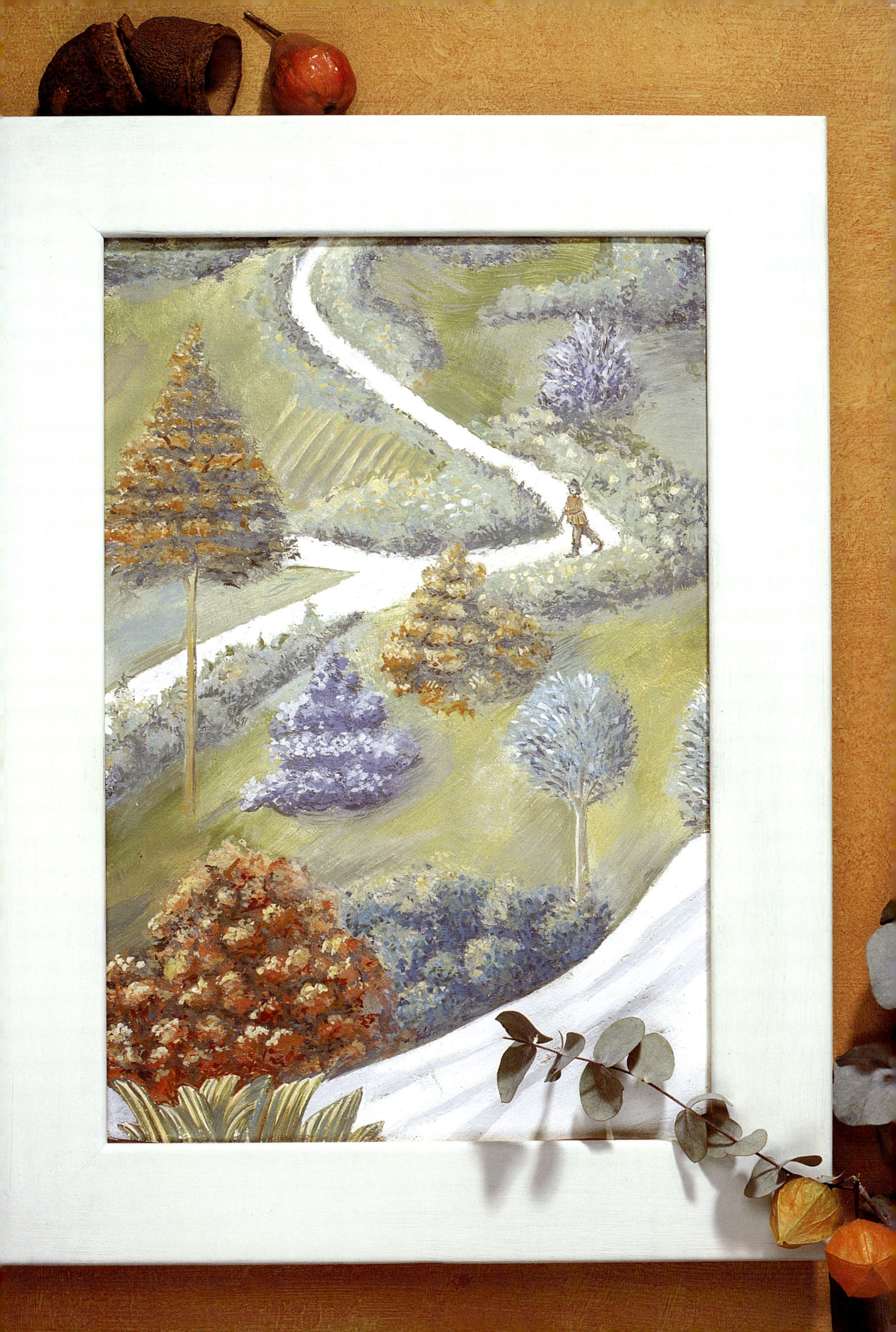

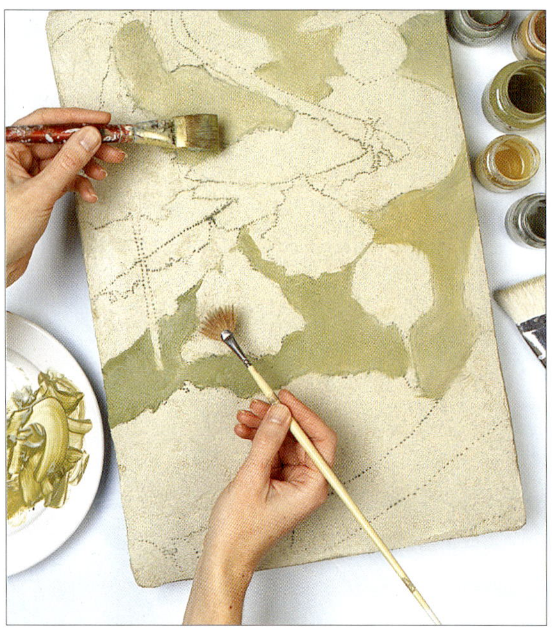

1 Lorsque le plâtre est à la bonne consistance pour la peinture, poudrez le motif. Prenez la brosse de 2 cm pour peindre l'herbe. Variez la couleur en ajoutant par endroits un peu plus de terre verte et à d'autres un peu d'ocre jaune ou de pâte de chaux. Servez-vous de la brosse en éventail pour estomper si nécessaire.

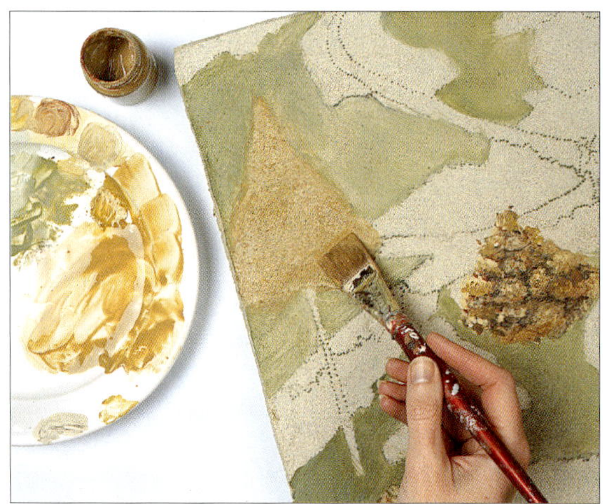

2 Peignez un jus de marron clair dilué sur les arbres avec la brosse de 2 cm.

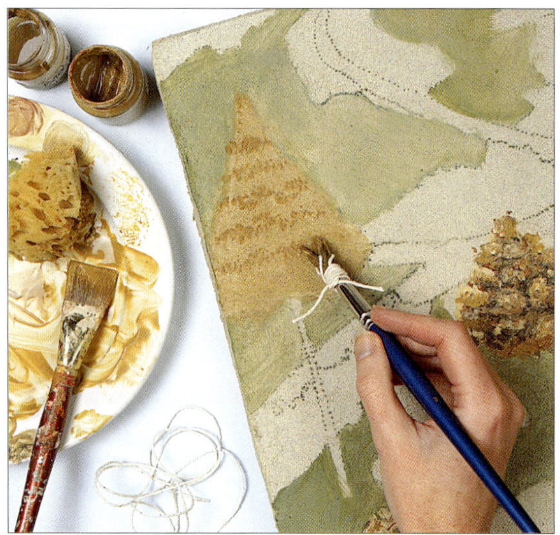

3 Divisez les poils du pinceau n° 20 en quatre fagots séparés. Enroulez la cordelette autour du pinceau puis utilisez-la pour séparer les poils en deux en les traversant au centre. Enroulez à nouveau la corde autour du pinceau puis traversez à nouveau les poils mais à angle droit, pour créer quatre fagots séparés. Enroulez la corde restante autour du pinceau et nouez puis recoupez l'excédent. Cette façon de procéder est traditionnelle pour peindre les feuilles. Si vous le préférez, vous pouvez utiliser un petit morceau d'éponge naturelle à la place. Prenez le pinceau ou l'éponge pour tamponner la bande centrale horizontale de l'arbre, avec du marron clair non dilué.

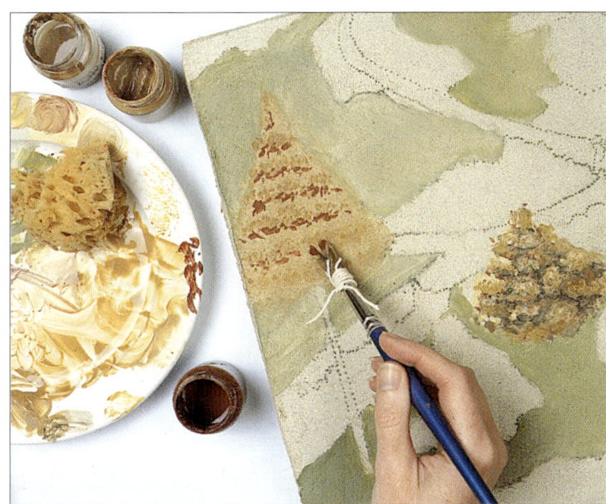

4 Ajoutez du marron moyen de la même façon.

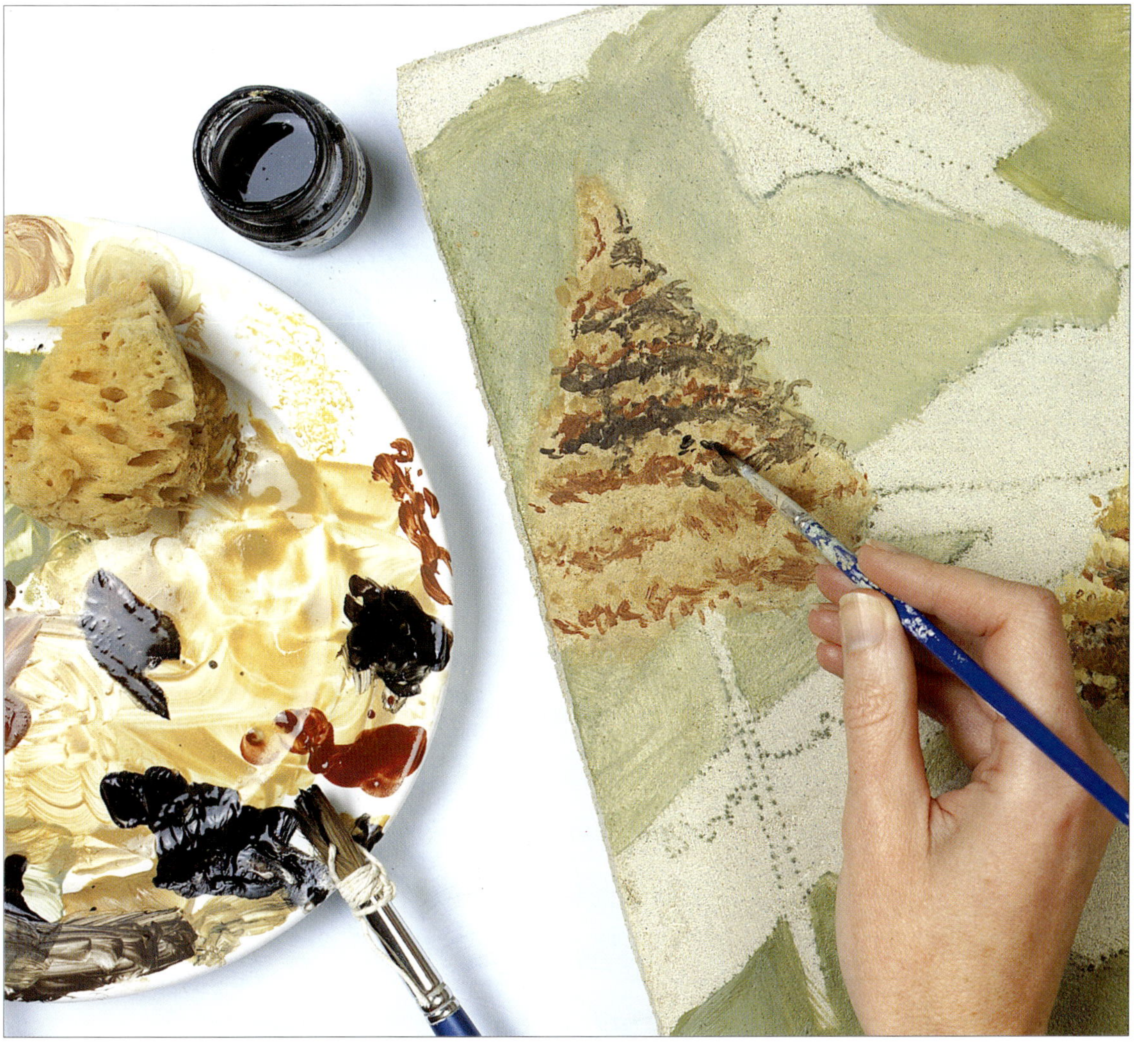

5 Peignez le marron foncé avec la même méthode. Prenez le pinceau n° 4 et la couleur la plus foncée pour créer des taches distinctes dans le feuillage. Ajoutez des éclats de lumières aux feuilles avec le marron le plus clair (vous verrez qu'il est utile de se reporter au dessin poudré pour construire la forme de l'arbre). Notez que l'arbre marron au premier plan est plus clair que ceux à mi-distance.

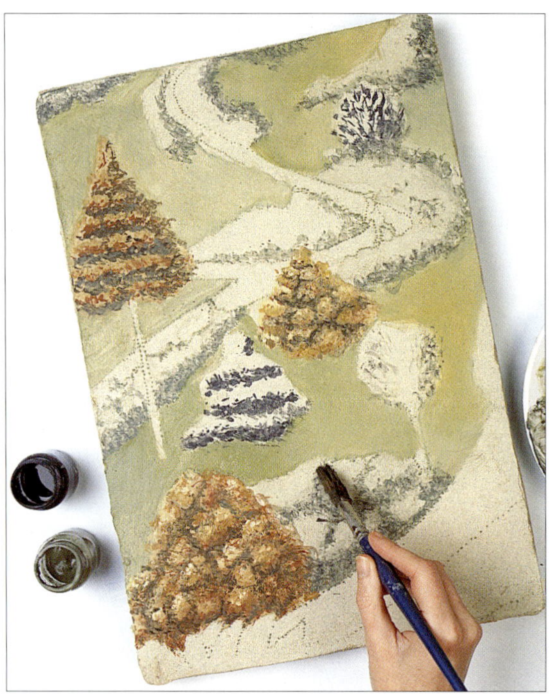

6 Peignez les haies et l'herbe verte et bleue de la même façon. Retouchez tous les arbres une fois que leur forme générale est aboutie pour ajouter des détails jusqu'à ce que vous soyez satisfait de la composition.

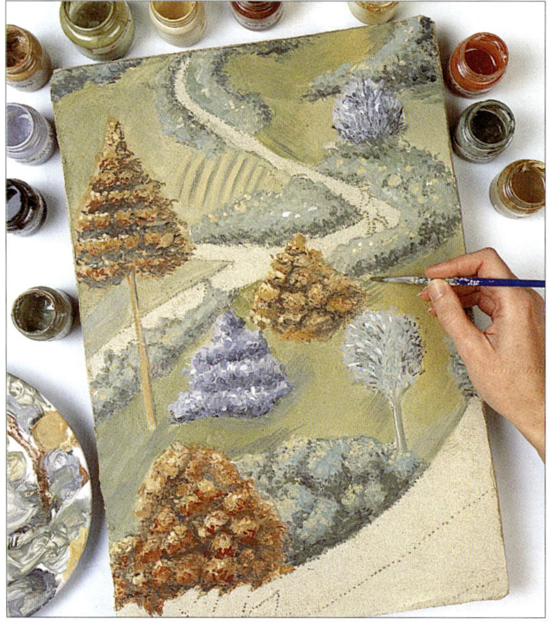

7 Peignez le tronc de l'arbre marron avec le marron moyen agrémenté de terre verte pour les ombres. Le tronc de l'arbre vert est peint en terre verte mélangée à de l'ombre naturelle et de la pâte de chaux, avec du blanc de titane rajouté pour les éclats de lumière. Cet arbre est pourvu de peu d'éclats de lumière et certaines de ses feuilles sont peintes dans un mélange de teintes vertes moyennes et de vert de cobalt. Peignez l'herbe, en ajoutant des détails avec le pinceau n° 4. Prenez la couleur verte d'origine, foncée avec du vert d'oxyde de chrome et de la terre verte pour les ombres et éclaircie avec de l'ocre jaune et du blanc de titane pour les autres détails. Un peu de Sienne naturelle est également ajoutée aux mélanges en place.

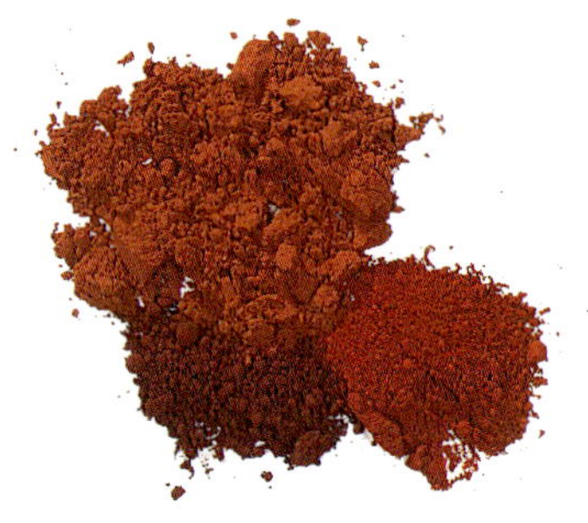

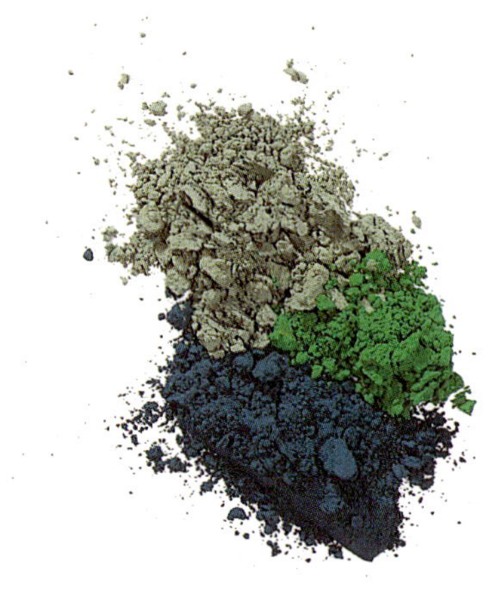

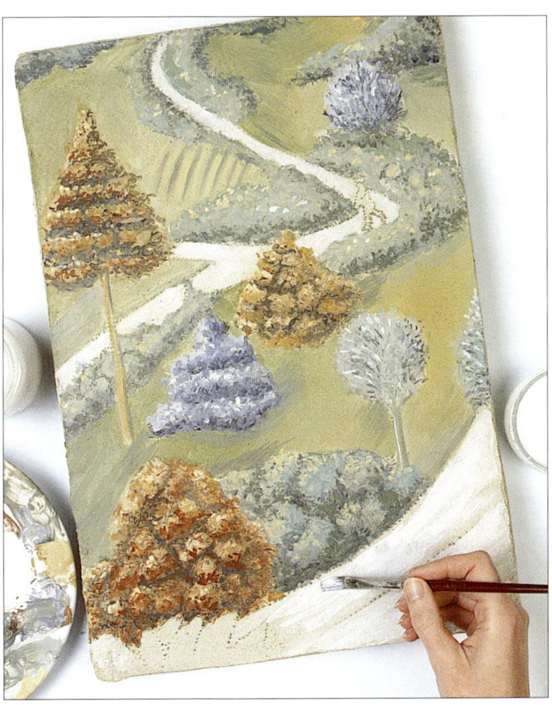

8 Avec la brosse de 13 mm et la pâte de chaux diluée, peignez le chemin et les pierres au premier plan. Ajoutez des ombres grises aux pierres du premier plan en ajoutant un peu de terre verte et de noir à la pâte de chaux.

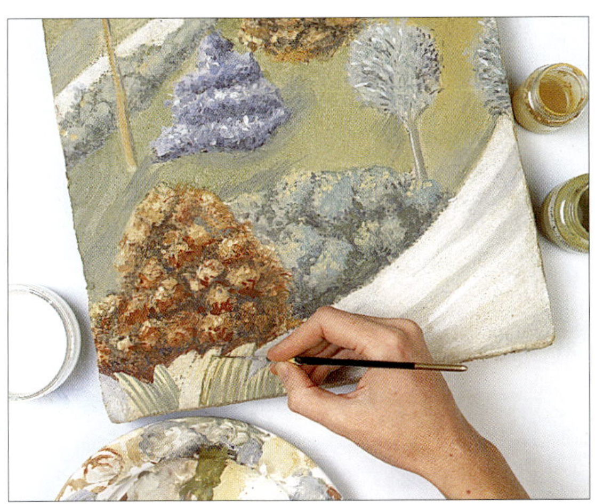

9 Prenez le pinceau n° 0 pour peindre le sommet du palmier, que l'on voit au premier plan. Les rayures claires sont peintes dans un mélange d'ocre jaune et de pâte de chaux. Les rayures foncées sont peintes en vert d'oxyde de chrome, en ocre jaune, en pâte de chaux et un peu de vert de cobalt.

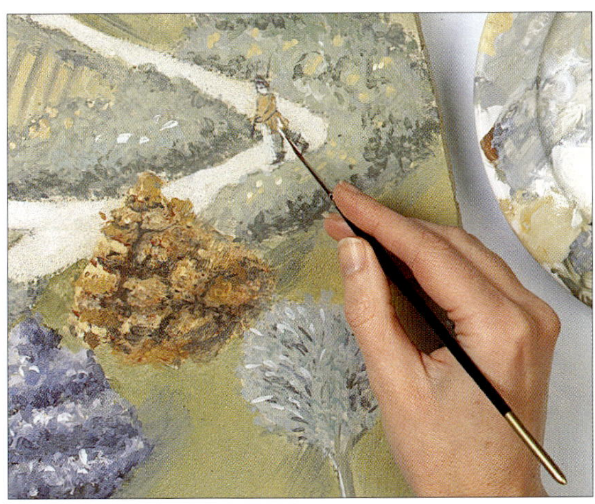

10 Prenez le pinceau n° 0 pour peindre le personnage (aidez-vous de l'appuie-main). La veste de l'homme est peinte avec les marrons clairs et moyens, son pantalon, ses bottes et son chapeau, avec un mélange de noir, de pâte de chaux et de marron moyen.

CUPIDON ET L'URNE

De la Maison des Vettii, Pompéi

LES PEINTURES DE CUPIDON dans la Maison des Vettii sont parmi les images les plus connues de la peinture romaine. Les scènes de petites figurines vaillamment engagées dans plusieurs sortes d'activités sont peintes sur un fond noir, avec une bande vermillon derrière et un large panneau vermillon au-dessus. Dans mon motif, j'ai également inséré certains éléments de décor du reste de la maison. La bordure du panneau central est faite de deux fines colonnes, reliées par des lianes végétales enroulées. Les formes de candélabres de part et d'autre du Cupidon sont typiques du style « grotesque ». Lorsqu'on redécouvrit les peintures romaines, à la Renaissance, elles étaient souvent enfouies. Le mot italien pour cave est *grotte*, d'où le nom donné à ce style de peinture. La peinture des grotesques fut remise au goût du jour par les artistes italiens au début du XVIe siècle, un exemple notable est celui de Raphaël qui se servit du style grotesque pour décorer la célèbre loggia du Vatican.

La tempera à l'œuf est utilisée pour peindre le Cupidon et les détails sur le panneau noir au centre. Vous devez être vigilant, avant de commencer à peindre, car la peinture tempera à l'œuf sèche presque instantanément. Toutes les marques que vous pensez retirer doivent l'être rapidement, en les lavant avec un pinceau trempé dans l'eau.

FOURNITURES

Un carreau en terre cuite de 30 x 30 cm recouvert d'environ 725 g de mélange de plâtre de finition

◆

Un sac à poudrer ou un gros pinceau souple

◆

Une palette

◆

Une règle

◆

Pinceaux : une brosse plate de 2,5 cm, un pinceau rond fin n° 10, une brosse à estomper en poil de chèvre, un pinceau rond fin n° 0

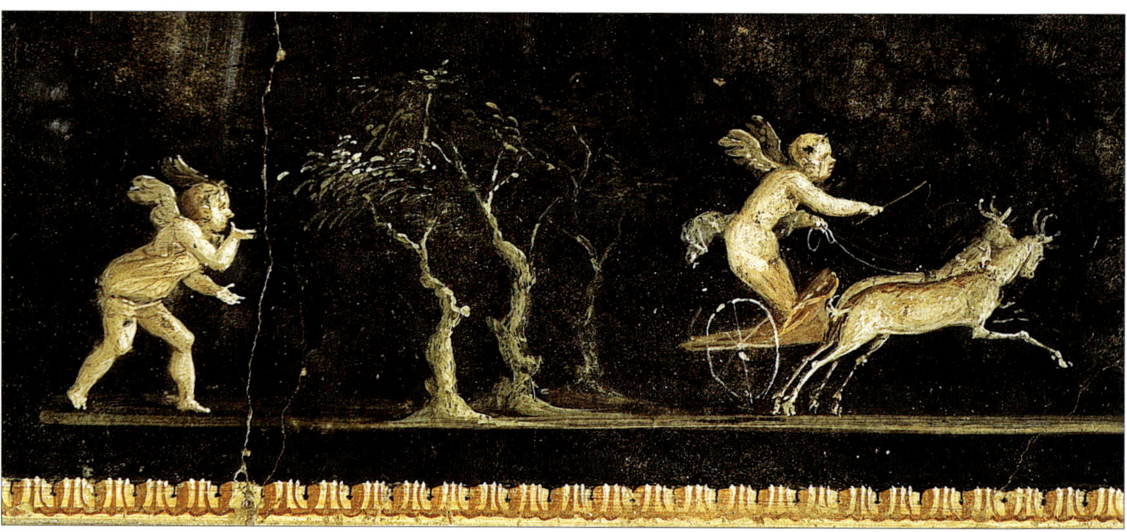

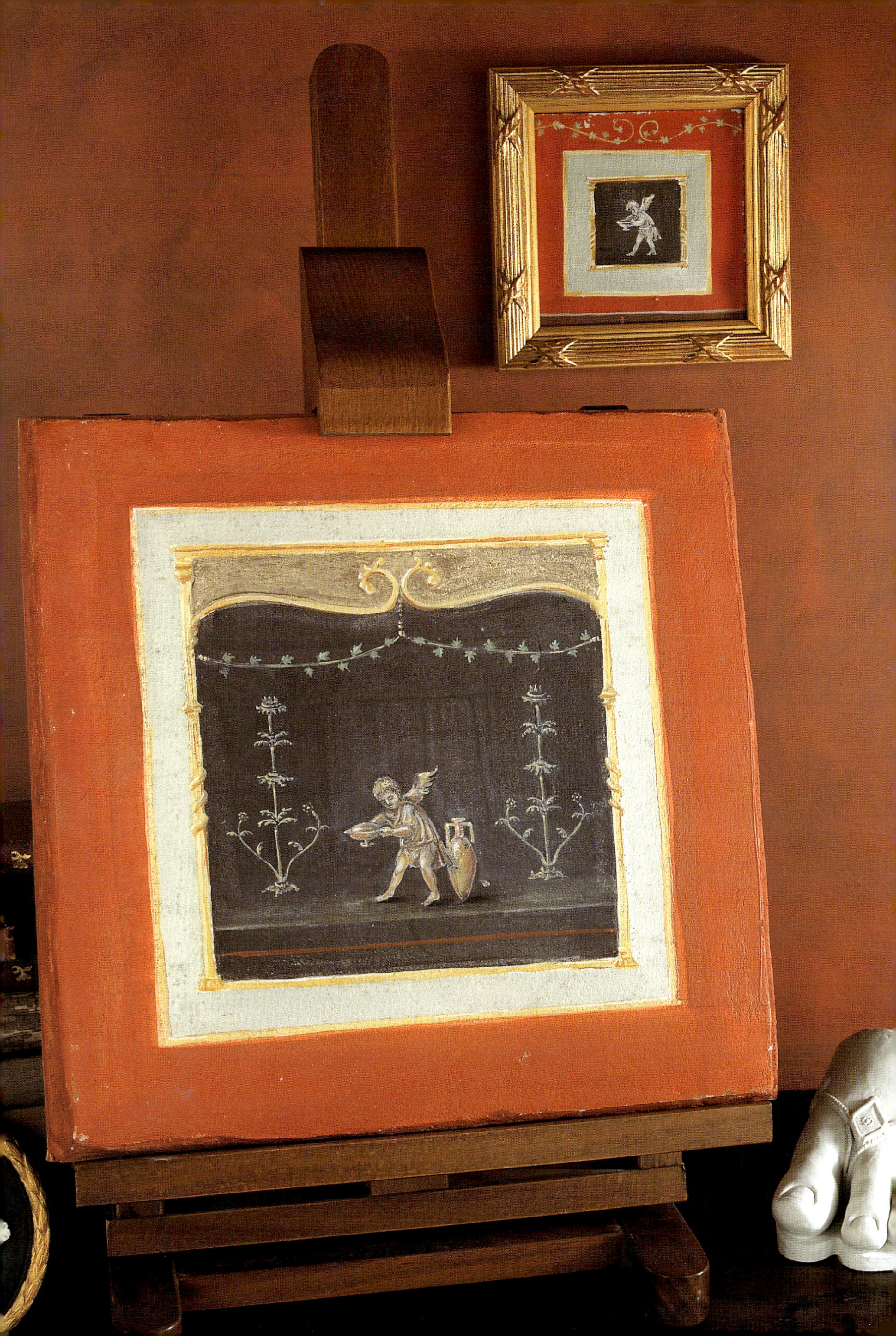

PIGMENTS

Mélanges de pigments
Bordures : *1 mes. terre d'Herculanum, 1 mes. terre verte, 1 mes. noir, 1½ mes. ombre naturelle et ½ mes. ocre jaune*

Sur la palette *blanc de titane*

Pigment pour le poudrage
½ mes. terre verte

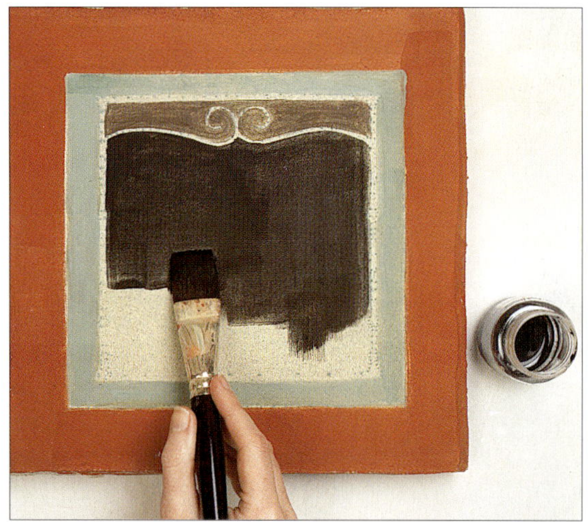

1 Lorsque le plâtre est à la bonne consistance pour la peinture, poudrez le motif avec de la terre verte. Peignez les bordures avec la brosse de 2,5 cm et le pinceau n° 10. Prenez la terre d'Herculanum pour l'extérieur, la terre verte pour la bande intermédiaire et le noir pour la partie centrale. Prenez l'ombre naturelle pour la bande supérieure entre les lianes. Laissez un peu de plâtre apparent pour situer les colonnes, la ligne de base entre ces dernières et les lianes.

2 Prenez le pinceau n° 10 pour peindre en ocre jaune la bordure, les colonnes et les volutes. Ajoutez des touches de lumière en blanc de titane et des ombres en terre d'Herculanum. Reportez-vous à la photo pour vous guider mais sans oublier que l'improvisation à traits spontanés produira une peinture plus fidèle à l'original plutôt que d'essayer d'en faire une copie exacte. Laissez sécher complètement le panneau, ce qui prendra environ une semaine.

TEMPERA À L'ŒUF

Fournitures *1 œuf, 1 épingle, 2 bols, un peu d'eau distillée (ou de l'eau du robinet ou de l'eau bouillie refroidie)*

◆

Pigments sur la palette *un peu d'ocre jaune, Sienne naturelle, blanc de titane, terre verte, noir et terre d'Herculanum*

◆

Pigment pour le poudrage *½ mes. blanc de titane*

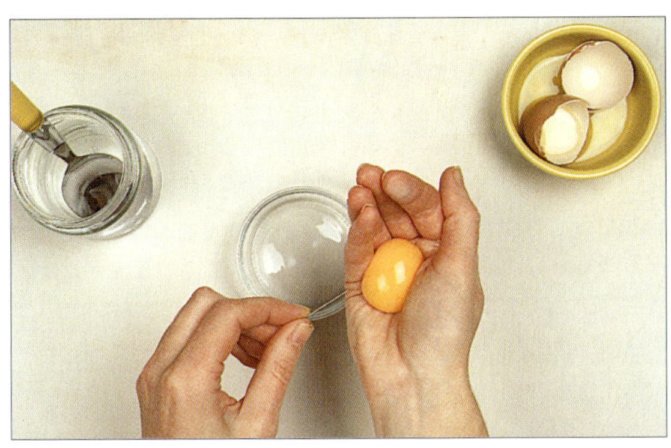

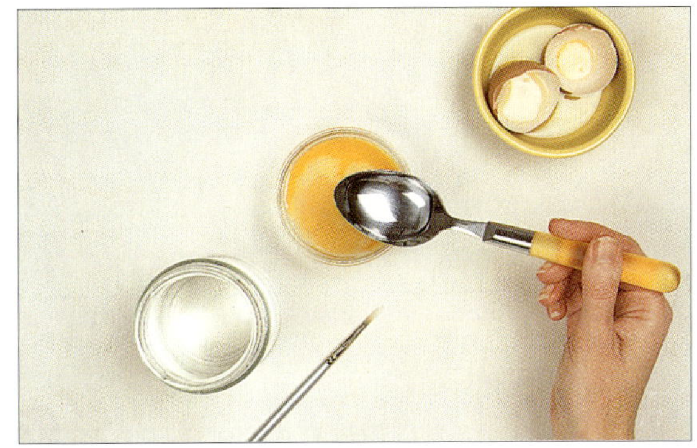

3 Lorsque le panneau est sec, préparez la tempera à l'œuf. Cassez soigneusement un œuf frais et séparez le blanc du jaune en passant l'œuf d'une demi-coquille à l'autre. Lorsque vous avez retiré autant de blanc que possible, déposez le jaune au creux de votre main et passez-le d'une main à l'autre jusqu'à ce que tout le blanc se soit décollé. Percez l'enveloppe du jaune avec une épingle et laissez-le couler dans un récipient propre. Retirez l'enveloppe de l'œuf (si le jaune se brise lors du processus de séparation, ou si des morceaux de l'enveloppe tombent dans le jaune, tamisez le mélange autant que possible).

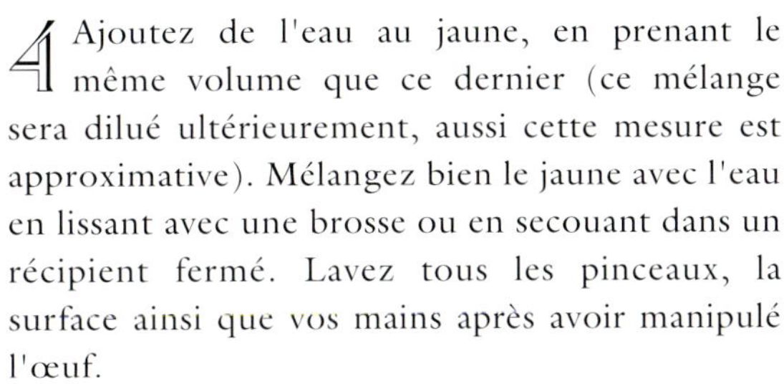

4 Ajoutez de l'eau au jaune, en prenant le même volume que ce dernier (ce mélange sera dilué ultérieurement, aussi cette mesure est approximative). Mélangez bien le jaune avec l'eau en lissant avec une brosse ou en secouant dans un récipient fermé. Lavez tous les pinceaux, la surface ainsi que vos mains après avoir manipulé l'œuf.

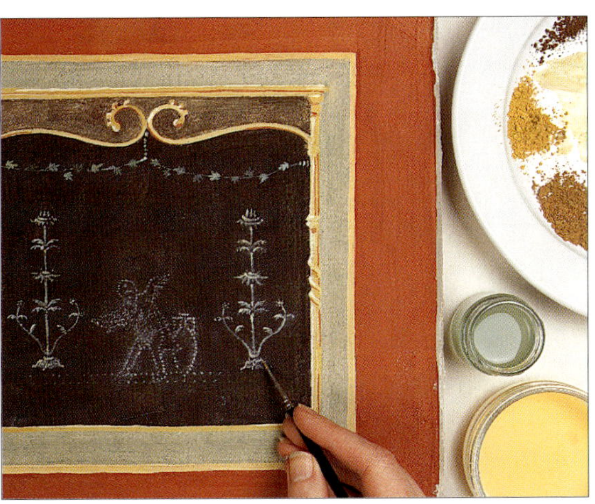

5 Poudrez légèrement le motif en blanc. Préparez une palette de couleurs à tempera. Prenez un peu de mélange à l'œuf sur le pinceau n° 0, transférez-le sur la palette et mélangez avec un peu de pigment ocre jaune. Diluez en ajoutant de l'eau et peignez les candélabres et les branches de vigne. Ajoutez un peu de blanc pour les touches de lumière. Prenez de l'ocre jaune pour les variations de couleurs. Peignez les feuilles de vigne avec un mélange d'ocre jaune, de terre verte et de blanc, en utilisant l'ocre jaune mélangé à du blanc pour les touches de lumière et de terre verte pour les ombres.

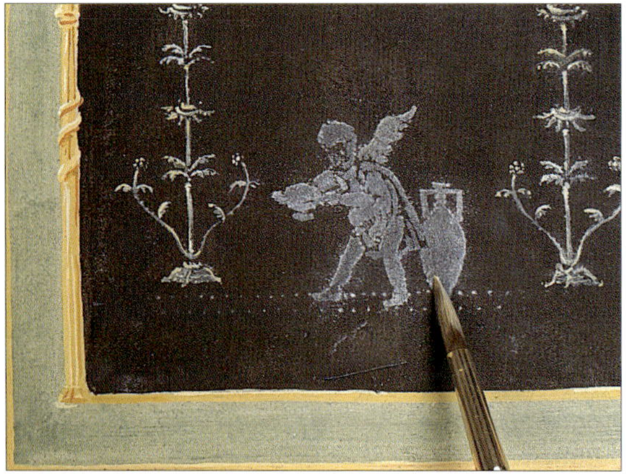

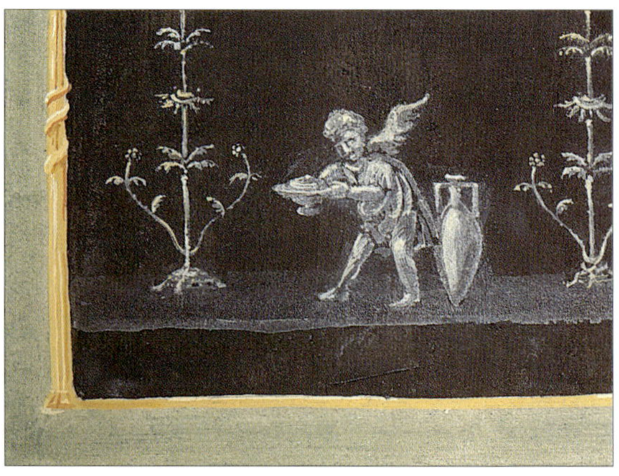

6 Prenez le pinceau n° 10 pour saturer la surface du chérubin et de l'amphore avec un jus d'ocre jaune.

7 Peignez les teintes plus claires du chérubin et de l'amphore avec le pinceau n° 10 et un jus de blanc mélangé à de l'ocre jaune. Laissez un peu de noir apparaître là où les teintes plus foncées seront situées. Peignez « l'étagère » avec la même couleur en vous servant d'un mélange plus opaque au premier plan et plus transparent à l'arrière-plan.

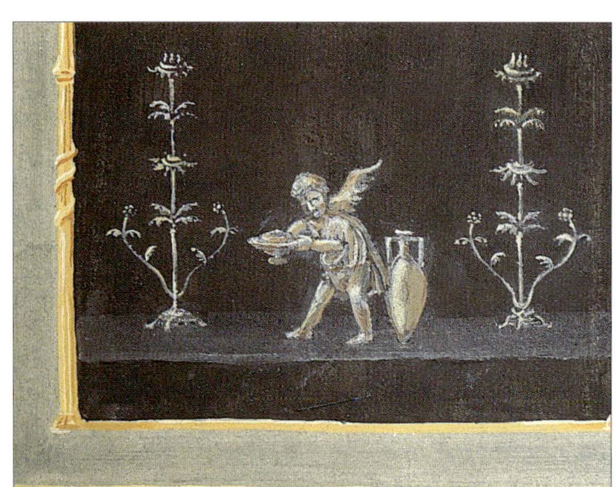

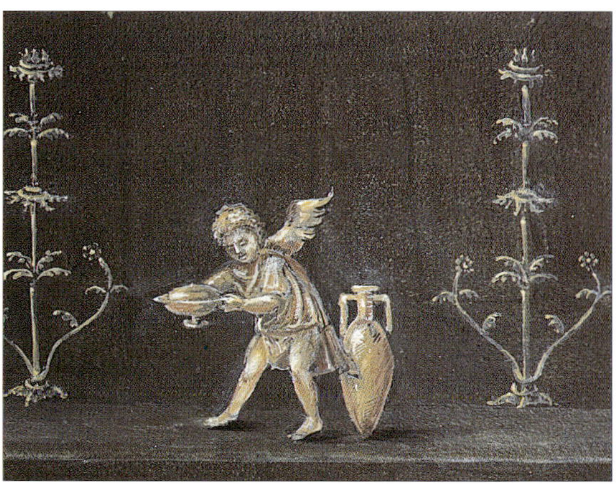

8 Avec le pinceau n° 10, prenez un jus de Sienne naturelle mélangée à un peu d'ocre jaune pour établir certaines zones de teinte intermédiaire sur la figurine et l'amphore, cela donnera du relief et de la couleur.

9 Prenez le pinceau n° 0 et la gamme de couleurs sur la palette, en continuant à définir les motifs. Prenez du noir pour masquer des marques séchées que vous souhaiteriez retirer. Rappelez-vous que les chérubins étaient peints très rapidement à l'origine et que, dans certains cas, de façon grossière. Si votre dessin devient trop détaillé, il perdra certaines des qualités de l'original. Enfin, ajoutez une rayure terre d'Herculanum sous l'étagère en vous reportant à la méthode décrite p. 97 pour peindre des lignes droites.

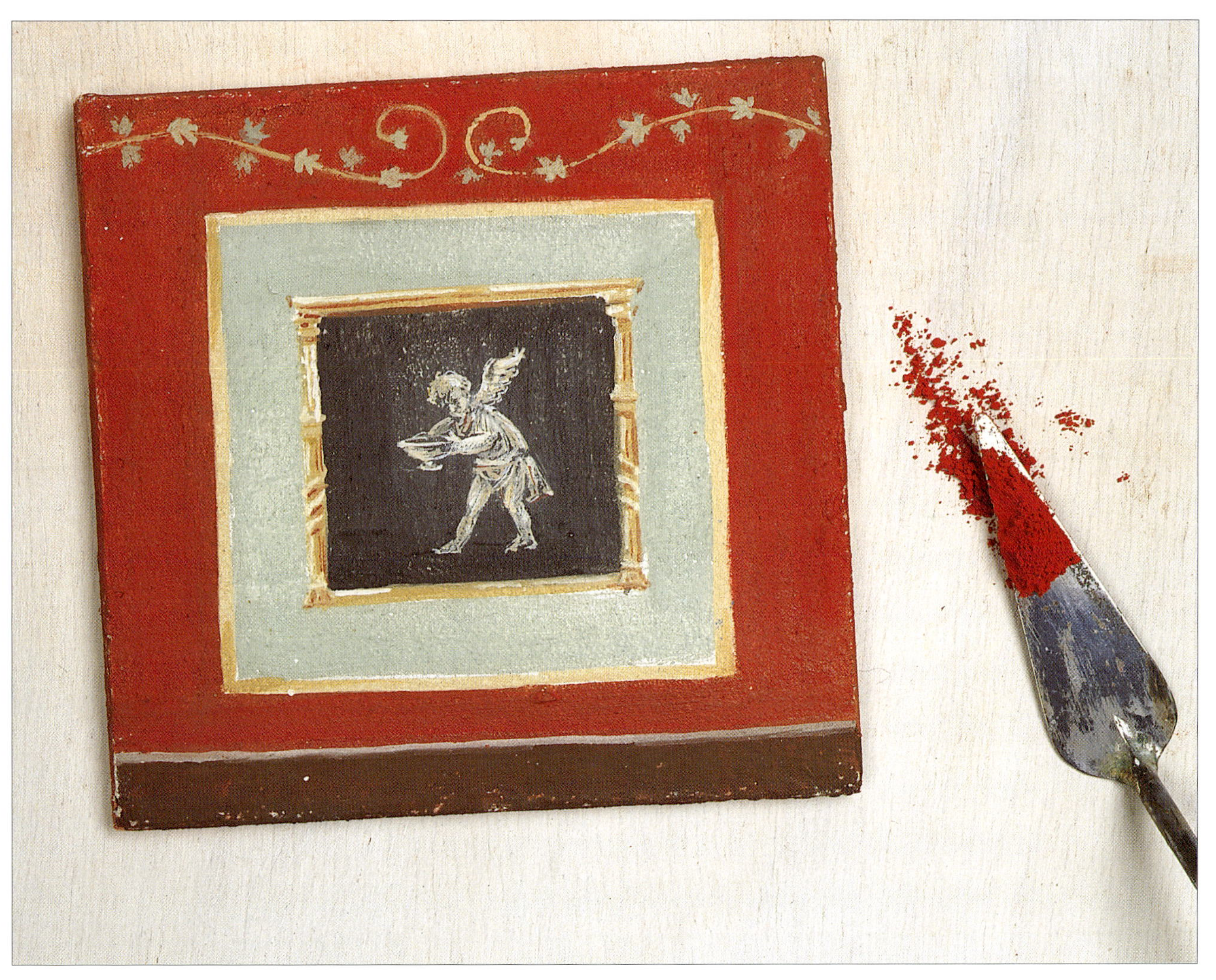

Sur ce petit carreau, on a appliqué un jus de vermillon sur la bordure terre d'Herculanum en utilisant une tempera à l'œuf comme liant.

PAPILLON À LA FENÊTRE

DANS CETTE RÉALISATION, on a mélangé un plâtre uni avec un coloré pour obtenir un effet marbré, en se servant d'une technique qui est similaire à celle utilisée pour réaliser le *scagliola*, une imitation de la pierre réalisée en plâtre de Paris.

FOURNITURES

Environ 2,1 kg de mélange de plâtre de finition, dans lequel 1,1 kg est réservé pour la partie supérieure du panneau

♦

Deux seaux à peinture

♦

Une truelle

♦

Un panneau de 60 x 45 cm recouvert de grillage et d'environ 3,5 kg de mélange de plâtre de base

♦

Un vaporisateur en plastique ou un spalter

♦

Un couteau à peindre

♦

Une palette

♦

Un sac à poudrer ou un gros pinceau souple

♦

Une règle, de 10 cm plus large que le panneau

♦

Deux supports d'égale hauteur

♦

Pinceaux : brosses plates souples biseautées de 5 mm et 13 mm (ou une brosse à tableau bombée de 13 mm), une brosse plate de 4 cm, une brosse à estomper en poil de chèvre, un pinceau rond fin n° 0, une brosse éventail à estomper de 2,5 cm, un pinceau rond fin n° 10

Depuis toujours, la fresque a été utilisée pour créer une variété d'effets de fausses pierres. Les Romains peignaient sur du plâtre à la chaux des imitations élaborées de l'onyx et du marbre. À l'époque de la Renaissance italienne, des panneaux de pierres en trompe-l'œil étaient peints quelquefois sur les murs au-dessous d'un cycle à fresque. La surface souple en plâtre de cette « pierre » était souvent cirée et polie jusqu'à l'obtention d'un satiné qui entretenait l'illusion du vrai marbre.

La fausse pierre était utilisée pour des raisons pratiques autres que celle de l'économie. Lorsqu'un mur n'était pas assez solide pour supporter un parement en marbre, on utilisait la peinture à la place. Quelquefois, des couleurs et des motifs plus contrastés que ceux que l'on trouve dans la pierre naturelle étaient nécessaires pour compléter un ensemble décoratif.

Dans ce projet, on mélange deux plâtres différents pour imiter un marbre gris. Le motif est souligné, une fois que le plâtre est sec, en ajoutant des détails avec une tempera à l'œuf. Le panneau est divisé en deux *giornate*. Dans ce cas, le marbre est peint au préalable mais si vous souhaitez peindre cette pièce sur un mur, la partie supérieure doit être terminée avant celle du bas, pour s'assurer que le plâtre frais ne puisse pas tomber sur une zone déjà peinte.

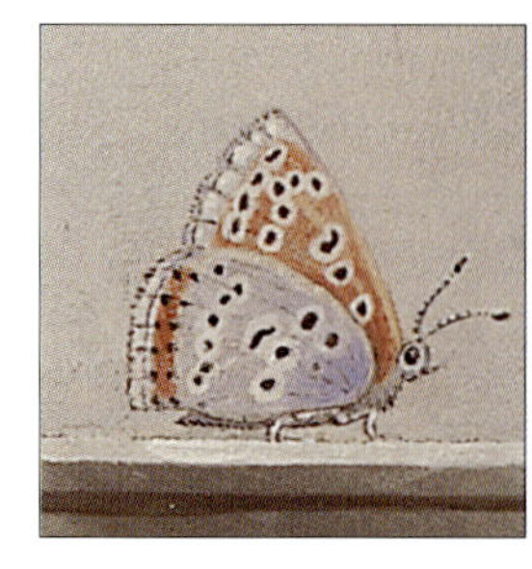

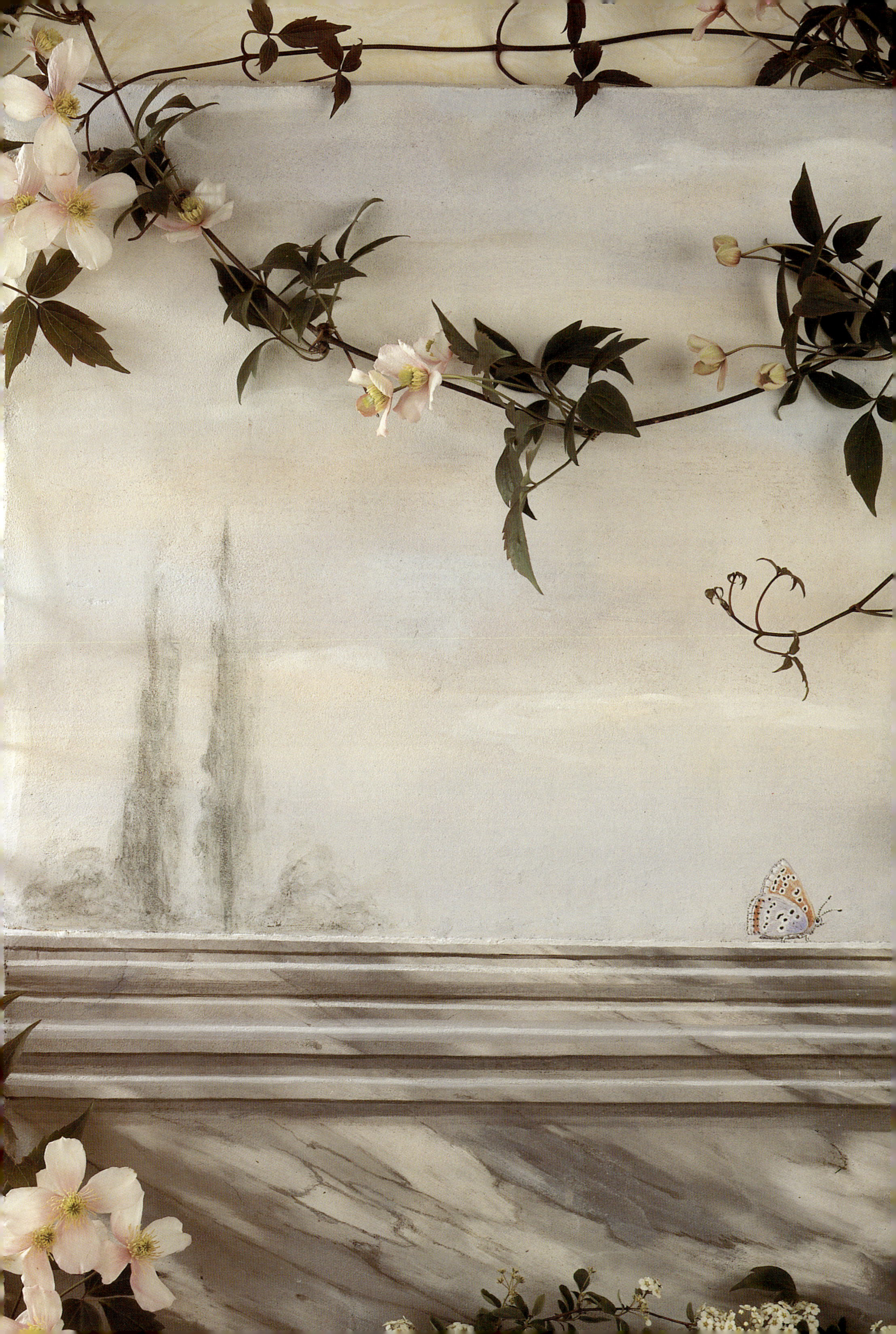

PIGMENTS

Environ 5 mes. de pigment noir pour teinter le plâtre

Mélanges de pigments
Lignes foncées : *½ mes. noir et un peu de blanc de titane en mélange*
Lignes de teinte moyenne : *½ mes. blanc de titane et ½ mes. noir en mélange*
Lignes claires : *½ mes. blanc de titane*
Ciel : *½ mes. bleu de céruléum, ½ mes. blanc de titane, ½ mes. bleu de cobalt clair, ½ mes. cinabre*

Sur la palette *¼ mes. blanc de titane, ¼ mes. terre d'Herculanum, ¼ mes. bleu de cobalt clair, ¼ mes. noir*

Pigment pour le poudrage
½ mes. blanc de titane

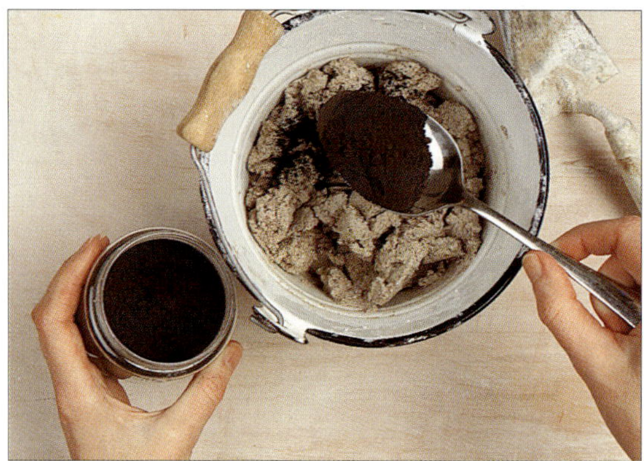

1 Dans un seau à peinture, mélangez 425 g de plâtre avec le pigment noir. Si le mélange devient trop épais, ajoutez environ une cuillère à soupe d'eau. Si le plâtre est encore trop dur, ajoutez plus de pâte de chaux. Il est important de se rendre compte dès ce moment de la couleur du mélange une fois sec. Pour ce faire, étalez un peu de plâtre et séchez-le dans un endroit chaud. Si la couleur sèche est trop claire, rajoutez du pigment. Si elle est trop foncée, rajoutez du plâtre. Gardez cet échantillon, il vous permettra d'essayer les peintures dans l'étape 3.

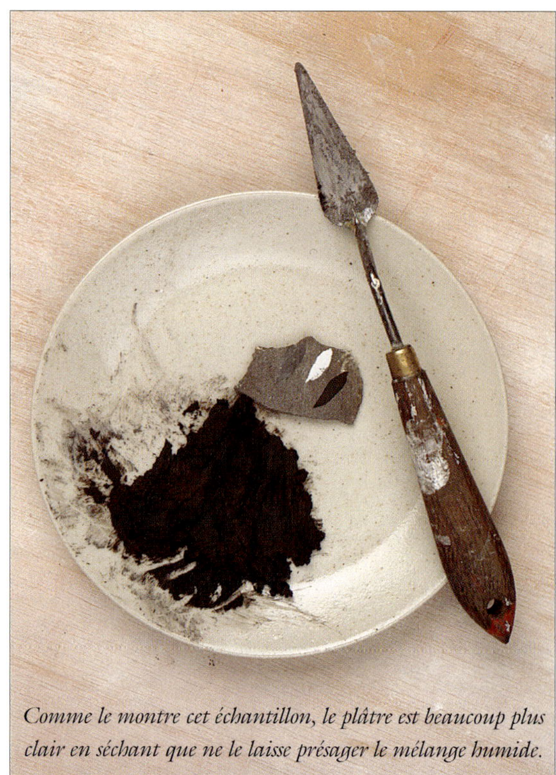

Comme le montre cet échantillon, le plâtre est beaucoup plus clair en séchant que ne le laisse présager le mélange humide.

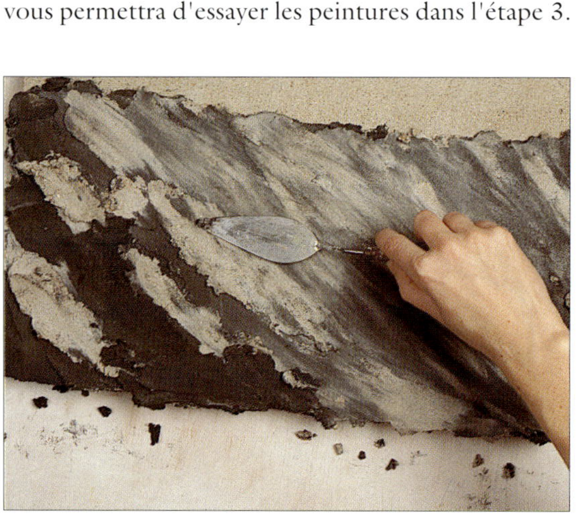

2 En vous reportant à la photographie, placez un repère de part et d'autre du panneau à la limite du marbre. Dans cette zone, humidifiez soigneusement le plâtre de base avec un vaporisateur en plastique ou une brosse spalter. Servez-vous de la truelle pour appliquer sur toute la surface des boules de plâtre en alternant le plâtre uni et celui teinté en noir. A ce stade, le plâtre doit déborder par-dessus les repères sur environ 2,5 cm. Lissez le plâtre avec le couteau pour créer un motif en diagonale. Laissez durcir un peu le plâtre.

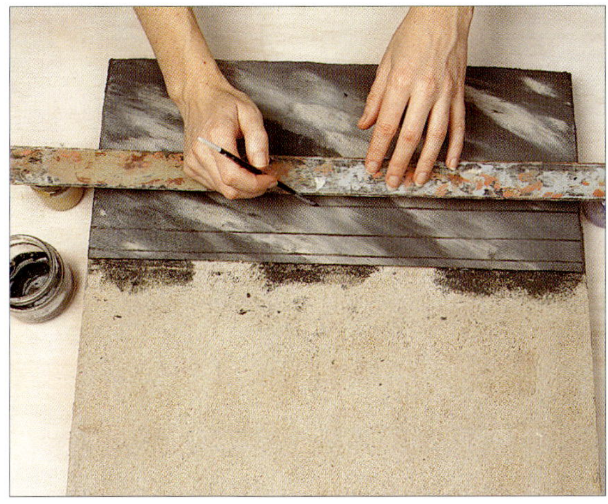

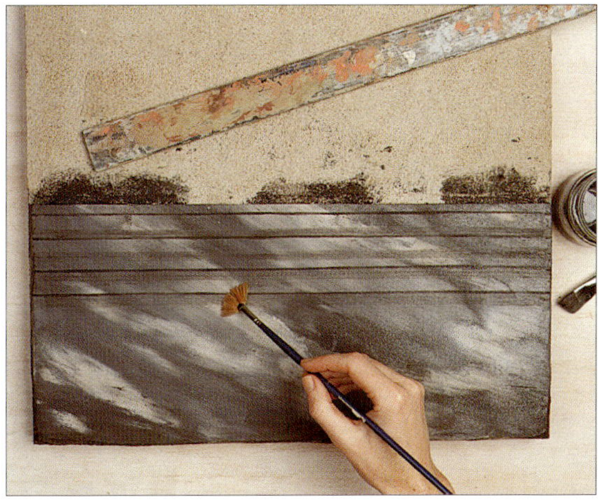

3 Poudrez les lignes qui délimitent le bord du marbre. Recoupez l'excédent, en vous servant du couteau à peindre pour créer un bord biseauté qui se retire aisément de la partie terminale (aidez-vous de la règle pour vous guider, comme indiqué p. 75). Essayez les couleurs sur l'échantillon en plâtre sec et ajustez les teintes si nécessaire. Peignez les lignes foncées en premier, en prenant la petite brosse plate biseautée. Placez la règle côté rigole sur deux supports (pots de mélanges, par exemple). La règle doit être posée un peu au-dessous et parallèle au poudrage. Tenez la brosse de façon que les poils reposent à plat sur la surface, et pressez fermement la poignée contre la règle. Tirez la brosse lentement en travers du panneau. Faites attention à ne pas abîmer la surface du plâtre. Si nécessaire, appliquez deux couches de couleur pour obtenir la teinte désirée. Si vous vous servez d'une brosse à tableau bombée à la place de la brosse biseautée, tenez-la de côté pour les lignes fines et tournez les poils à angle droit par rapport à la règle pour les lignes plus larges de teinte intermédiaire.

4 Utilisez la brosse biseautée plus large pour peindre les bandes intermédiaires. Il vous faudra peindre deux tracés, l'un au-dessous de l'autre. Fondez les marques avec la brosse à estomper au fur et à mesure.

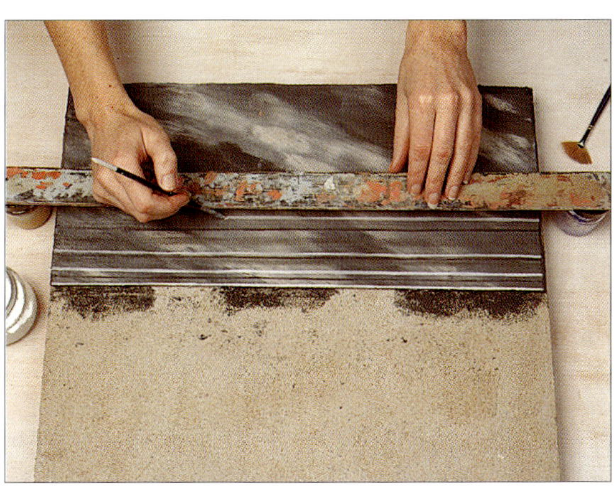

5 Prenez la petite brosse biseautée pour peindre les lignes claires. Laissez sécher soigneusement le plâtre, ce qui peut prendre environ une semaine.

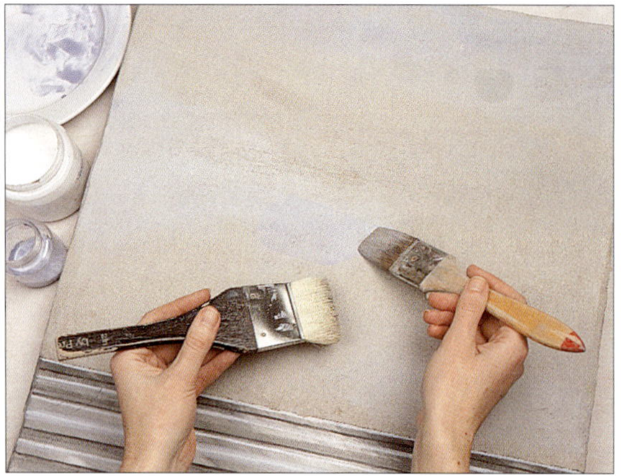

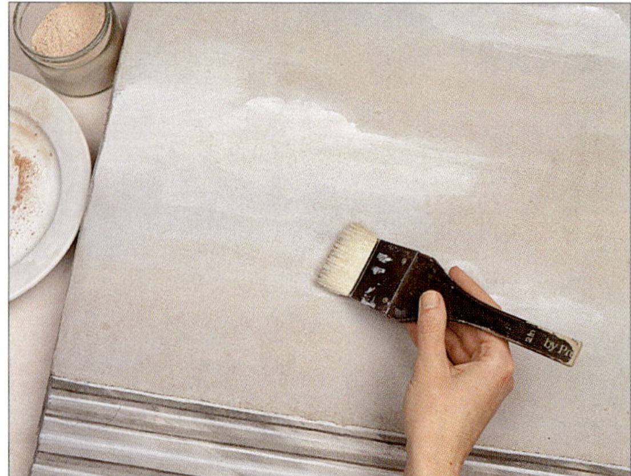

6 Humidifiez le plâtre de base et le bord coupé du « marbre » et plâtrez la partie du ciel. Lorsque le plâtre est prêt pour la peinture, prenez la brosse de 4 cm pour déposer des taches de bleu de céruléum, de blanc et de bleu de cobalt clair, dilués sur la palette. Fondez les traits de pinceaux avec la brosse à estomper en poil de chèvre. Reportez-vous à la photo du projet terminé ou puisez votre inspiration dans les ciels peints par des artistes comme Tiepolo.

7 Peignez les nuages en cinabre en utilisant la même brosse et en estompant les traces assez rapidement. Le rose pâle n'apparaîtra pas correctement à ce moment précis. La peinture de teintes claires sur du plâtre humide et foncé requiert de la pratique. Si votre premier jet n'est pas assez contrasté en séchant ou bien, si par ailleurs les couleurs apparaissant trop lourdes, on peut les ajuster avec de la tempera.

TEMPERA À L'ŒUF

Fournitures *1 œuf, 1 aiguille, 2 bols, un peu d'eau distillée (ou de l'eau du robinet ou de l'eau bouillie refroidie)*

◆

Pigments sur la palette *½ mes. vert d'oxyde de chrome, ½ mes. terre verte, ½ mes. ombre brûlée, un peu de blanc de titane, terre d'Herculanum, bleu de cobalt clair et noir*

◆

Pigment pour le poudrage *½ mes. noir*

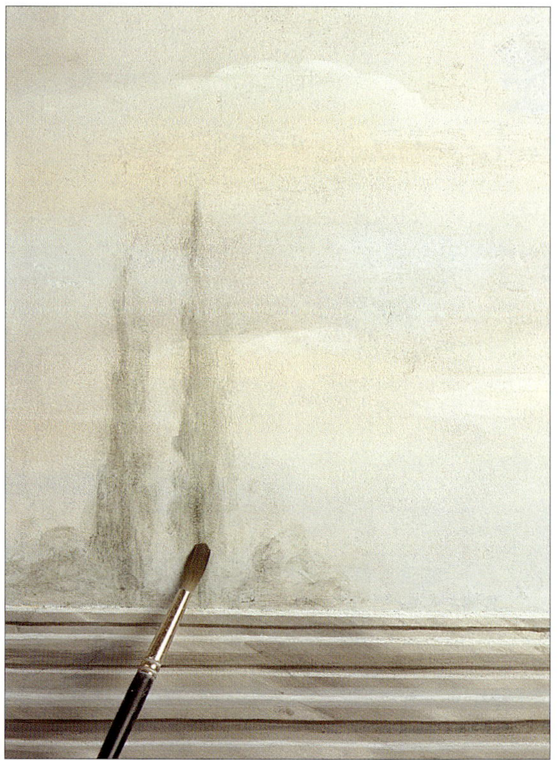

8 Préparez de la tempera à l'œuf en vous reportant à la méthode décrite p. 91. Peignez les arbres avec le pinceau n° 10. Ajoutez différents mélanges pour la couleur des arbres afin d'élaborer leur forme.

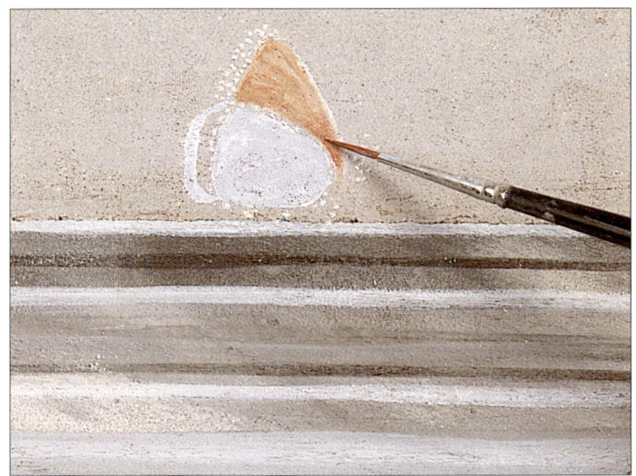

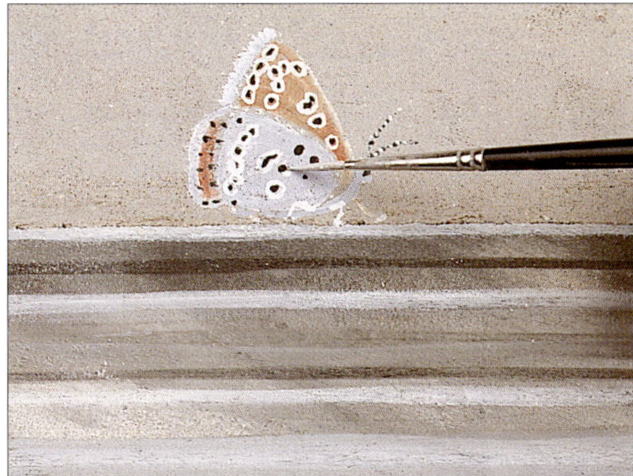

9 Poudrez le papillon avec du blanc de titane. Saturez la surface des ailes avec le pinceau n° 0 et le blanc de titane mélangé sur la palette avec le terre d'Herculanum et le blanc de titane mélangé avec le bleu de cobalt clair.

10 Prenez le même pinceau pour ajouter les détails du papillon. Peignez les pois en noir et soulignez-les en blanc. Prenez les mêmes couleurs pour les antennes et les pattes. Le corps est peint avec le mélange bleu des ailes, auquel on a ajouté un peu de noir. Laissez sécher une semaine.

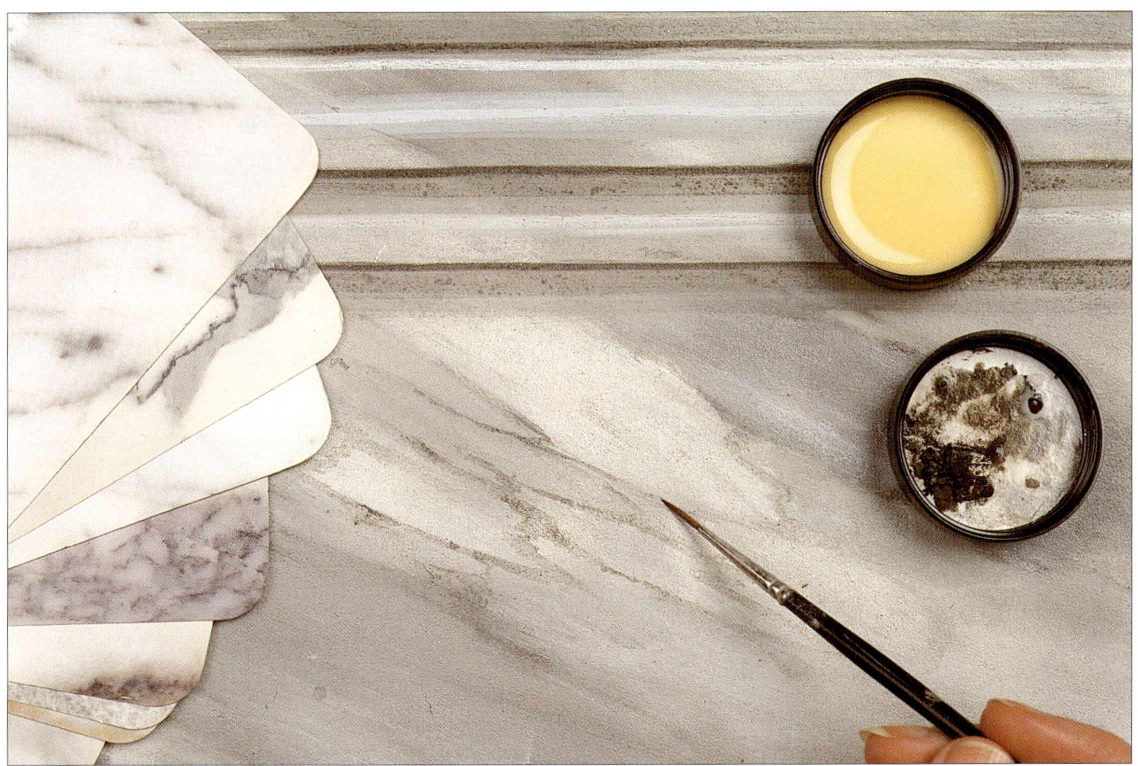

11 Peignez les veines sur le marbre avec le pinceau n°0 et de la tempera noir et grise. Dans ce cas, un livret d'échantillon provenant d'un revendeur de marbre vous fournira l'inspiration nécessaire pour les motifs de la pierre, mais n'essayez pas de copier trop précisément.

CARTE DU VATICAN

De la Galerie des Cartes, Cité du Vatican

CETTE PEINTURE À FRESQUE est inspirée d'un détail de la Galerie des Cartes qui fut décorée entre 1580 et 1583 par Ignazio Danti, durant le pontificat de Grégoire XIII. Danti a peint les murs du corridor avec des fresques représentant des cartes de l'Italie. A l'extrémité nord de la galerie, le pape Grégoire fit construire la « Tour des Vents » d'où l'on fit des observations qui permirent le remplacement du calendrier julien par le calendrier grégorien que l'on utilise toujours de nos jours.

Les cartes peintes sont souvent fort belles car le mélange du texte, des couleurs et des lignes de longitude et de latitude crée un motif harmonieux. Avec une carte ancienne, on ajoute la fascination de se reporter en arrière à travers l'histoire et de voir le monde par les yeux de ses prédécesseurs. Ces cartes sont particulièrement étonnantes par la vérité de leurs détails; des plans de villes en trompe-l'œil sont « posés » à la surface de la peinture, ainsi que des illustrations de batailles, des bateaux, des poissons et des volutes fantaisistes dorées qui s'ajoutent aux bleus brillants et au vert de la mer et des champs.

Si vous souhaitez créer votre propre carte, la méthode utilisée pour peindre ce projet peut être adaptée à d'autres motifs. Des mots et des chiffres différents peuvent également être écrits à la main, ou tracés à partir des caractères disponibles sur un ordinateur.

FOURNITURES

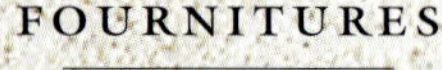

Un carreau en terre cuite de 30 x 30 cm recouvert d'environ 725 g de mélange de plâtre de finition

◆

Un sac à poudrer ou un gros pinceau souple

◆

Une palette

◆

Un appuie-main

◆

Pinceaux : une brosse plate de 2,5 cm, un pinceau rond fin n° 10, une brosse plate de 2 cm, une brosse à estomper en poil de chèvre, un pinceau rond fin n° 0

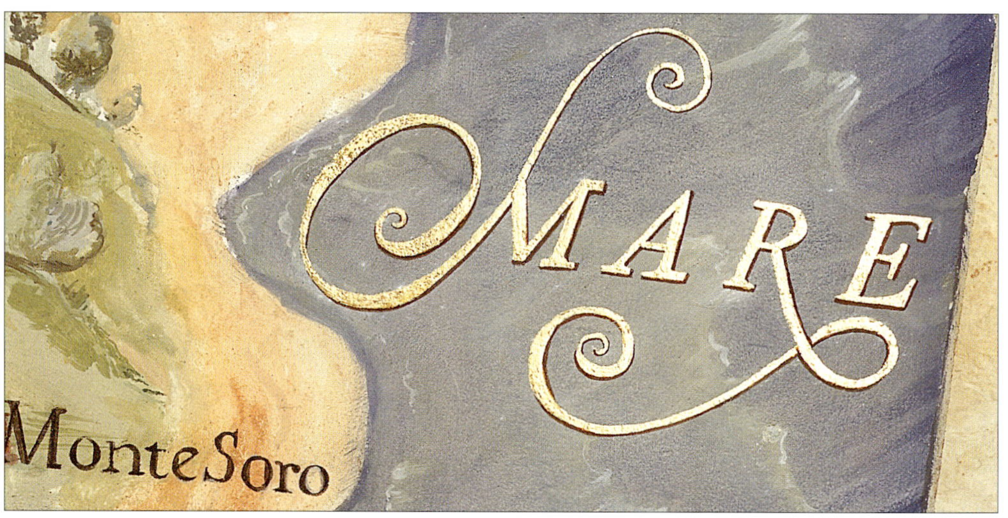

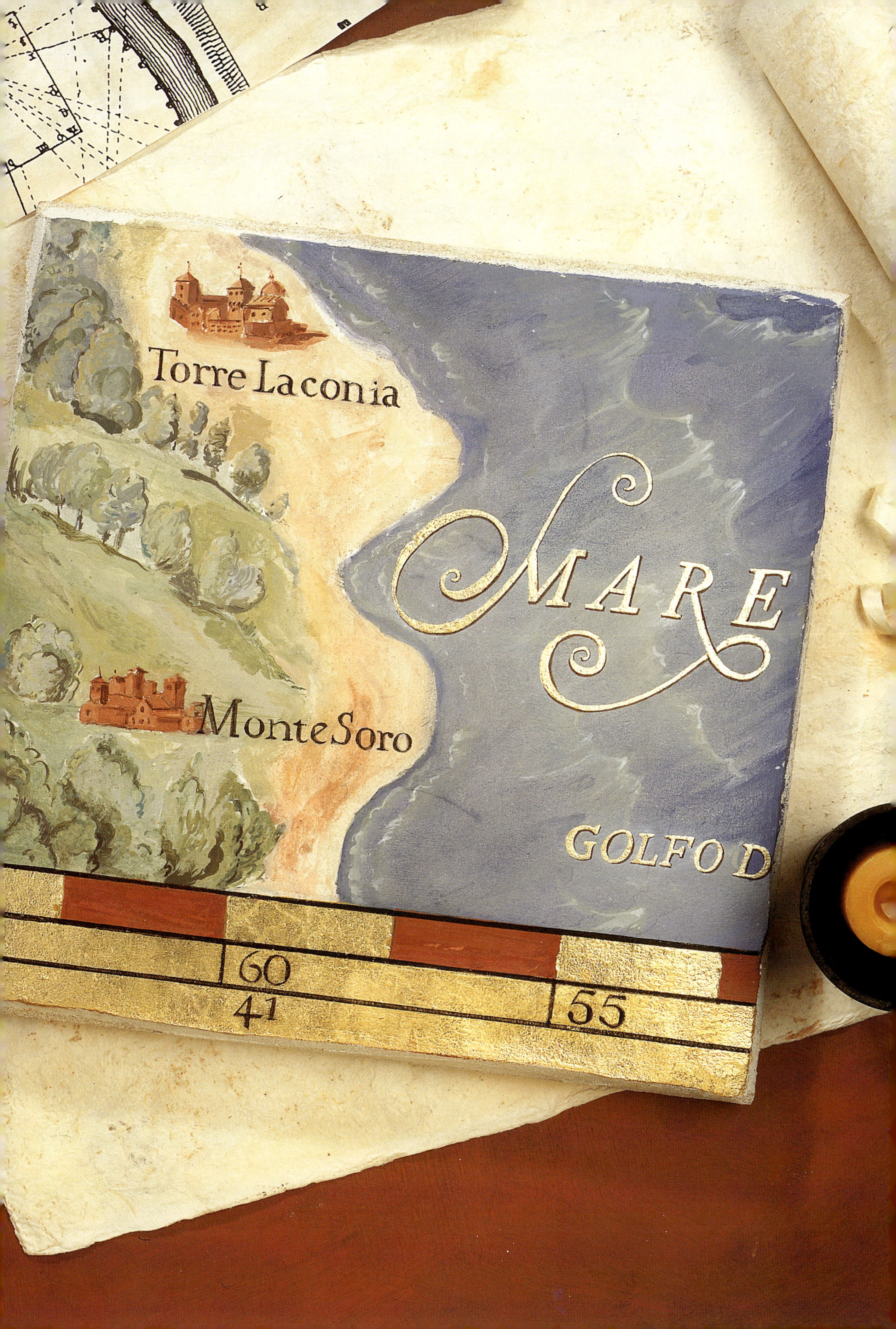

Torre Laconia

Monte Soro

MARE

GOLFO D

60

41

55

PIGMENTS

Mélanges de pigments
Arbres : *1 mes. terre verte; ½ mes. terre verte et ½ mes. blanc de titane en mélange*
Maisons : *½ mes. terre d'Herculanum, ¼ mes. ocre jaune et un peu de blanc de titane en mélange*
Rivage : *½ mes. terre d'Herculanum, ½ mes. blanc de titane et ¼ mes. ocre jaune en mélange*
Mer : *1/2 mes. bleu de cobalt clair, 1/4 mes. terre verte et 1/4 mes. blanc de titane en mélange*

Sur la palette: *½ mes. ocre jaune, ¼ mes. terre d'Herculanum, ¼ mes. Sienne brûlée, ¼ mes. vert d'oxyde de chrome, ¼ mes. bleu outremer, ¼ mes. blanc de titane, ¼ mes. terre verte et ¼ mes. ombre brûlée*

Pigment pour le poudrage
½ mes. terre verte

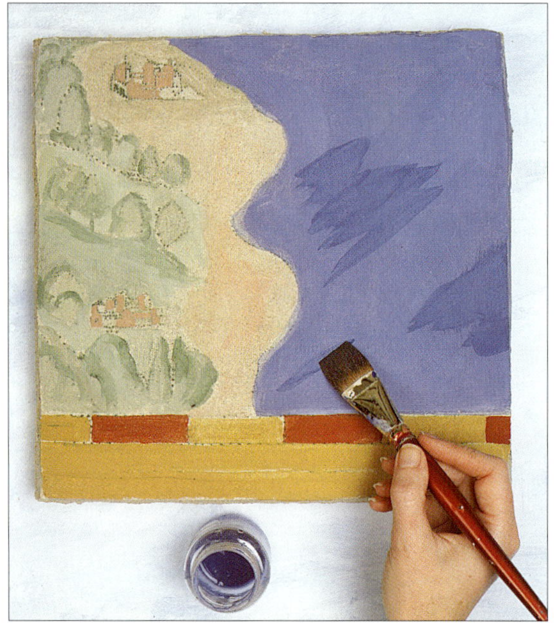

1 Lorsque le plâtre est à la bonne consistance pour la peinture, poudrez le motif. Prenez la brosse de 2,5 cm pour peindre le vert clair des arbres et le fond. Prenez le pinceau n° 10 et le vert foncé pour ajouter des ombres. Peignez le rivage avec la brosse plate de 2 cm. Les maisons sont peintes avec le pinceau n° 10; à ce stade on ne peint que les teintes claires. Peignez les rayures à la base de la carte en utilisant l'ocre jaune et le pigment terre d'Herculanum avec la brosse de 2 cm. Prenez la brosse de 2,5 cm pour peindre la mer, puis ajoutez des taches plus sombres avec la couleur d'origine foncée d'un peu du bleu outremer de la palette. Fondez les zones sombres avec la brosse à estomper en poils de chèvre.

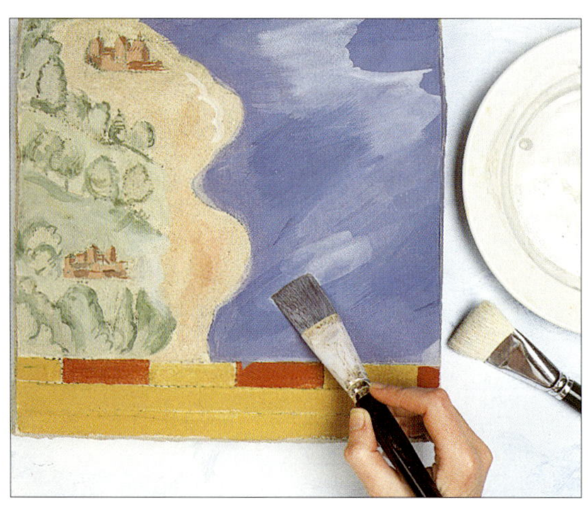

2 Peignez les teintes sombres des maisons avec le pinceau n° 10 et le mélange d'origine foncé d'un peu de Sienne brûlée. Ajoutez des détails aux arbres avec les pinceaux n° 10 et n° 0. Le vert foncé sera approfondi ultérieurement, par endroits, avec un peu de vert d'oxyde de chrome et de bleu outremer. Ajoutez des taches plus claires et plus foncées sur le rivage avec le pinceau n° 10. Les zones claires sont réalisées en ajoutant du blanc au mélange d'origine, les zones foncées en ajoutant de la terre d'Herculanum. Peignez les formes générales des vagues avec une couleur obtenue en ajoutant un peu de blanc et de terre verte au mélange bleu d'origine.

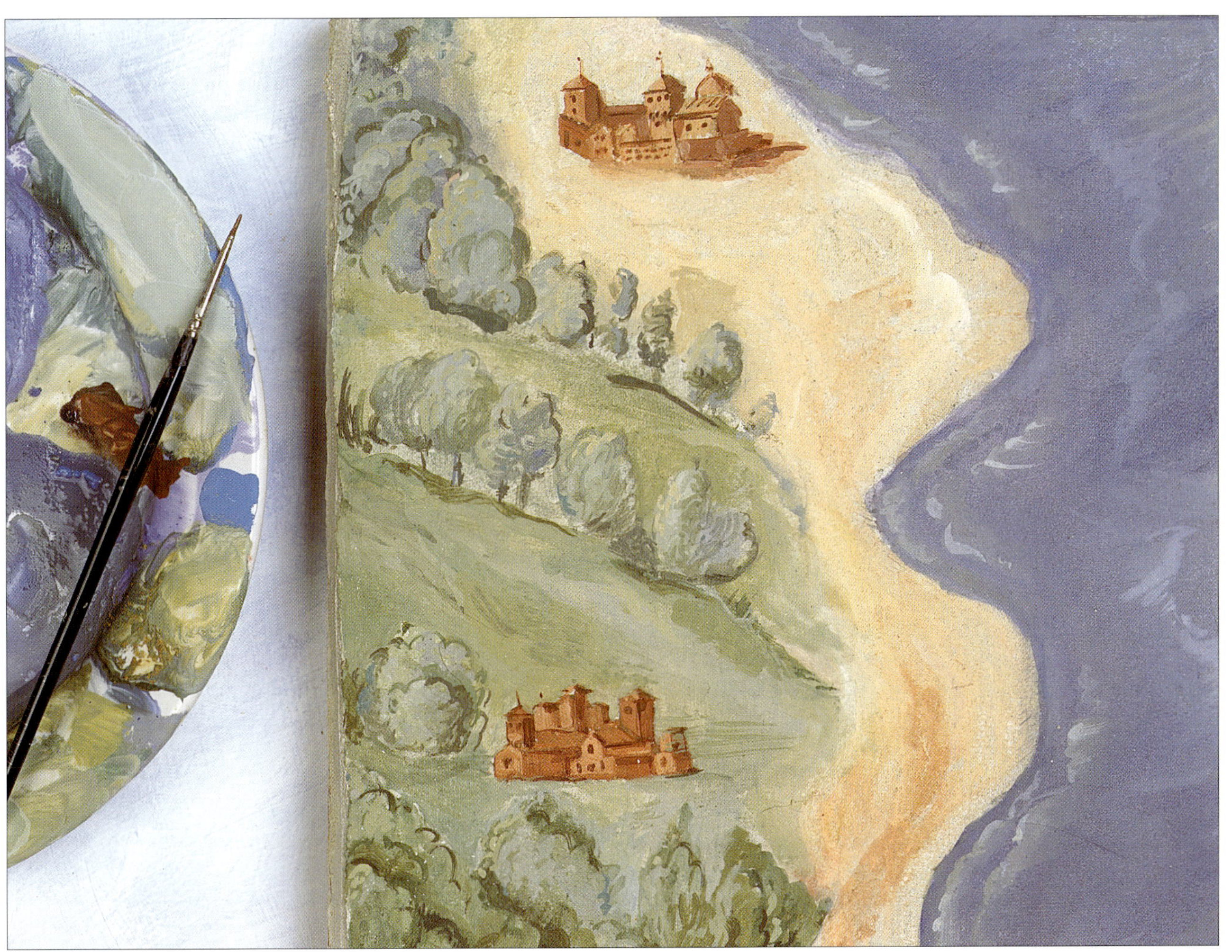

3 Prenez le pinceau n° 0 pour définir la forme des arbres avec des lignes noires réalisées dans le mélange foncé d'origine assombri, comme dans l'étape 2, avec du vert d'oxyde de chrome et du bleu outremer. Par endroits, ajoutez un peu d'ombre brûlée au vert pour le foncer encore plus. Ajoutez un peu du bleu de la mer au paysage et aux arbres avec le pinceau n° 10. Mélangez le vert clair avec une touche d'ocre jaune et utilisez cette teinte pour varier les verts. Peignez le reste des détails des maisons avec le pinceau n° 0, en utilisant un mélange de Sienne brûlée et de terre d'Herculanum. Le même pinceau est utilisé pour peindre d'autres vagues avec le mélange bleu d'origine, éclairci de blanc. Certains des détails sont estompés, alors que d'autres sont laissés à vif. Laissez sécher la fresque complètement, ce qui peut prendre environ une semaine.

DORURE

Fournitures *mixtion à dorer à l'eau ou à l'huile, environ 5 feuilles d'or adhésif, des flocons de coton, un gros pinceau en petit-gris*

◆

Pigment pour le poudrage

½ mes. ocre jaune

TEMPERA À L'ŒUF

Fournitures *1 œuf, 1 aiguille, 2 bols, un peu d'eau distillée (ou de l'eau du robinet ou de l'eau bouillie refroidie)*

◆

Pigments sur la palette *, un peu de noir, ombre brûlée, Sienne brûlée*

◆

Pigment pour le poudrage

½ mes. noir

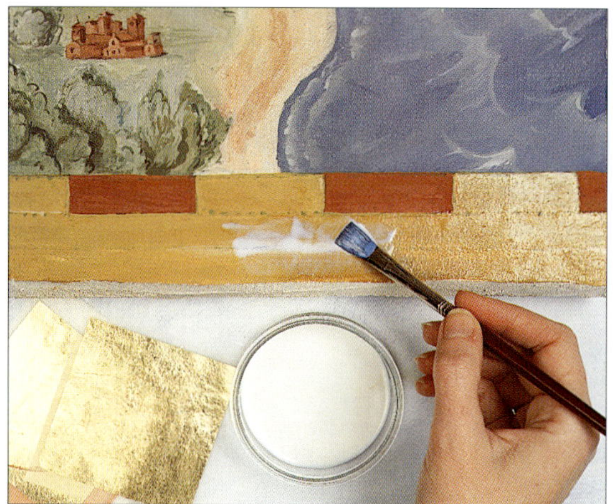

4 Appliquez une couche de mixtion à l'eau sur les rayures ocre jaune et laissez sécher le temps indiqué sur la notice du fabricant (lorsque la mixture devient transparente, elle est prête à dorer). La mixtion à l'huile peut également être utilisée, mais à nouveau, suivez les instructions du fabricant. En raison de la porosité de la fresque, il faudra appliquer deux couches de mixtion : une pour saturer la surface et une autre pour coller.

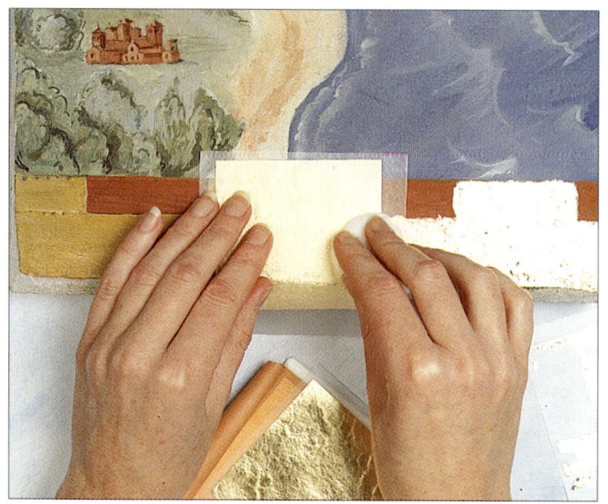

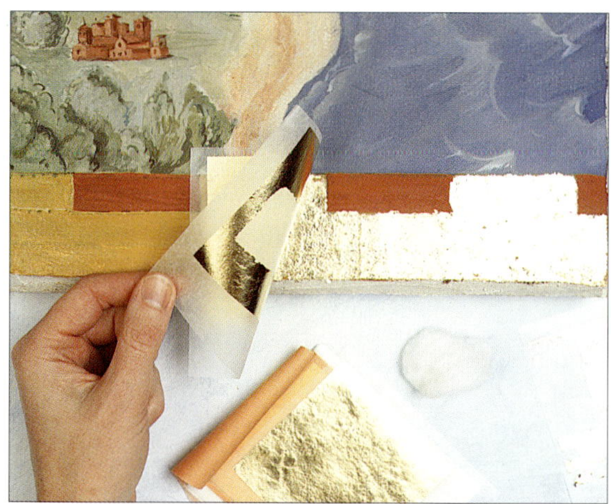

5 Placez la feuille d'or sur la surface collante (face dorée vers le bas) puis frottez l'envers du papier fermement avec un flocon de coton. Cela permet à l'or de s'incruster dans les irrégularités de la surface du plâtre (si quelques petits fragments de la surface ne sont pas recouverts d'or, le fond peint en ocre jaune de la zone dorée permet qu'ils n'apparaissent pas trop en contraste).

6 Chaque feuille doit chevaucher la précédente sur environ 3 mm. Si, en retirant une feuille, vous découvrez une partie non dorée, il suffit d'appuyer de l'or à cet emplacement. Il se peut que vous ayez oublié de passer la mixtion à cet endroit, ou bien la mixtion est encore trop humide. Dans le premier cas, appliquez la mixtion, dans le second, attendez un peu avant de dorer.

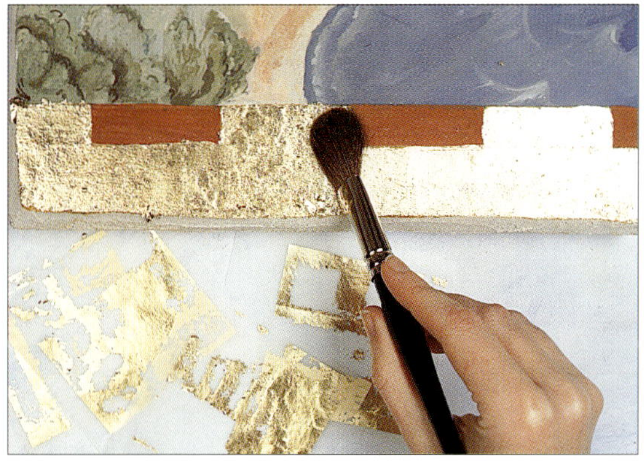

7 Prenez le pinceau en petit-gris pour retirer les fragments volants d'or. Aux jointures, le pinceau doit suivre le sens de la superposition, en brossant dans le sens de la feuille du dessus et non pas dans l'autre. Le frottement sur les jointures permet de fixer l'or en place, en créant un bord net et en renforçant la surface. Poudrez les lettres avec l'ocre jaune. Passez deux couches de mixtion avec le pinceau n° 0 et dorez de la même façon.

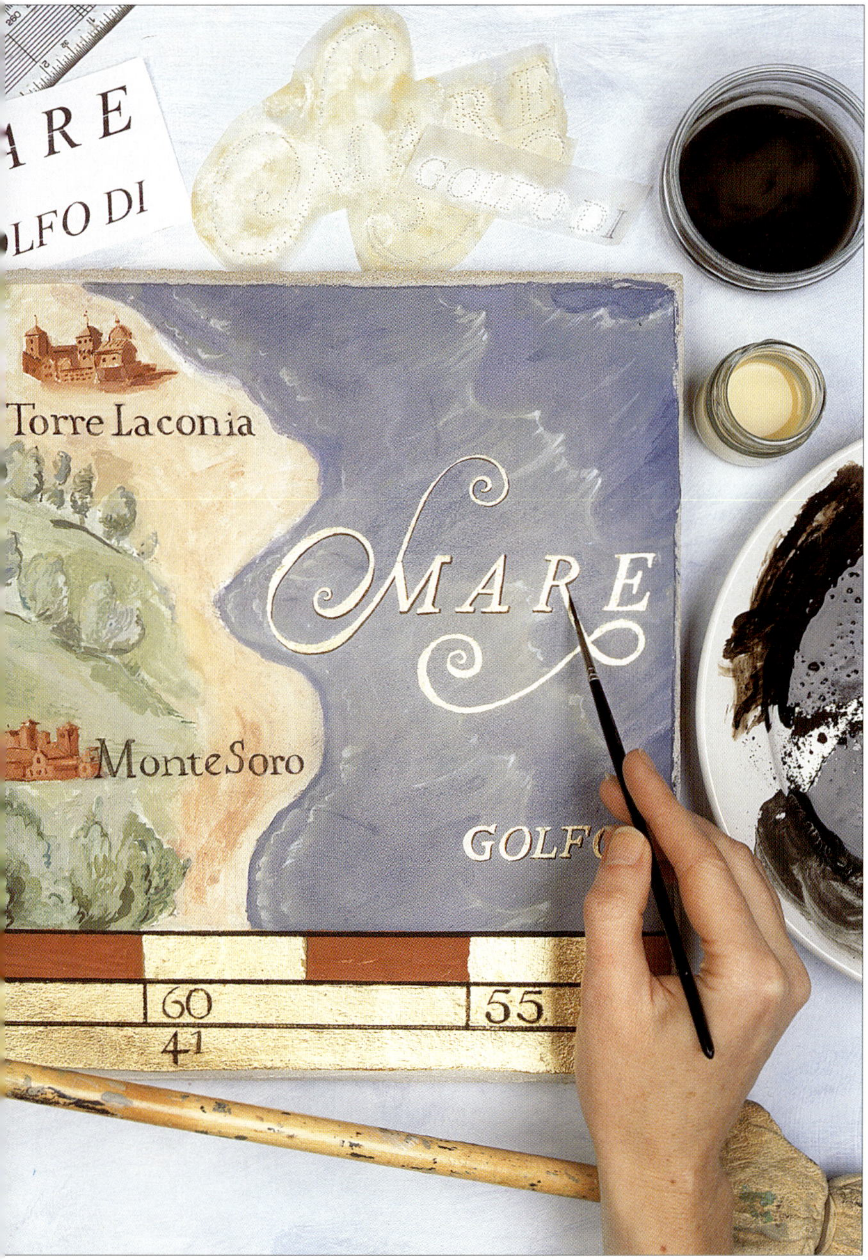

8 Poudrez les lignes droites, les chiffres et les lettres en noir. Préparez un peu de tempera à l'œuf en suivant les instructions de la p. 91. Peignez les lignes en vous aidant d'une règle. Peignez le nom des villes et les chiffres en noir, avec le pinceau n° 0. Ajoutez une ligne d'ombre aux lettres dorées, avec le pinceau n° 0 et un mélange d'ombre brûlée et de Sienne brûlée. Si vous trouvez que le mélange à l'œuf ne contraste pas suffisamment avec le doré, vous pouvez corriger cela en ajoutant plus de pigment au mélange. Laissez sécher puis repassez une couche du mélange d'origine.

IMPOSTE GRISAILLE

FOURNITURES

Un panneau en demi-cercle de 48 cm de diamètre, recouvert d'environ 3,6 kg de mélange de plâtre de base

♦

Un vaporisateur en plastique ou un spalter

♦

Environ 2,45 kg de mélange de plâtre de finition

♦

Une truelle

♦

Un sac à poudrer ou un gros pinceau souple

♦

Un clou

♦

Un couteau à peindre

♦

Un appuie-main

♦

Une règle

♦

Deux supports d'égale hauteur

♦

Pinceaux : une brosse plate de 4 cm, une brosse à estomper en poil de chèvre, une brosse plate de 1 cm, un pinceau rond fin n° 4 et un n° 0, une brosse plate biseautée de 5 mm et une 13 mm (ou à la place une brosse à tableau bombée de 13 mm)

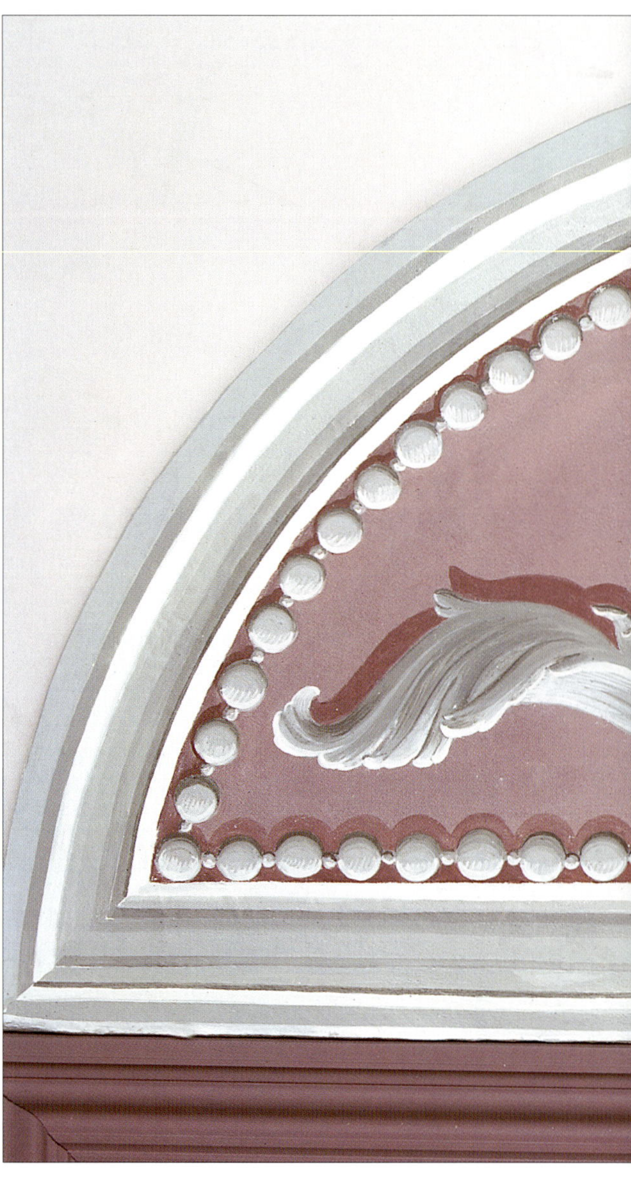

Le mot grisaille provient du mot français *gris*. Comme son nom l'indique, il s'agit d'une peinture réalisée dans différentes tonalités de gris, donnant une impression de relief. La grisaille était couramment utilisée dans les décors de style baroque et Renaissance, avec des effets d'ombre et de lumière créant un trompe-l'œil. Dans ce cas, on renforce le gris avec un fond rose peint avec du violet de cobalt foncé, un pigment naturel dérivé du cuivre, traditionnellement utilisé dans la fresque.

Cette pièce, qui sera adaptée en panneau mural au-dessus d'une porte, est inspirée du détail d'un décor du XVIIe siècle.

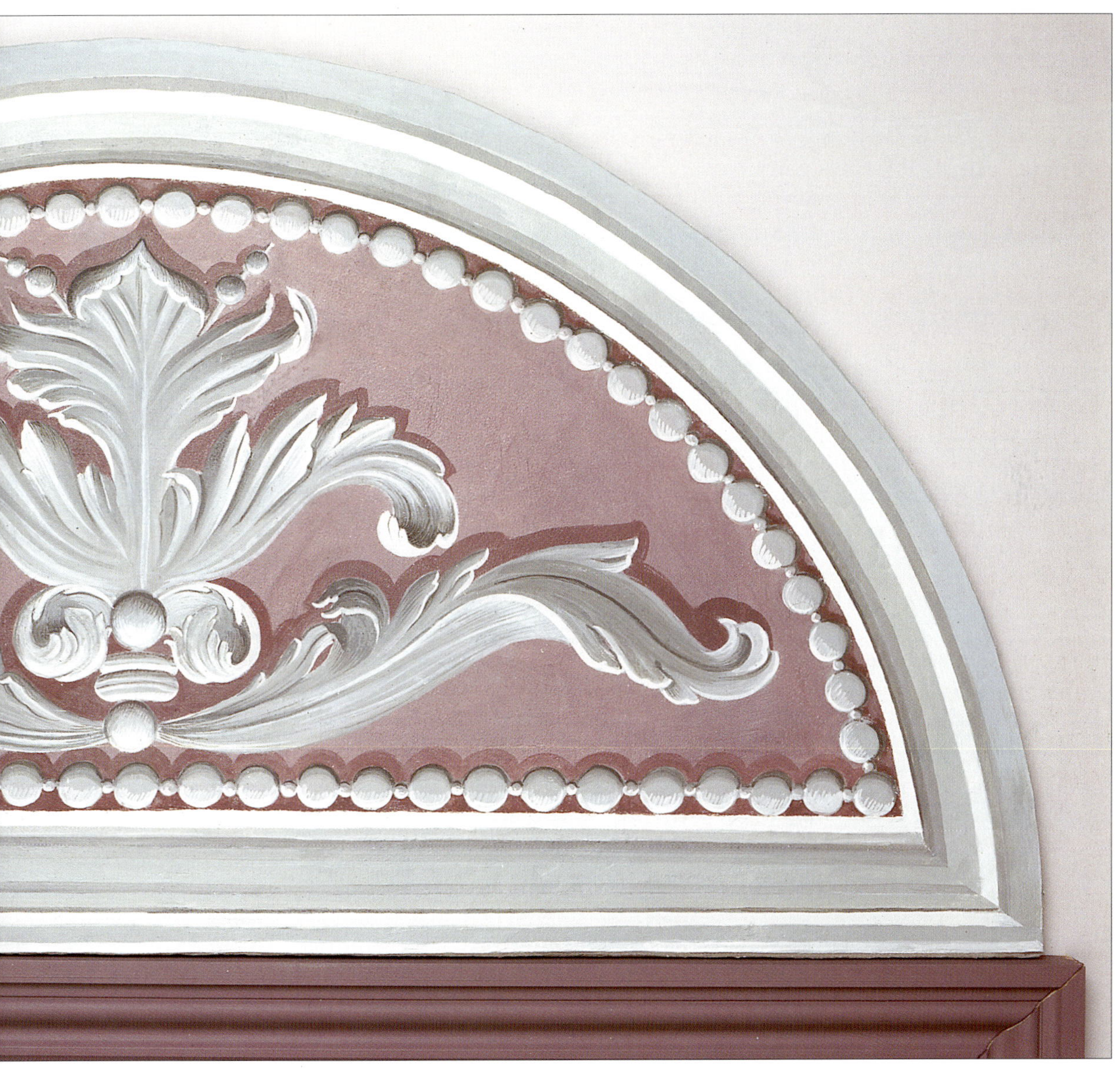

Comme il faudra placer ce panneau en haut d'un mur, j'ai peint les ombres comme si la source de lumière provenait du dessous de la base. Si vous souhaitez placer le décor à un autre emplacement, vous pourrez modifier les ombres, en les adaptant à la source de lumière la plus proche du panneau lorsqu'il sera fixé au mur. De cette façon, vous obtiendrez le meilleur trompe-l'œil possible avec la technique de la grisaille. Un ornement de stuc en plâtre peut vous servir de modèle en l'adaptant à ce motif, pour le placement des ombres et des lumières.

PIGMENTS

Mélanges de pigments

Fond : *2 mes. violet de cobalt véritable et 2 mes. blanc de titane en mélange*

Teinte intermédiaire : *1 mes. blanc de titane, 1 mes. terre verte et ⅔ mes. noir en mélange*

Gris foncé : *1 mes. noir, ½ mes. terre verte et un peu de blanc de titane en mélange*

Ombre : *1 mes. violet de cobalt véritable et ½ mes. blanc de titane en mélange*

Gris clair : *1 mes. blanc de titane et un peu de terre verte en mélange*

Sur la palette *½ mes. blanc, ½ mes. noir*

Pigment pour le poudrage *½ mes. blanc de titane*

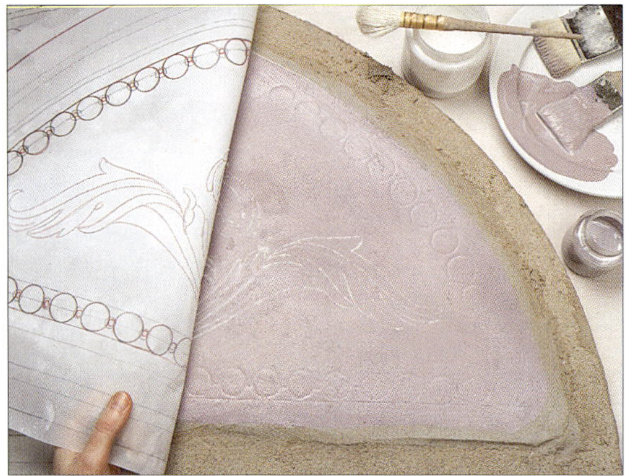

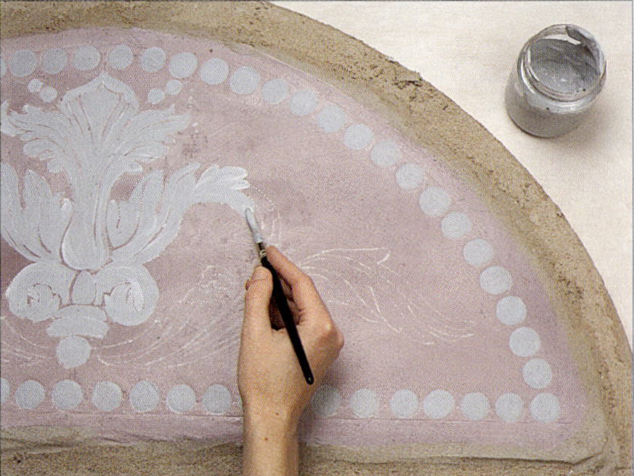

1 Humidifiez le plâtre de base, puis étalez le plâtre de finition sur la zone définie par la ligne qui cerne la bordure de perles, en l'étendant d'environ 2,5 cm vers l'extérieur. Laissez le bord du plâtre tel quel. Lorsque le plâtre est prêt pour la peinture, appliquez la couleur du fond avec la brosse de 4 cm, en estompant les coups de pinceau au fur et à mesure. Poudrez le motif central. Servez-vous d'un clou pour graver le motif des perles et de la ligne extérieure qui cerne la partie à peindre. Les perles sont gravées car il est ainsi plus facile de garder les traces de leur dessin lorsqu'on peint dans différentes teintes.

2 Saturez la surface de tous les motifs avec la teinte grise intermédiaire et le pinceau n° 10. Laissez apparaître un peu de la couleur du fond qui vous servira de guide pour les lignes principales et la répartition des teintes dans le motif central.

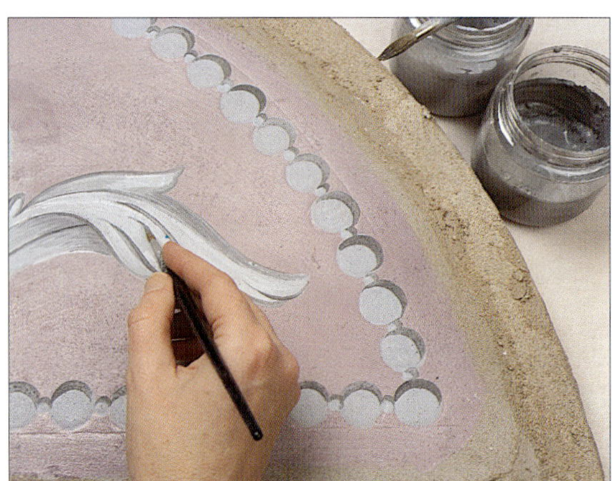

3 Posez la teinte foncée avec les pinceaux n° 10 et n° 4, en vous reportant à la photographie du panneau terminé.

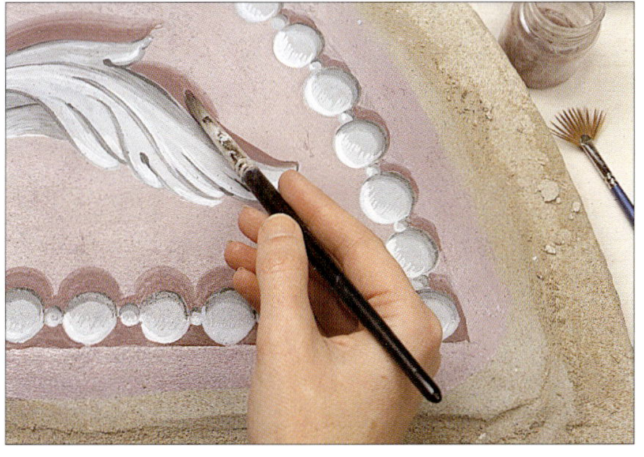

4 Prenez le pinceau n° 10 pour ajouter les ombres principales sur le fond. Prenez le même pinceau et le gris clair pour poser les touches de lumière du motif central et de la bordure en perles. Ajoutez quelques lignes fines hachurées sur les perles avec le pinceau n° 4, tout en fondant les teintes gris clair et gris moyen. Continuez à définir et à développer les différentes teintes, en vous reportant au panneau terminé. Vous pouvez d'ores et déjà ajouter du blanc pur à certains endroits. Lorsque le dessin vous satisfait, découpez le bord grossier du plâtre avec le couteau à peindre et laissez sécher.

5 Prenez le vaporisateur en plastique ou la brosse spalter pour humidifier le plâtre de base, ainsi que le bord coupé de la partie terminée. Étalez le plâtre sur la partie restante. Lorsque le plâtre est prêt pour la peinture, prenez la brosse plate de 1 cm pour peindre les zones de teinte intermédiaire sur la partie arrondie en haut du panneau.

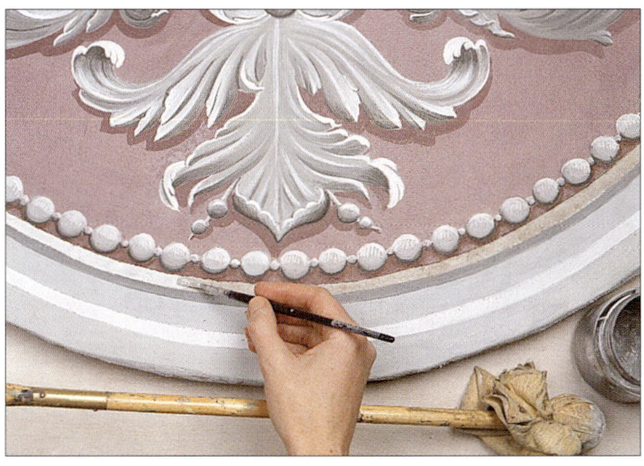

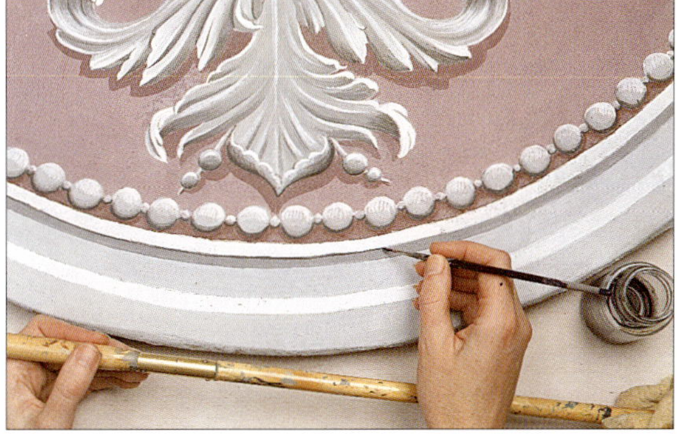

6 Prenez la brosse de 1 cm et le pinceau n° 4 pour peindre les teintes claires et foncées. Vous trouverez utile de vous servir de l'appuie-main pour vous soutenir lors de ce travail.

7 Avec le pinceau n° 0, et en vous reportant au panneau terminé, peignez quelques fines lignes foncées. La couleur foncée est obtenue en ajoutant un peu de noir au mélange foncé. De la même façon, ajoutez de fines touches de blanc de titane pour les éclats de lumière. Si vous le souhaitez, vous pouvez poser des teintes intermédiaires entre certaines couleurs claires et foncées, pour estomper l'effet. En vous reportant au panneau terminé, peignez les lignes droites à la base du motif. Servez-vous de la brosse biseautée ou de la brosse à tableau bombée, et de la méthode expliquée p. 97.

IMPOSTE AUX ÉTOILES

Un motif de ciel et d'étoiles peut être utilisé de différentes façons pour décorer les murs ou le plafond. Cette pièce en demi-cercle est parfaite en panneau mural au-dessus d'une porte. Si votre plafond ne vous le permet pas, elle rendra également très bien sur un mur. Vous pouvez patiner la surface et la présenter comme une pièce d'architecture ancienne. Une carte du ciel vous fournira toute l'inspiration nécessaire à d'autres compositions.

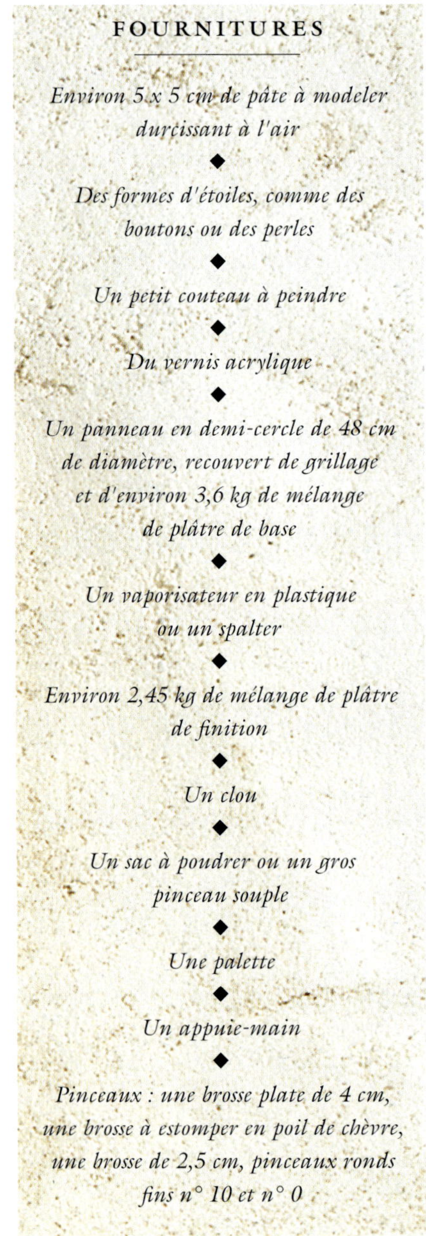

FOURNITURES

Environ 5 x 5 cm de pâte à modeler durcissant à l'air

◆

Des formes d'étoiles, comme des boutons ou des perles

◆

Un petit couteau à peindre

◆

Du vernis acrylique

◆

Un panneau en demi-cercle de 48 cm de diamètre, recouvert de grillage et d'environ 3,6 kg de mélange de plâtre de base

◆

Un vaporisateur en plastique ou un spalter

◆

Environ 2,45 kg de mélange de plâtre de finition

◆

Un clou

◆

Un sac à poudrer ou un gros pinceau souple

◆

Une palette

◆

Un appuie-main

◆

Pinceaux : une brosse plate de 4 cm, une brosse à estomper en poil de chèvre, une brosse de 2,5 cm, pinceaux ronds fins n° 10 et n° 0

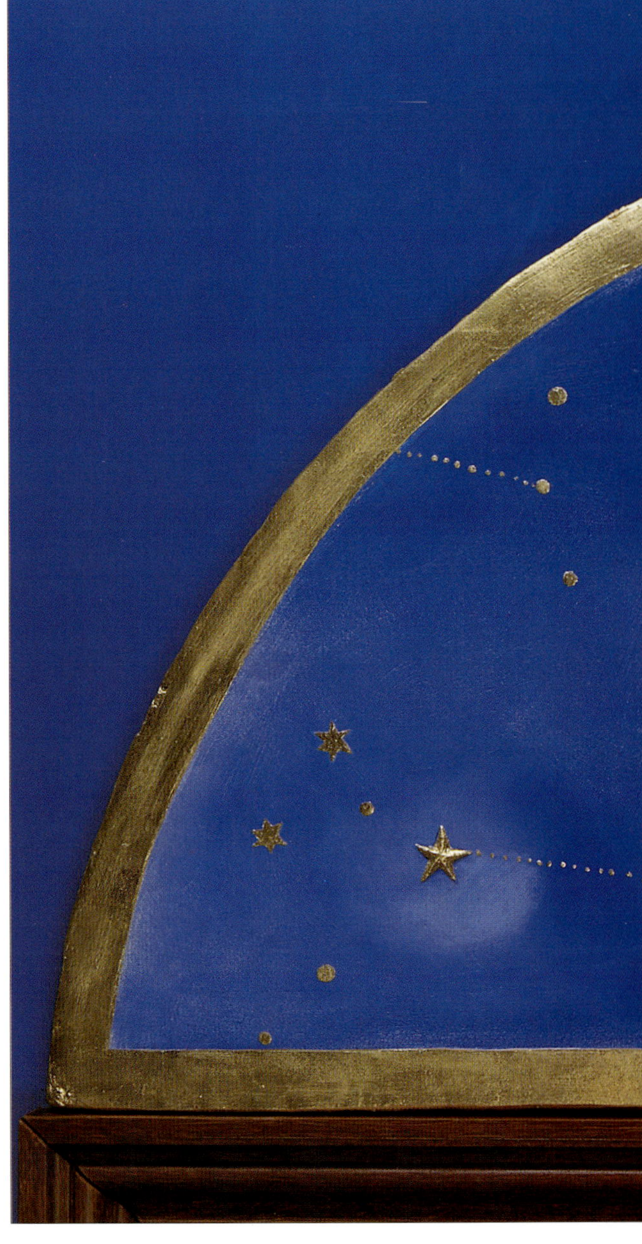

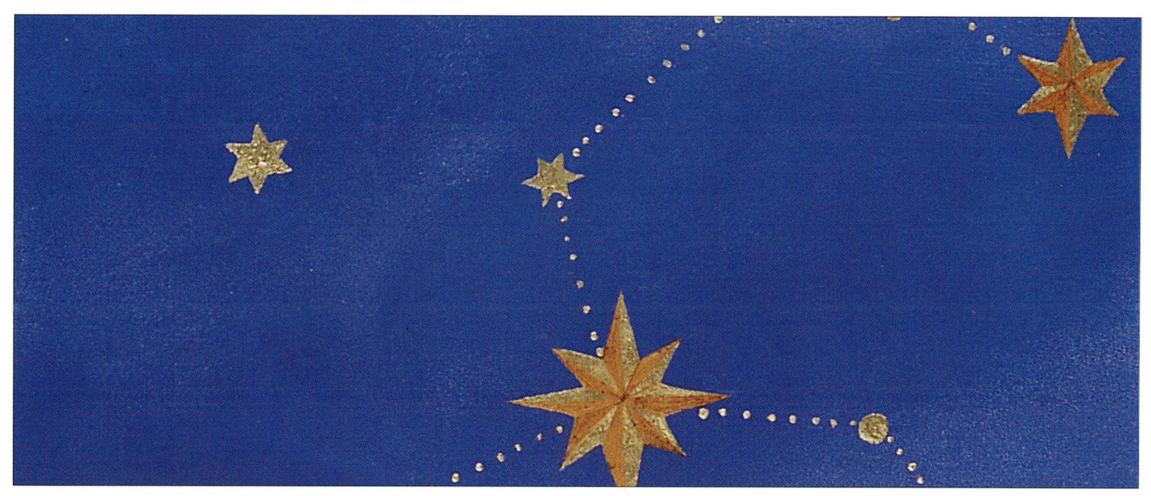

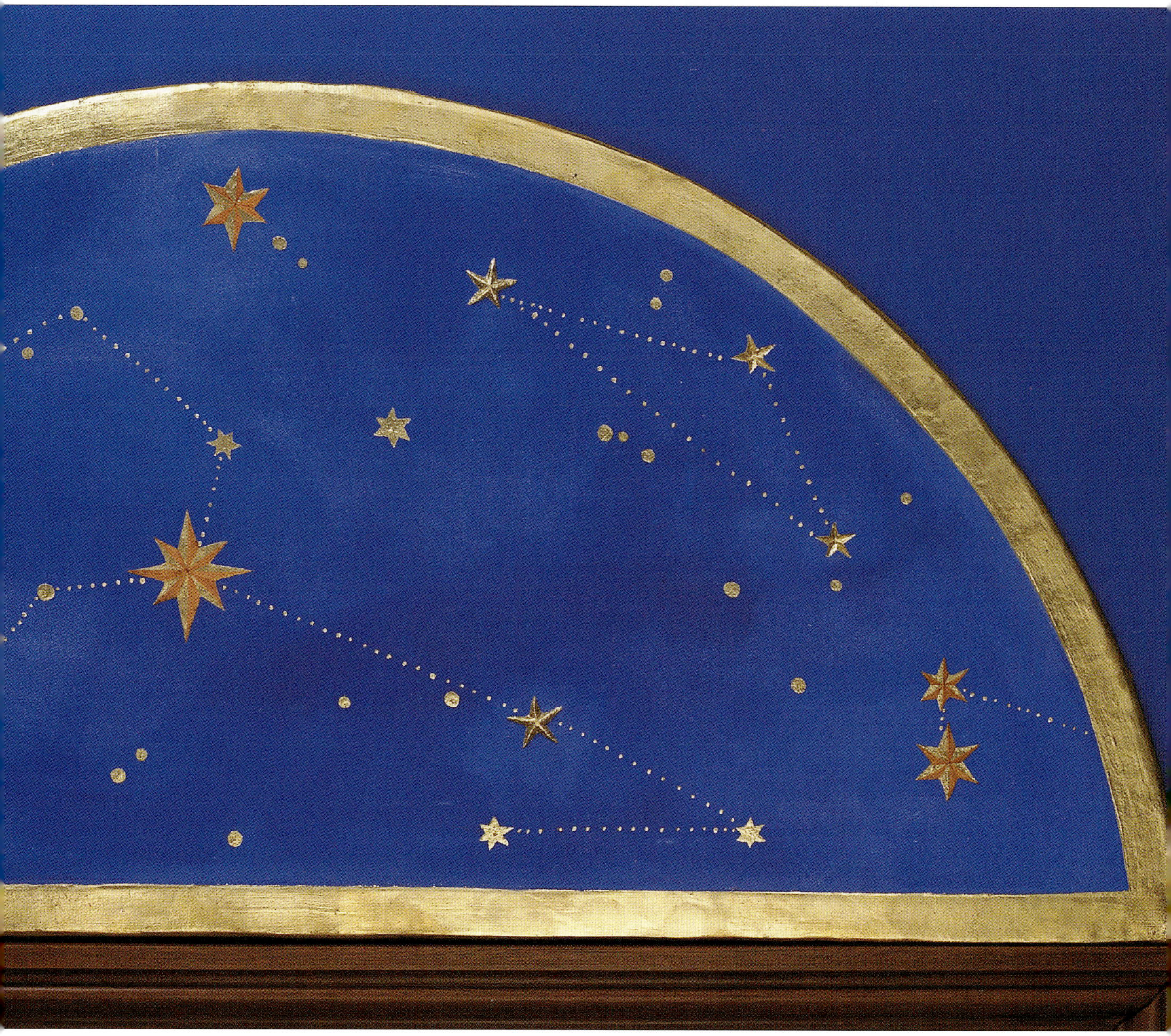

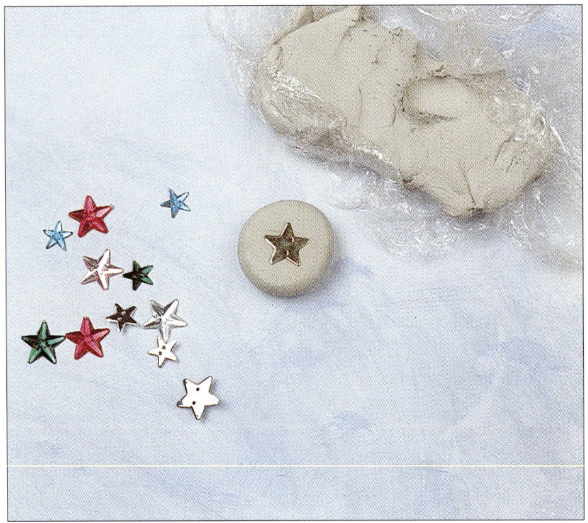

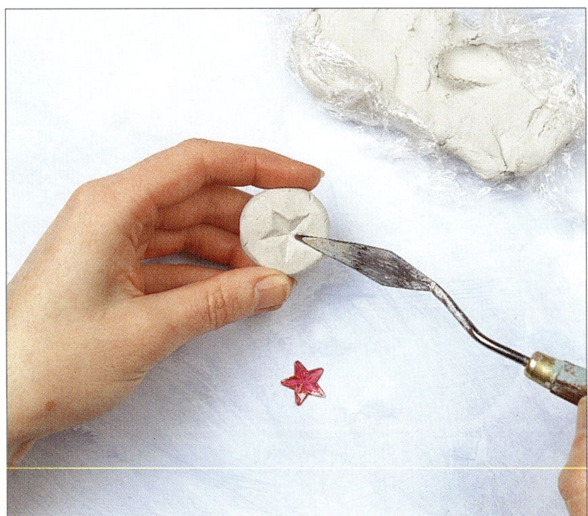

1 Préparez les moules pour les étoiles en creux et en relief. Aplatissez un petit morceau de pâte à modeler. Si elle est vraiment souple et collante, laissez-la sécher le temps nécessaire pour qu'elle ait la bonne consistance. Pressez fermement une des formes d'étoiles sur le moule.

2 Retirez l'étoile et servez-vous du couteau à peindre pour lisser les aspérités et, si nécessaire, accentuer le relief. Laissez sécher le moule puis passez deux couches de vernis pour l'imperméabiliser. Une fois que le vernis est sec, préparez un autre morceau de pâte à modeler.

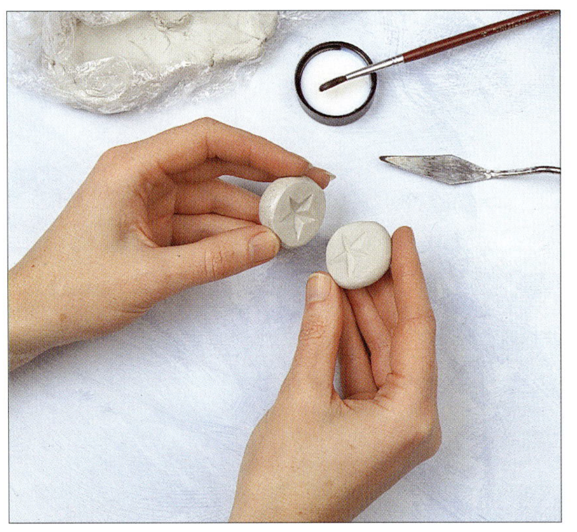

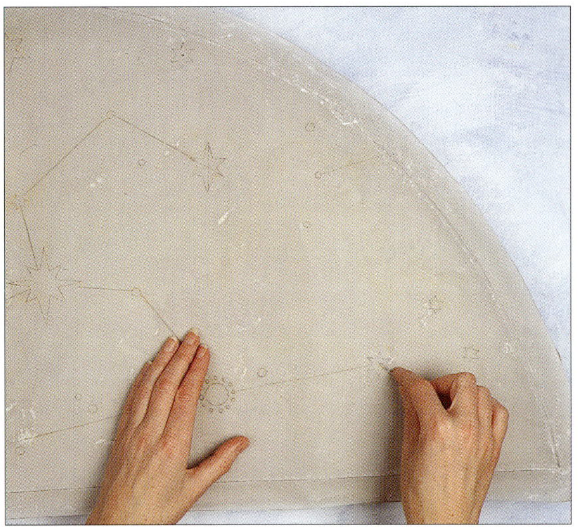

3 Appuyez la pâte souple dans le moule afin de créer une étoile en relief. En général, il faut réaliser plusieurs tentatives avant d'obtenir un moule impeccable. Si nécessaire, servez-vous du couteau à peindre pour accentuer les reliefs comme plus haut. Vernissez le second moule et laissez sécher.

4 Humidifiez soigneusement le plâtre de base, puis appliquez le plâtre de finition de la façon habituelle. Lorsque le plâtre est prêt pour la peinture, posez le motif sur la surface et servez-vous du clou pour graver les lignes de la bordure. Marquez en les poudrant l'emplacement des étoiles qui seront modelées.

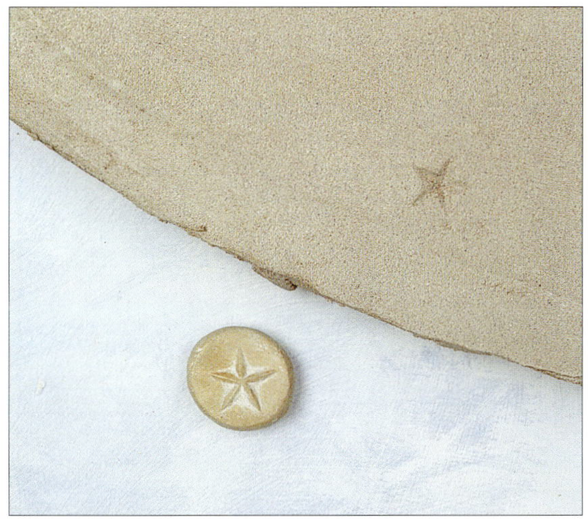

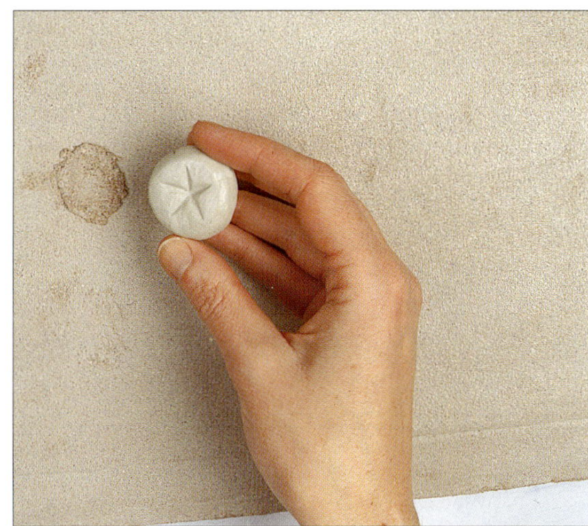

5 Pour créer des étoiles en creux, pressez le moule en relief sur le plâtre (il faudra accentuer les pointes de l'étoile avec l'extrémité du couteau à peindre).

6 Pour réaliser des étoiles en relief, posez une petite boulette de plâtre sur la surface et pressez le moule en creux par-dessus.

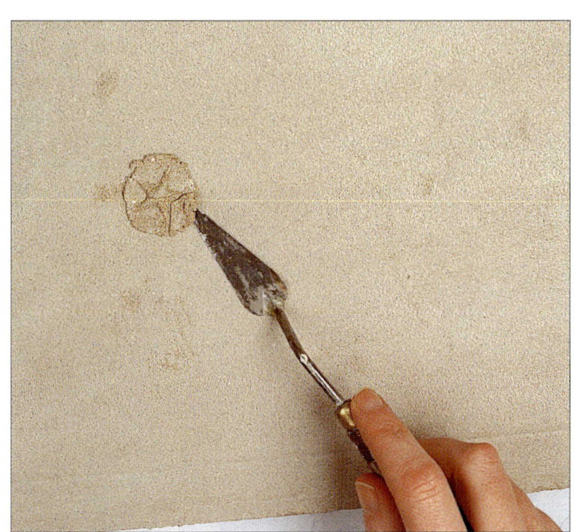

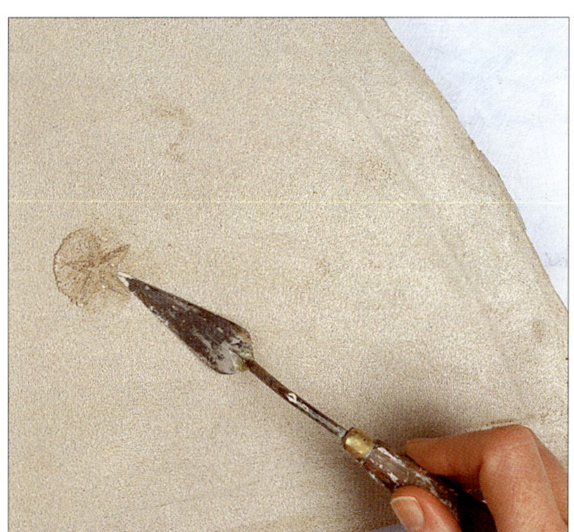

7 Retirez le moule puis servez-vous de l'extrémité du couteau à peindre pour recouper les segments entre les pointes de l'étoile.

8 Lissez le plâtre entre les pointes de l'étoile avec le bout du couteau à peindre.

PIGMENTS

Mélanges de pigments

Ciel : *1 mes. bleu outremer, 1 mes. bleu de cobalt clair, ½ mes. noir*

Étoiles et bordure : *¾ mes. ocre jaune et ¼ mes. blanc de titane en mélange*

Pigment pour le poudrage *½ mes. ocre jaune*

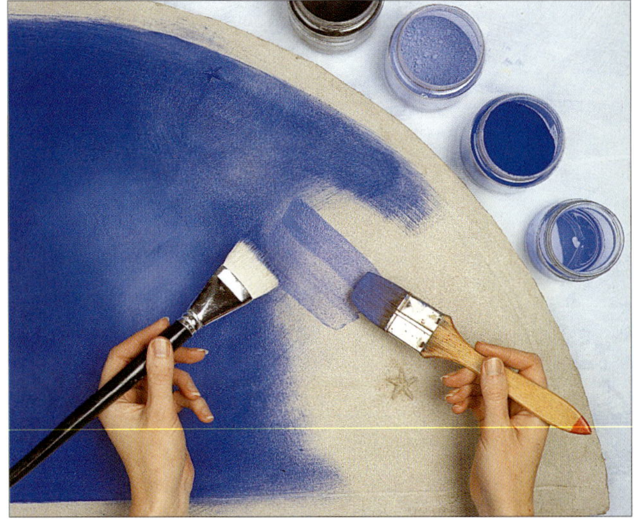

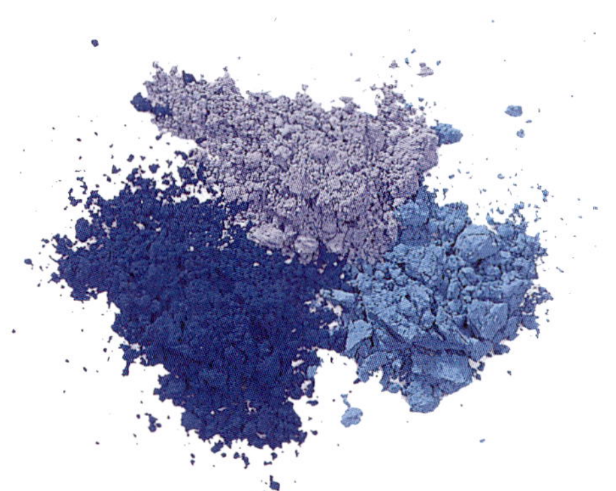

9 Prenez la brosse de 4 cm pour peindre des taches avec les mélanges bleu outremer et bleu de cobalt clair. Par endroits, foncez le bleu outremer avec du noir. A d'autres endroits, diluez les couleurs avec plus d'eau (n'oubliez pas que les teintes éclaircissent en séchant). Fondez les couleurs entre elles avec la brosse à estomper (travaillez avec douceur au-dessus des étoiles).

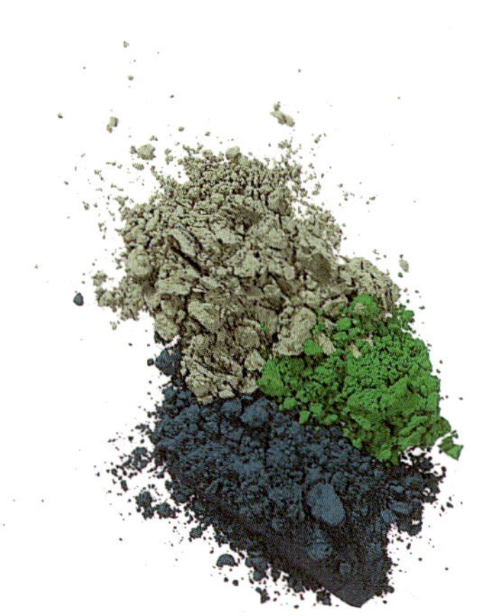

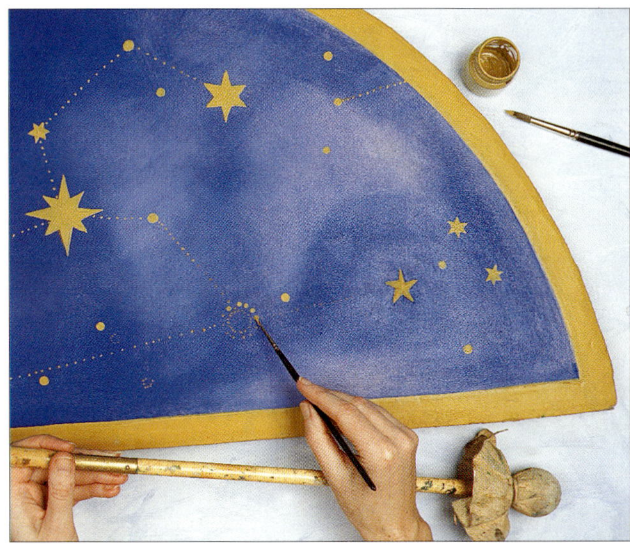

10 Avec l'ocre jaune, poudrez la constellation. Prenez la brosse de 2,5 cm pour peindre la bordure extérieure et le pinceau n° 10 pour les étoiles, en vous servant de l'appuie-main. Laissez sécher la fresque complètement, cela peut prendre une semaine.

DORURE

Fournitures *Mixtion à dorer à l'eau ou à l'huile, environ 5 feuilles d'or adhésif, des flocons de coton, un gros pinceau en petit-gris*

TEMPERA À L'ŒUF

Fournitures *1 œuf, 1 aiguille, 2 bols, un peu d'eau distillée (ou de l'eau du robinet ou de l'eau bouillie refroidie)*

◆

Pigment sur la palette *Sienne brûlée*

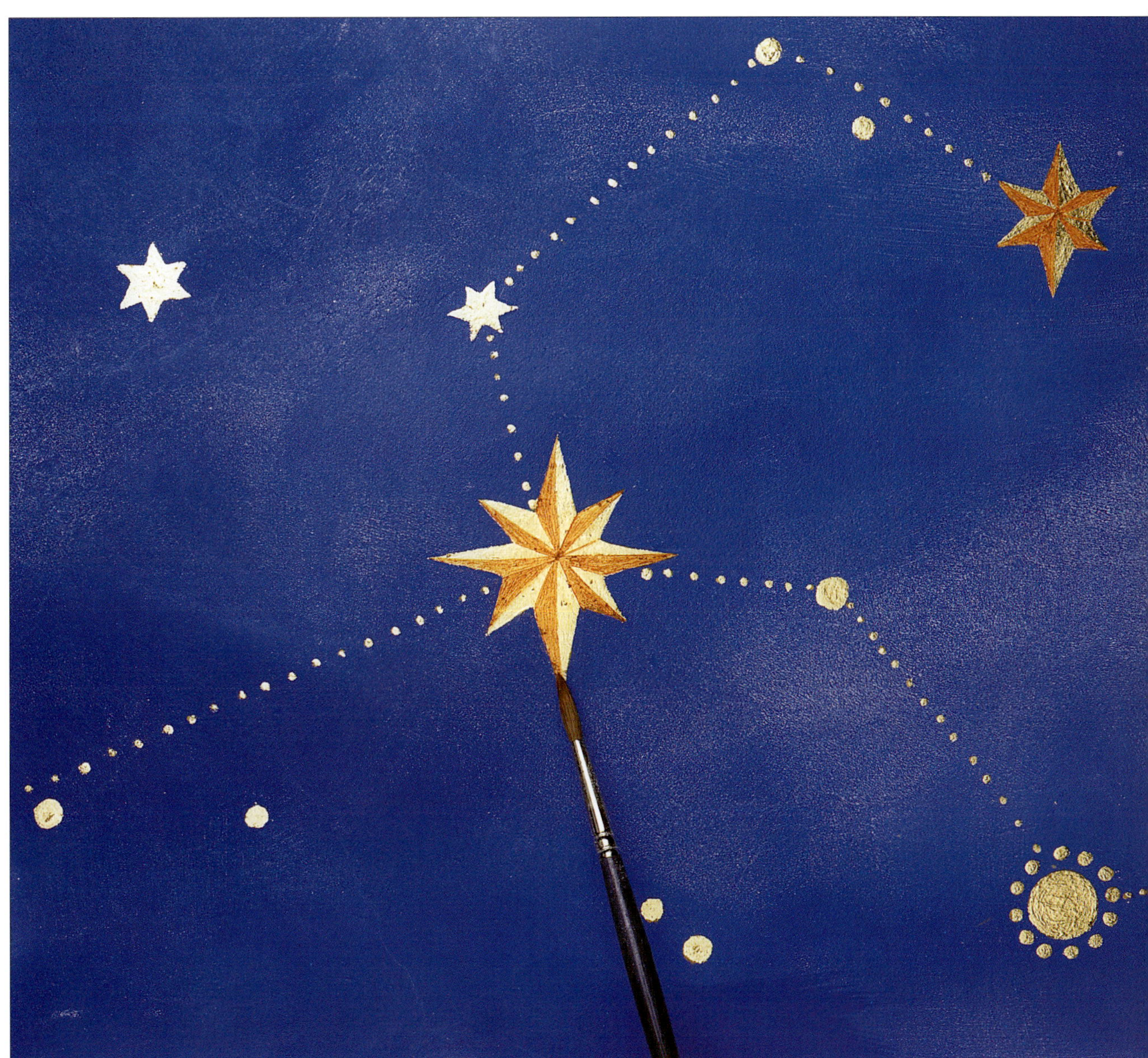

11 Dorez les étoiles et la bordure en suivant la méthode indiquée p.104 et 105. Puis, préparez un peu de tempera à l'œuf en suivant les explications de la p. 91, et peignez avec les étoiles en Sienne brûlée. Diluez bien à l'eau la tempera à l'œuf afin qu'une fois passée sur le doré, ce dernier transparaisse. Si la peinture ne contraste pas sur la surface, ajoutez un peu plus de pigment.

FRAGMENTS ROMAINS

De la «Chambre au Jardin» de la Villa de Livie à Prima Porta, Rome

PARMI LES PLUS CONNUES et peut-être les plus fines des peintures romaines sur la nature, on trouve celles qui proviennent de la « Chambre au Jardin » dans la Villa de Livie (à présent exposées au Musée National à Rome). Peintes vers l'an 20 av. J.-C., les fresques décoraient une large pièce partiellement enterrée, qui servait semble-t-il de salle à manger fraîche pendant l'été. Derrière une barrière à fines découpes ciselées et un mur en stuc sont représentés des arbres, des fleurs et des oiseaux. Derrière tout cela, des taches de bleu et de vert se fondent les unes dans les autres, pour créer un effet de forêt dense. Une ligne festonnée de pierre surplombe le ciel, en donnant l'impression que le spectateur regarde le paysage depuis une grotte tempérée.

Ces peintures peuvent parfois être intégrées dans un décor contemporain sans avoir besoin de reconstruire une pièce pour les intégrer. La force des décors du motif fait que l'on peut copier certaines parties séparément sans perdre l'impression obtenue par l'ensemble.

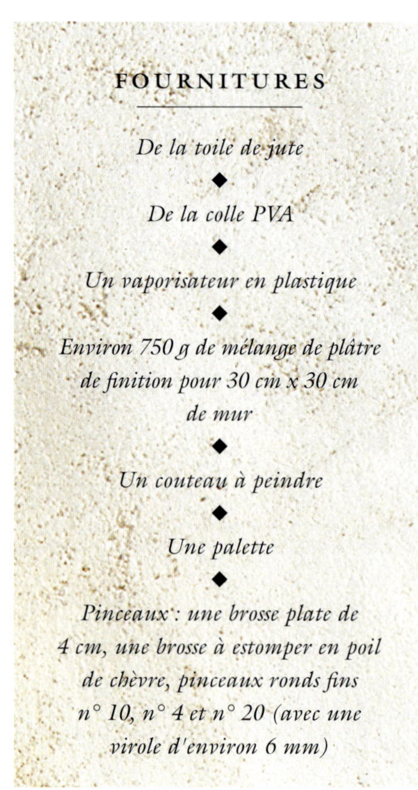

FOURNITURES

De la toile de jute

◆

De la colle PVA

◆

Un vaporisateur en plastique

◆

Environ 750 g de mélange de plâtre de finition pour 30 cm x 30 cm de mur

◆

Un couteau à peindre

◆

Une palette

◆

Pinceaux : une brosse plate de 4 cm, une brosse à estomper en poil de chèvre, pinceaux ronds fins n° 10, n° 4 et n° 20 (avec une virole d'environ 6 mm)

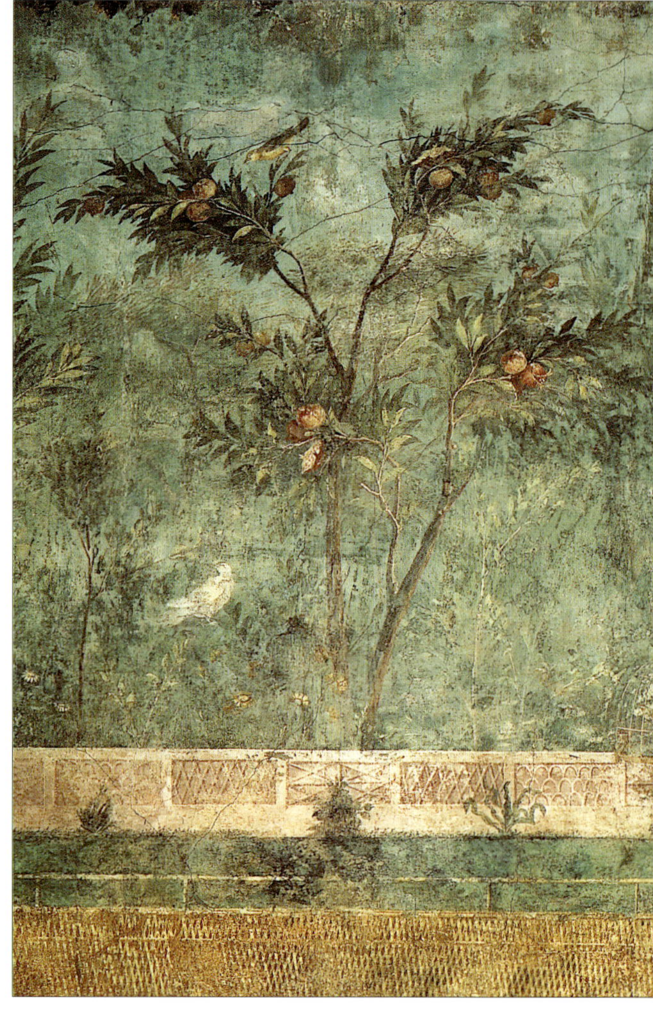

Dans ce projet, des morceaux de la fresque sont présentés comme des fragments restaurés. Si vous souhaitez reproduire la patine de l'original, vous pouvez poncer la surface et l'égratigner lorsqu'elle est sèche.

Cette technique convient à des murs en bon état et imperméabilisés avec un revêtement résistant à l'eau, comme une peinture d'extérieur acrylique (la colle n'adhérera pas suffisamment sur une peinture à l'huile). Certaines des couleurs mélangées pour ce projet sont réalisées avec du blanc de titane; les Romains auraient utilisé de la pâte de chaux blanche, qui est plus translucide. Je trouve que les qualités crayeuses apportées aux couleurs par le blanc de titane sont utiles pour imiter la fresque romaine, mais le blanc de chaux serait certainement plus authentique.

Des mesures précises sont données pour les pigments utilisés dans le fragment expliqué dans les étapes; pour les autres fragments, les proportions sont données pour les mélanges, car les quantités dont vous aurez besoin dépendront de la dimension des zones à peindre.

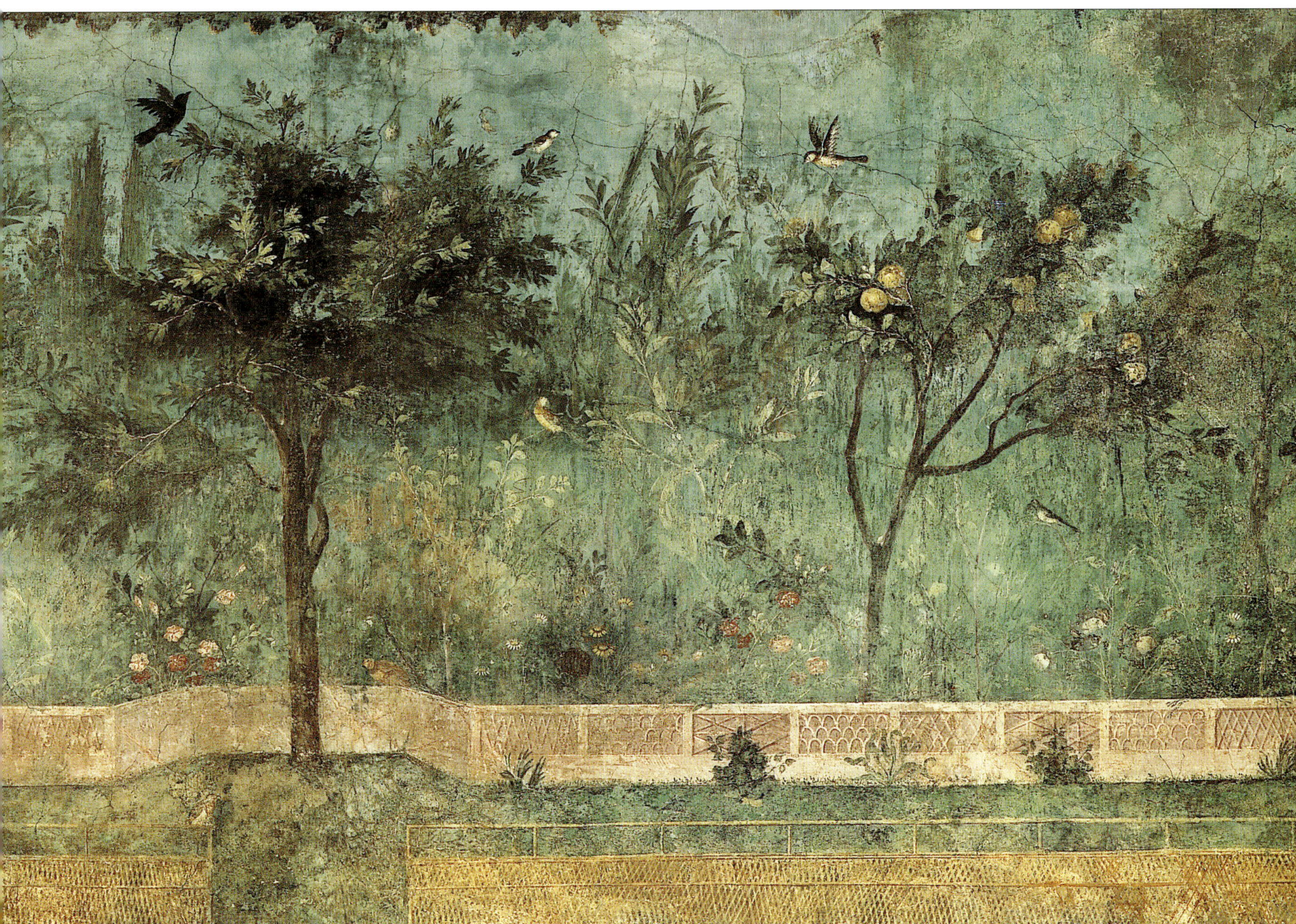

PIGMENTS

Mélanges de pigments

Vert du fond, feuilles et tiges : *$\frac{1}{2}$ mes. vert d'oxyde de chrome, $\frac{1}{4}$ mes. ombre naturelle, $\frac{1}{4}$ mes. vert de cobalt et un peu de pâte de chaux en mélange*

Marguerites : *$\frac{1}{4}$ mes. blanc de titane, $\frac{1}{4}$ mes. ocre jaune, $\frac{1}{4}$ mes. Sienne naturelle*

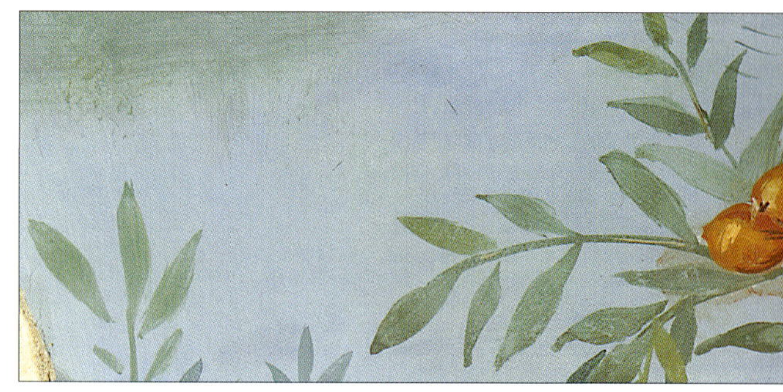

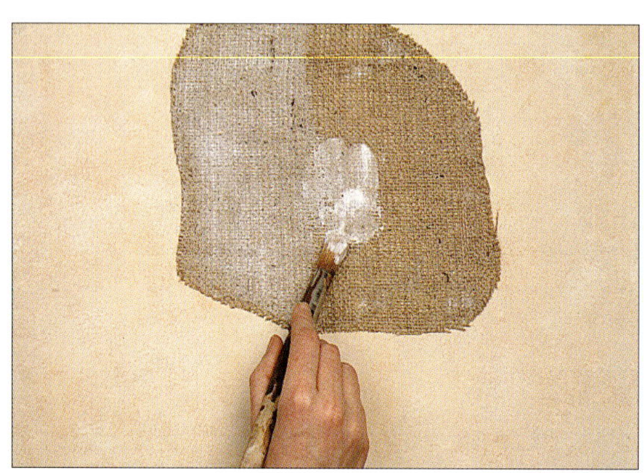

1 Coupez un morceau de toile de jute lavée et séchée à la forme du fragment que vous désirez peindre. Appliquez de la colle PVA sur le mur à l'aide d'un vieux pinceau, puis pressez la toile. Poursuivez en passant une autre couche de colle tout en prenant soin de ne pas dépasser du tissu. Laissez sécher la colle jusqu'à ce que le tissu soit fermement maintenu au mur avant de plâtrer.

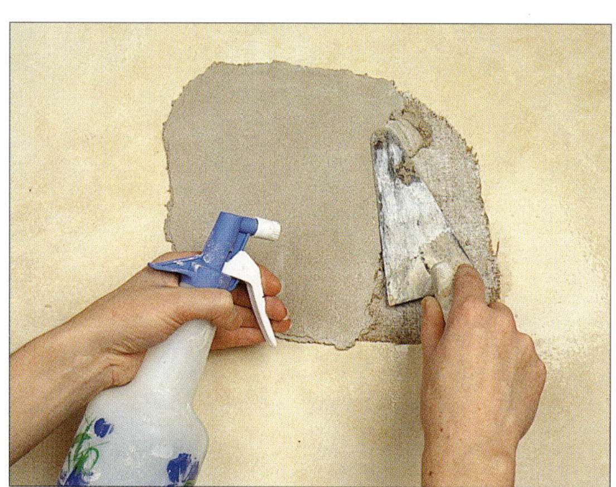

2 Prenez un vaporisateur en plastique pour humidifier le tissu avant d'appliquer le plâtre de finition comme d'habitude.

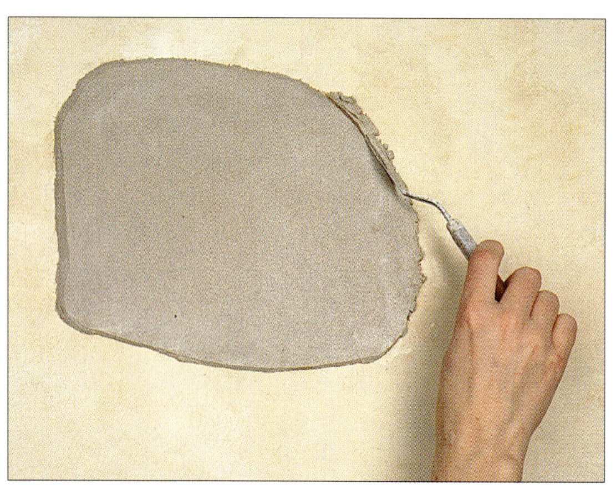

3 Une fois que la surface est lissée, prenez le couteau à peindre pour recouper le bord dentelé, en formant une lisière bien nette et en biseau qui s'échappe vers l'extérieur.

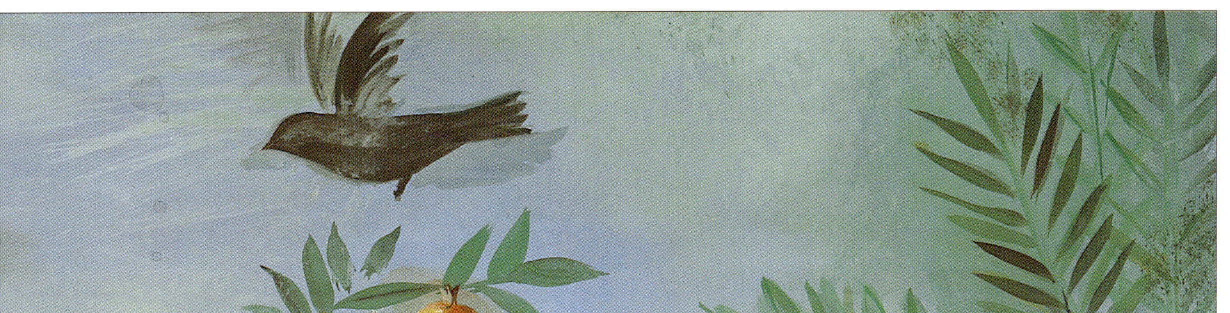

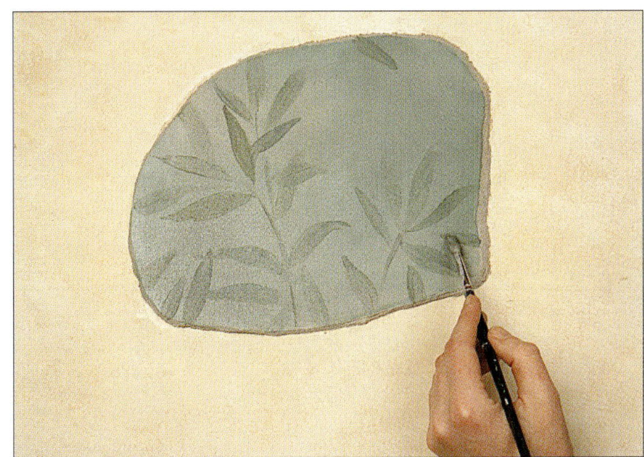

4 Peignez le fond avec un jus dilué de vert et la brosse de 4 cm, en estompant les coups de pinceau au fur et à mesure. Prenez les pinceaux n° 10 et n° 4 pour peindre les feuilles avec la même couleur, en utilisant des mélanges opaques et dilués pour varier les tonalités. Les coups de pinceau individuels et spontanés sont ceux qui rendent le mieux.

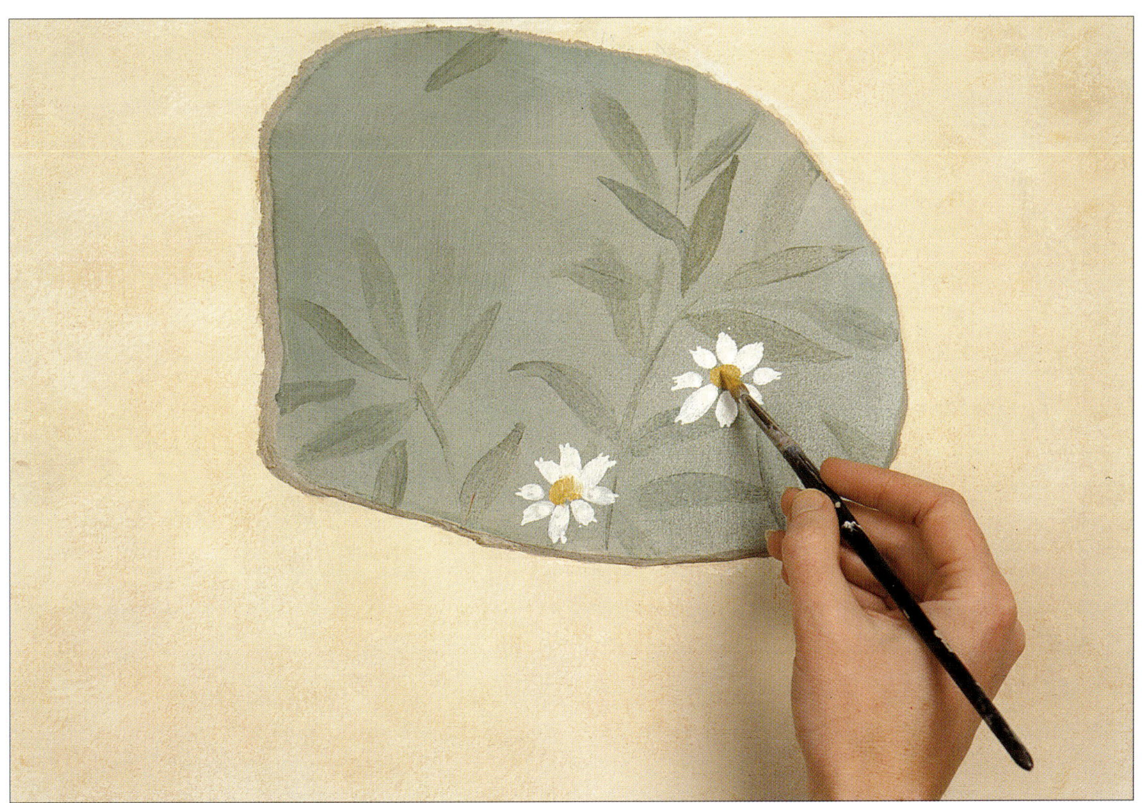

5 Prenez le pinceau n° 4 pour peindre les pétales avec le blanc de titane et le centre avec l'ocre jaune. Si vous le souhaitez, ajoutez des ombres d'un côté des cœurs avec le pigment Sienne naturelle.

PIGMENTS

Bleu du ciel : *1 part bleu de cobalt clair, ½ part blanc de titane et ½ part terre verte en mélange*

Feuilles et arbres : *terre verte, vert d'oxyde de chrome, ombre brûlée, ombre naturelle, ocre jaune, pâte de chaux, blanc de titane*

Fleurs jaunes : *1 part ocre jaune et ½ part blanc de titane en mélange, avec des ombres terre d'Herculanum et des éclats de lumière blanc de titane*

Grenades : *1 part terre d'Herculanum et ½ part blanc de titane en mélange avec des ombres terre d'Herculanum et des éclats de lumière blanc de titane*

Mur en stuc : *1 part Sienne naturelle et ½ part blanc de titane en mélange pour le fond. Peignez les ombres en Sienne brûlée et les éclats de lumières en blanc de titane « sali » d'un peu de Sienne brûlée et d'ocre jaune*

Pigment pour le poudrage *¼ mes. terre verte*

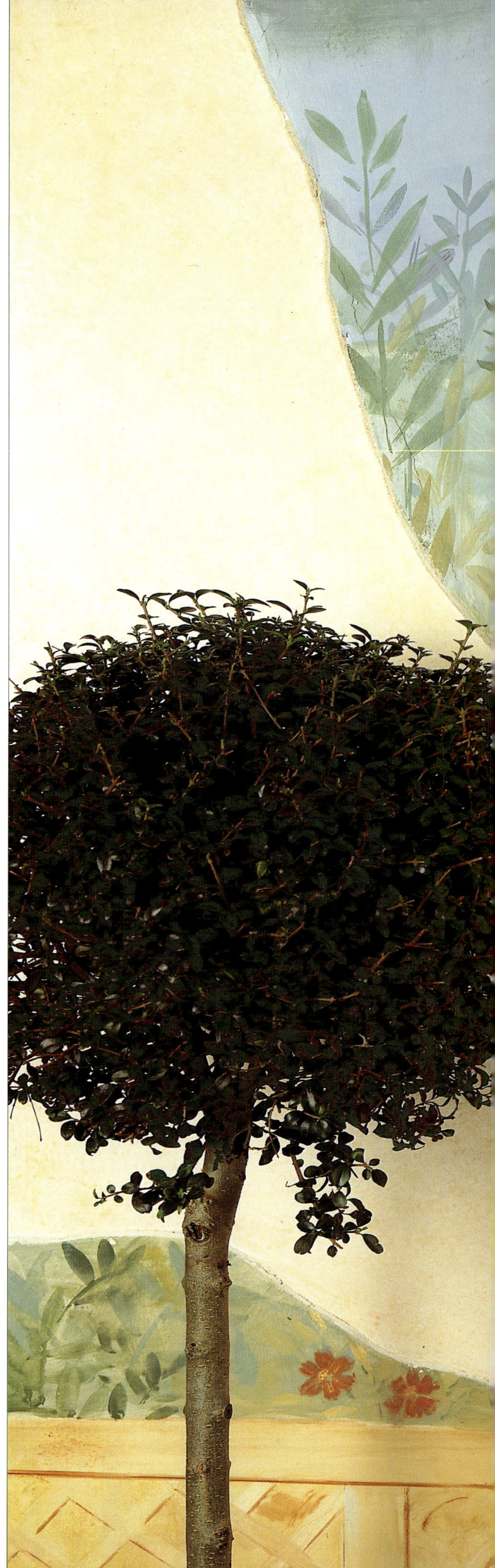

LE PAYSAGE PRINCIPAL est peint de la même manière que le petit fragment, mais à l'aide d'une large brosse, comme la n° 20. Commencez par situer le fond bleu et les teintes vertes en superposant des taches de différentes couleurs et en les estompant au fur et à mesure. Puis peignez les arbres, les fleurs et les fruits. Les lignes droites sur le mur sont peintes avec un pinceau à filets pointus et une règle en suivant la méthode donnée p. 97, bien que dans ce cas, la règle soit placée directement sur la surface du plâtre une fois qu'il est ferme, la rigole étant vers le haut, au lieu de tenir la règle sur deux supports.

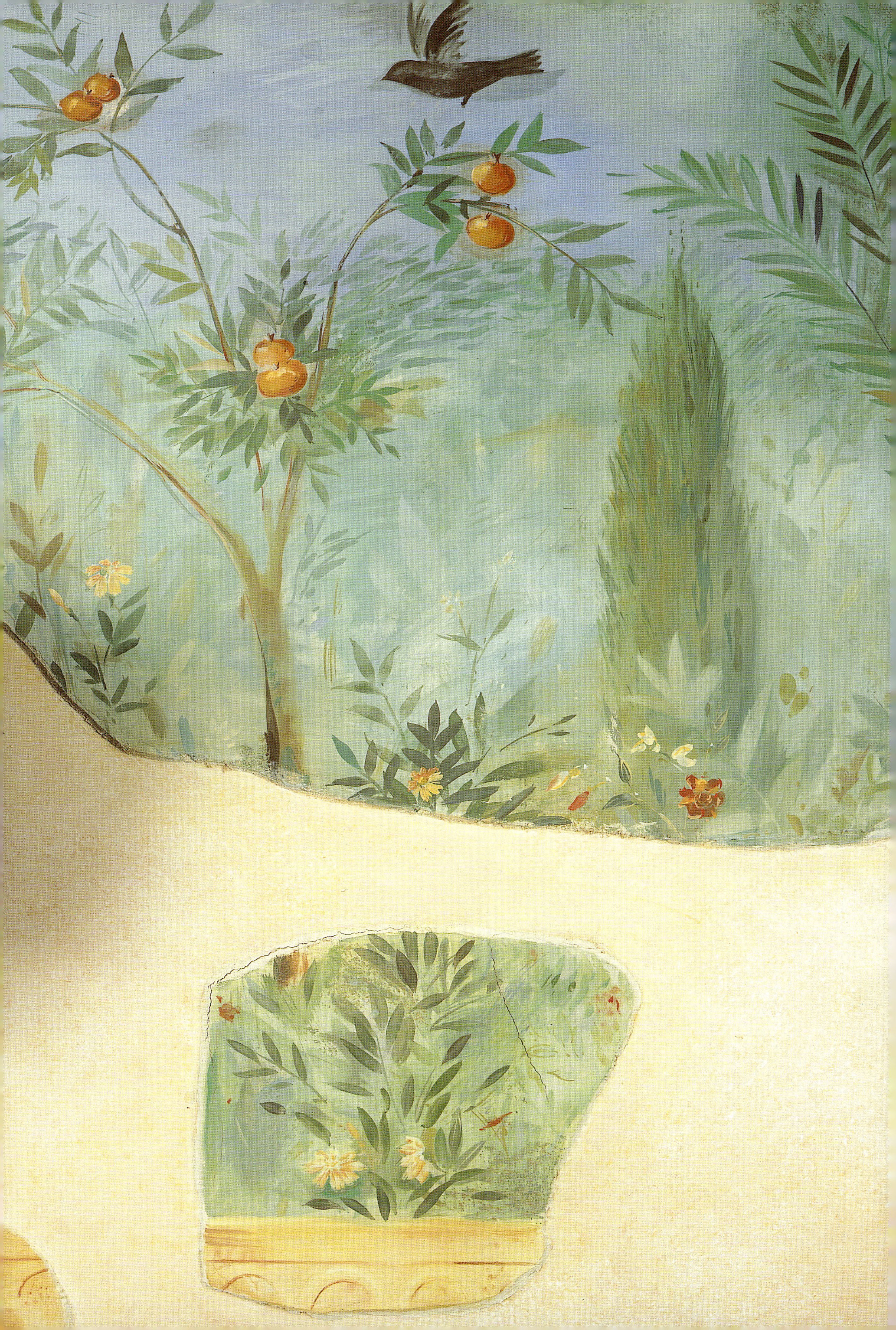

TIGRE

L'INDE POSSÈDE UNE LONGUE tradition de peinture à fresque, mais cette représentation d'un tigre m'a été inspirée par différentes sources, comprenant des fresques et des peintures miniatures. Le motif est peint directement sur le mur. Il n'est divisé qu'en deux parties uniquement, aussi l'ordre pour peindre est simple : on commence par la partie supérieure suivie par celle du bas. Cela évite que le plâtre humide ne tombe sur des zones déjà peintes. Dans les grands décors, il est important de planifier les *giornate* au moment du dessin. Elles doivent être de forme simple et se situer, autant que possible, dans les divisions naturelles du dessin. Dans ce cas précis, les *giornate* se rejoignent le long du bord de la colline. En raison des difficultés à assortir les couleurs entre deux *giornate,* de larges zones de la même couleur, comme les ciels, ont tendance à être peints en *giornata* individuelle (voir l'étape 1 de la p. 78 pour information sur la jonction des *giornate).*

TRAVAIL MURAL

En général, le travail mural est planifié sur un dessin en couleur (voir ci-contre). Des carrés sont tracés sur le dessin, puis il est redessiné ou reporté à grandeur réelle sur le mur. Dans le cas d'une fresque, ce travail se situe lorsque la couche de plâtre sur laquelle la couche de finition sera appliquée est sec ou au moins ferme. Lorsque tous les carrés sont dessinés, le motif est reporté sur le mur en se servant d'un mélange de pigment ocre rouge et d'eau. Ce tracé est connu sous le nom de « sinopia », d'après Sinope, une ville ancienne de la côte sud de la Mer Noire, où on trouvait l'ocre rouge utilisée pour ce travail à la Renaissance italienne. Avant de commencer à peindre, il est important de voir la composition sur le mur à grandeur réelle car à ce moment-là, on peut encore apporter des modifications. Une fois que le motif vous satisfait, préparez les patrons pour les différentes *giornate.* Ajoutez les

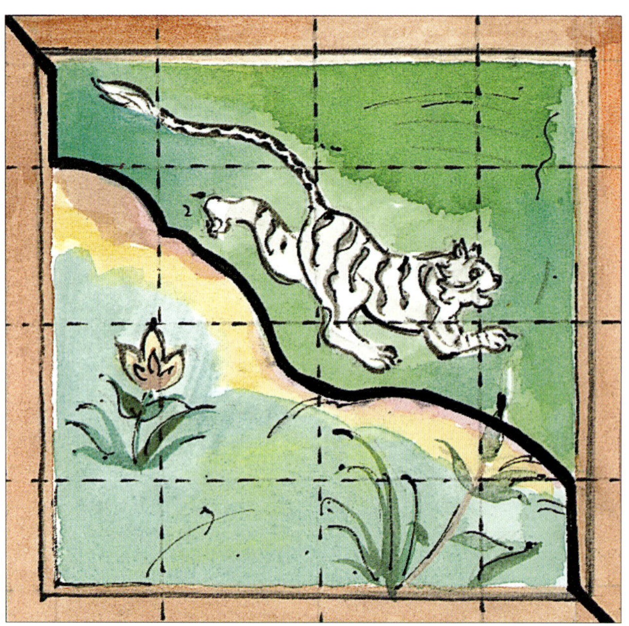

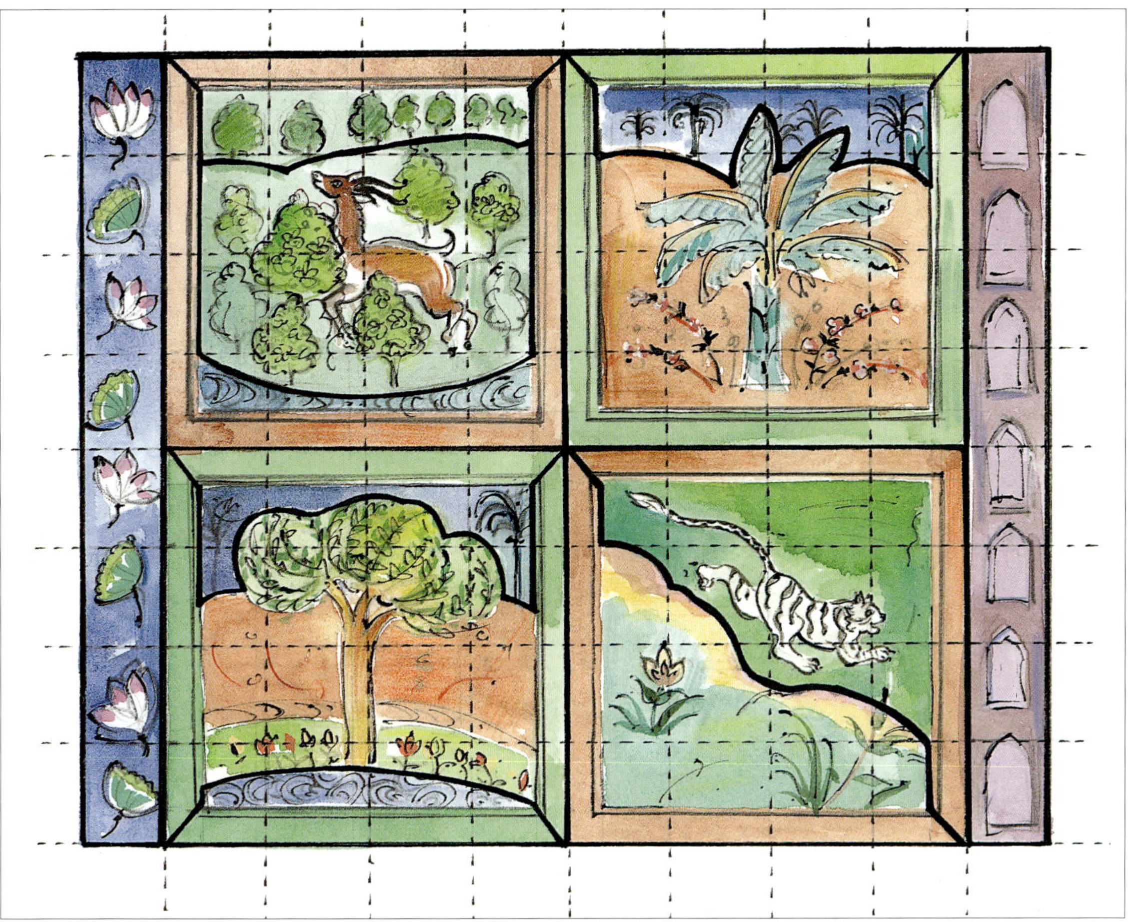

Voici mon dessin original pour le motif du Tigre. Les lignes noires en gras indiquent les différentes sections, ou giornate. *Les lignes pointillées servent au quadrillage.*

lignes du quadrillage sur les patrons : elles peuvent vous servir de repère lorsque vous poudrerez le motif sur le plâtre. Pour un travail à grande échelle, les patrons transférés à la sinopia sont souvent reportés sur un papier plus solide (le papier kraft d'emballage est parfait), qui supporte plusieurs manipulations. Les motifs pour la *giornata* sont ensuite piquetés dans le papier, prêts à l'usage.

La préparation des différentes couches de plâtre que l'on applique en général comme base à une fresque à grande échelle est reprise dans les étapes plus bas. Pour les très grands projets, les artistes emploient d'ordinaire une équipe de plâtriers professionnels à la chaux pour étaler la couche de base d'après leurs indications, en n'appliquant eux-mêmes que la couche de finition. Il est important de s'assurer que le mur est protégé du salpêtre. Le mélange dissout les sels présents dans le mur, ils vont apparaître à la surface et se déposer en poudre blanche ressemblant à une efflorescence. Tout en étant inesthétiques, les efflorescences vont causer de sérieux dommages à la structure de la peinture.

FOURNITURES

Une brosse dure

◆

Une brosse spalter et un seau d'eau

◆

Une feuille de plastique

◆

Environ 27 kg de mélange de plâtre grossier, constitué de 3 parts de sable lavé, séché et tamisé (avec des particules inférieures à 3 mm) et 1 part de chaux. Facultatif : on peut ajouter ½ part de poils de chèvre, de lama ou de vache bien démêlés, d'une longueur de plus de 2 cm, pour donner de la consistance au mélange. Cela couvrira une surface de 1,2 m².

◆

Une grande taloche de plâtrier

◆

Des gants en caoutchouc

◆

Une truelle

◆

Deux tasseaux en bois de 1,2 m x 13 mm x 8 cm

◆

Des clous à maçonnerie

Un tasseau pour servir de niveau de 1,2 m x 13 mm x 5 à 8 cm

◆

Environ 18 kg de mélange de plâtre de base

◆

Une taloche en bois ou plastique

◆

Un sac à poudrer ou un gros pinceau souple

◆

Du ruban à masquer

◆

Environ 12 kg de mélange de plâtre de finition

◆

Une palette

◆

Une règle solide ou un tasseau

◆

Pinceaux : un pinceau rond fin n° 10, une brosse plate de 4 cm, une brosse à estomper en poil de chèvre, une brosse plate de 2,5 cm, un pinceau rond fin n° 4, une brosse plate biseautée de 13 mm (ou une brosse à tableau bombée de 13 mm)

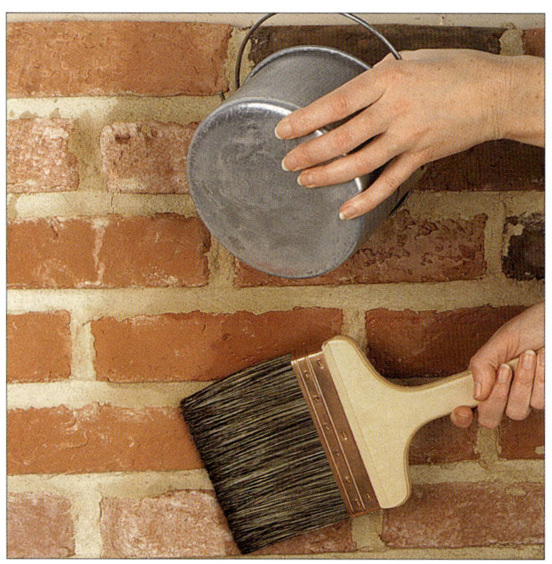

1 Prenez une brosse dure pour retirer toutes les impuretés du mur à décorer, puis lavez toutes les traces grasses. Dans l'idéal, le mur devrait être recouvert de mortier à la chaux plutôt que de ciment. Pour les travaux importants, vous devriez remplacer le ciment émergeant par de la chaux; prenez conseil chez un maçon habitué à travailler le mortier à la chaux. Mouillez soigneusement le mur. Laissez l'eau s'absorber, mais en vous assurant que le mur est humide. Posez des plastiques propres au bas du mur pour recevoir le plâtre qui tombe et qui peut être réutilisé. Le plastique facilitera également le nettoyage.

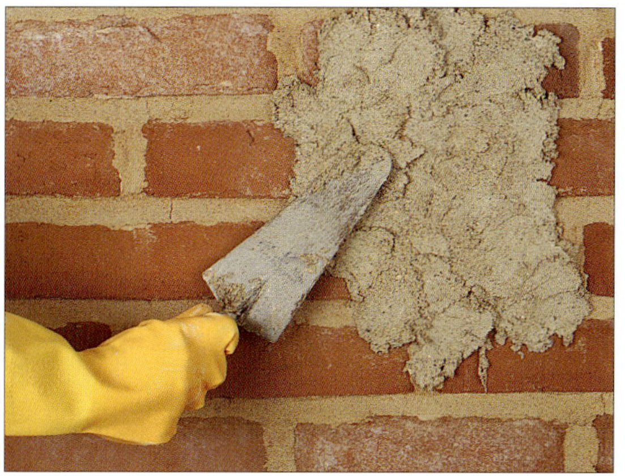

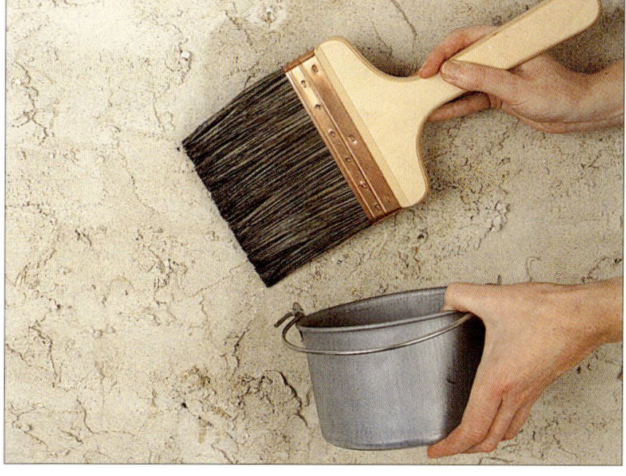

2 Mélangez vivement le plâtre grossier. Si vous utilisez des poils animaux, ajoutez-les juste avant d'utiliser le plâtre et veillez à ce qu'ils soient bien mélangés. Appliquez le plâtre sur une épaisseur d'environ 13 mm. Posez du plâtre sur la grande taloche (un support avec une poignée au-dessous). Avec une main gantée, servez-vous de la truelle pour prendre le plâtre de la taloche et l'étaler sur le mur en mouvements vers le haut. Appuyez la taloche contre le mur sous la zone que vous êtes en train de plâtrer afin que le plâtre lui tombe dessus. Le plâtre sera nivelé lorsque vous aurez recouvert tout le panneau s'il est plus petit que 1,2 m de large, mais s'il est plus grand, faites-le lorsqu'il mesure environ 1,2 m^2. Pour niveler, clouez verticalement un tasseau de part et d'autre de la zone plâtrée. Tirez le niveau contre le mur le long des tasseaux. Tout le plâtre au delà de 13 mm sera retiré. Remplissez de plâtre les zones manquantes puis nivelez à nouveau. Cet enduit de plâtre sera laissé avec une surface grossière, qui servira d'accroche pour la couche suivante.

3 Appliquez le plâtre de base sur une épaisseur d'environ 1 cm. On peut l'étaler lorsque le plâtre grossier a déjà une croûte ferme, mais n'est pas complètement sec. Si le plâtre est déjà trop sec, mouillez-le comme le mur en briques. Dans tous les cas, le plâtre grossier doit être humidifié.

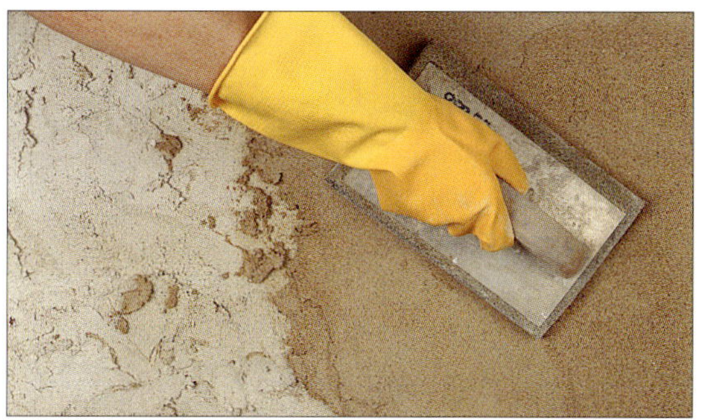

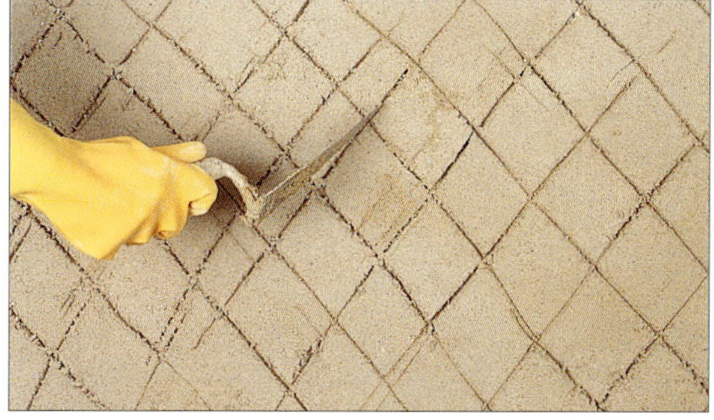

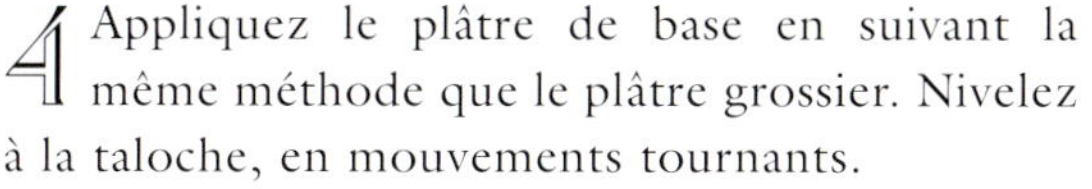

4 Appliquez le plâtre de base en suivant la même méthode que le plâtre grossier. Nivelez à la taloche, en mouvements tournants.

5 Avant qu'il ne sèche, gravez la surface du plâtre d'un quadrillage en losanges avec la pointe de la truelle. Sur de petits panneaux amovibles, la surface rugueuse garantit l'accroche, mais de grands panneaux requièrent l'aide supplémentaire d'une surface griffée. Laissez sécher le plâtre.

PIGMENTS

Mélanges de pigments

Sinopia : *1 mes. ocre rouge, noir ou autre couleur de terre*

Fond : *4 mes. vert clair résistant à la chaux, 3 mes. blanc de titane, 3 mes. bleu de cobalt clair*

Corps du tigre : *4 mes. blanc de titane, 2 mes. noir*

Bordure et tiges des branches : *4 mes. rouge de Venise*

Colline rose : *½ mes. rouge de Venise et 1 mes. blanc de titane en mélange*

Colline jaune et fleur : *1 mes. ocre jaune et 1 mes. blanc de titane en mélange*

Ligne verte : *½ mes. terre verte et ½ mes. vert d'oxyde de chrome en mélange*

Feuillage : *1 mes. terre verte, 1 mes. ocre jaune, 1 mes. vert de cobalt*

Fine ligne en bordure : *2 mes. noir*

Pigment pour le poudrage *2 mes. noir*

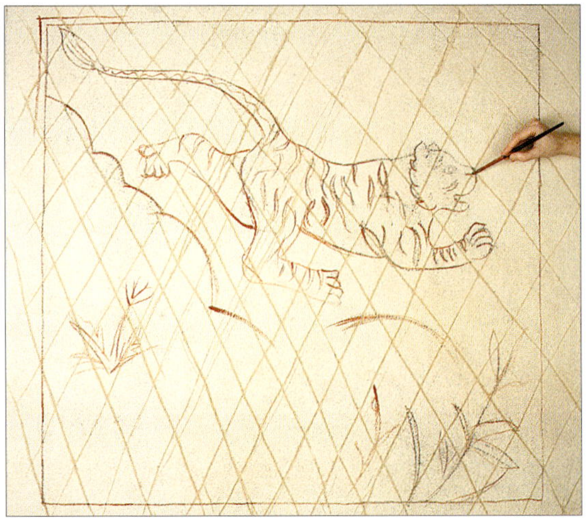

6 Poudrez tout le motif sur le plâtre de base en vous servant du ruban à masquer pour tenir le papier, puis prenez le pinceau n° 10 pour peindre le tracé des motifs avec la sinopia. Apportez quelques modifications dès à présent et ajoutez-les aux tracés du patron. Séparez le motif en deux parties pour les différentes *giornate* (si vous suivez votre propre motif, dessinez le quadrillage sur le plâtre, redessinez-le en sinopia, puis faites le patron pour le poudrage d'après les tracés en sinopia).

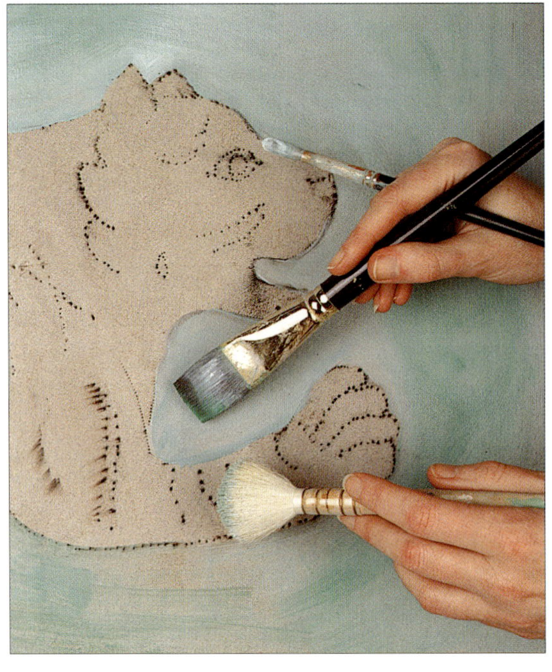

7 Humidifiez soigneusement le plâtre puis appliquez le plâtre de finition sur environ 5 mm d'épaisseur et une surface qui recouvre la *giornata* du haut, en l'étendant sur environ 5 à 7 cm au-delà de cette limite (laissez le bord grossièrement terminé). Lorsque le plâtre est à la bonne consistance pour la peinture, poudrez le tigre ainsi que la ligne marquant la limite de la giornata. Déposez chacune des couleurs du fond sur la palette et diluez-les un peu avec de l'eau. Préparez différentes combinaisons de ces couleurs et, avec la brosse de 4 cm, peignez-les en taches imbriquées autour du tigre, en estompant les coups de pinceau au fur et à mesure. Prenez la brosse de 2,5 cm et le pinceau n° 10 et suivez la même méthode pour peindre les zones autour des oreilles, de la queue, des pieds et du museau.

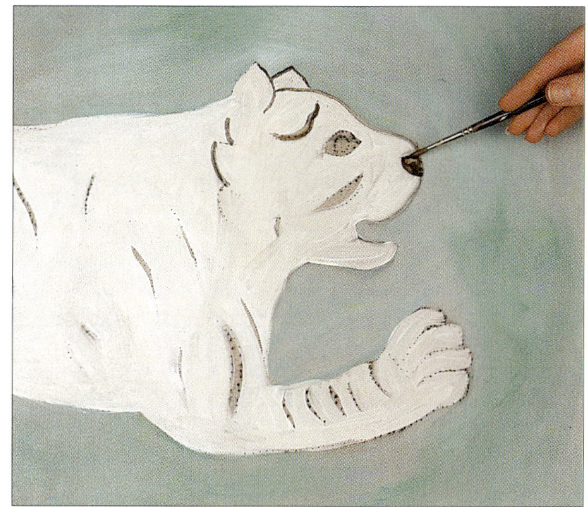

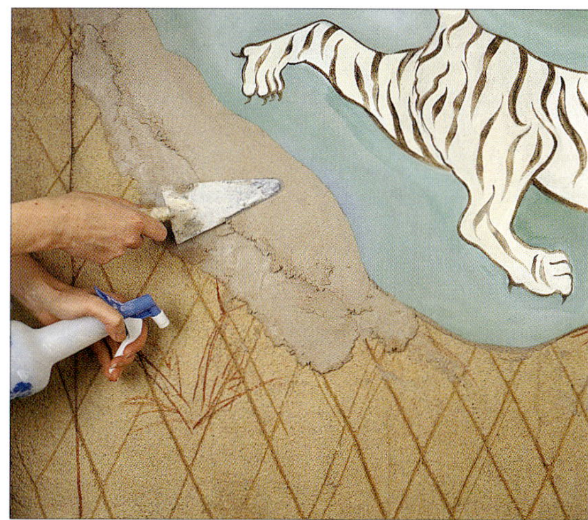

8 Peignez le corps du tigre avec le blanc de titane, en reprenant la méthode utilisée pour le fond. Prenez les pinceaux n° 4 et n° 10 pour peindre en noir les rayures et d'autres détails. Les rayures ont un effet de pleins et de déliés créés en prenant un pinceau sur lequel on varie la pression en le tirant sur la surface. Là où on appuie le plus, le trait s'accentue et se fonce. Peignez en haut la bordure rouge avec la brosse de 4 cm. Peignez jusqu'à la zone en vert puis servez-vous de la brosse biseautée ou de la brosse bombée pour peindre la ligne droite, en vous aidant de la règle. Coupez l'excédent de plâtre avec la pointe de la truelle ou le couteau à peindre, en formant un bord biseauté qui s'échappe de la partie déjà peinte.

9 Lorsque la première *giornata* est ferme, humidifiez la seconde partie, y compris le bord découpé. Étalez le plâtre de finition en vous servant de la méthode utilisée dans la NATURE MORTE À INCRUSTATIONS (voir p. 78).

10 Lorsque le plâtre est prêt pour la peinture, prenez la brosse de 2,5 cm pour peindre la colline en rose et en jaune, en fondant les coups de pinceau avec la brosse à estomper en poil de chèvre. Peignez la ligne verte qui définit le sommet de la colline, variez les tonalités de vert en lui ajoutant de l'eau par endroits.

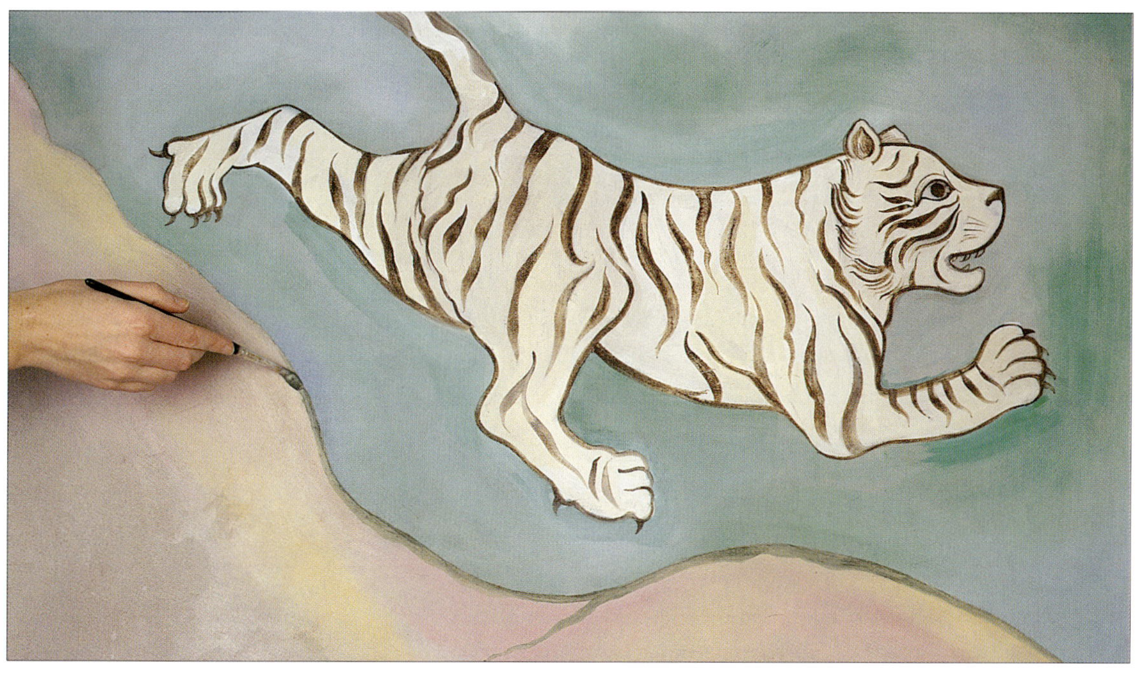

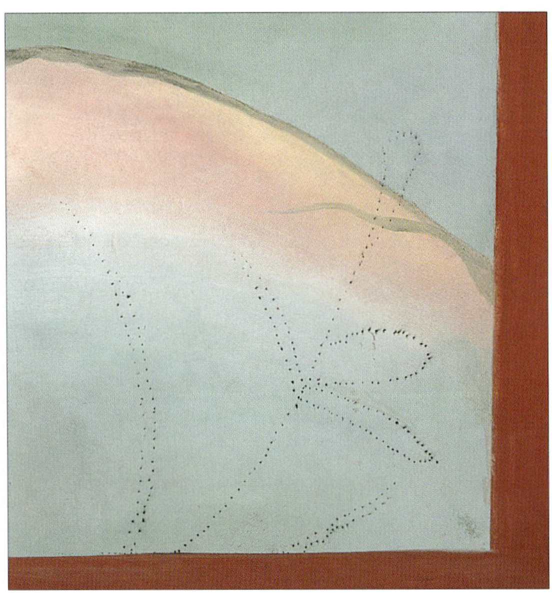

11 Poudrez le motif des plantes. Notez que dans ce cas, les motifs ont été légèrement modifiés lors de l'étape de la sinopia : la feuille du haut chevauchait la première *giornata*.

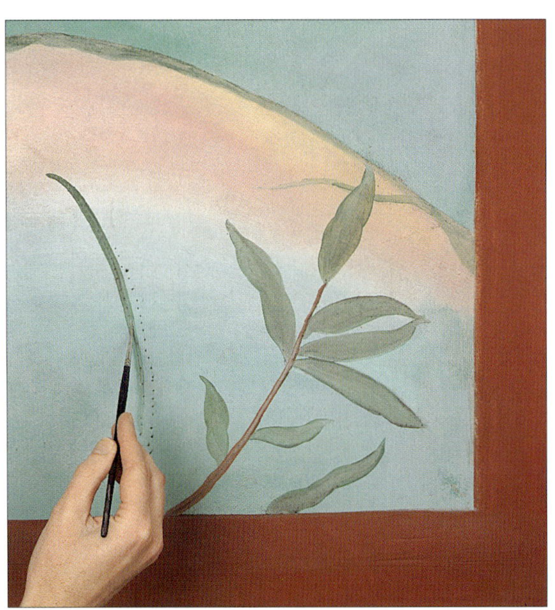

12 J'ai rabattu la feuille du haut vers le bas afin qu'elle soit entièrement dessinée dans la seconde *giornata*. Il est préférable de travailler sur la branche en entier en une seule fois, plutôt que de peindre une feuille en une *giornata* puis de l'unir à celles peintes sur la seconde partie. Les teintes et les mélanges de verts sont différents pour ajouter de l'intérêt et du mouvement aux feuillages. Complétez la bordure, en reprenant la méthode indiquée dans l'étape 8. Peignez les lignes noires à l'identique.

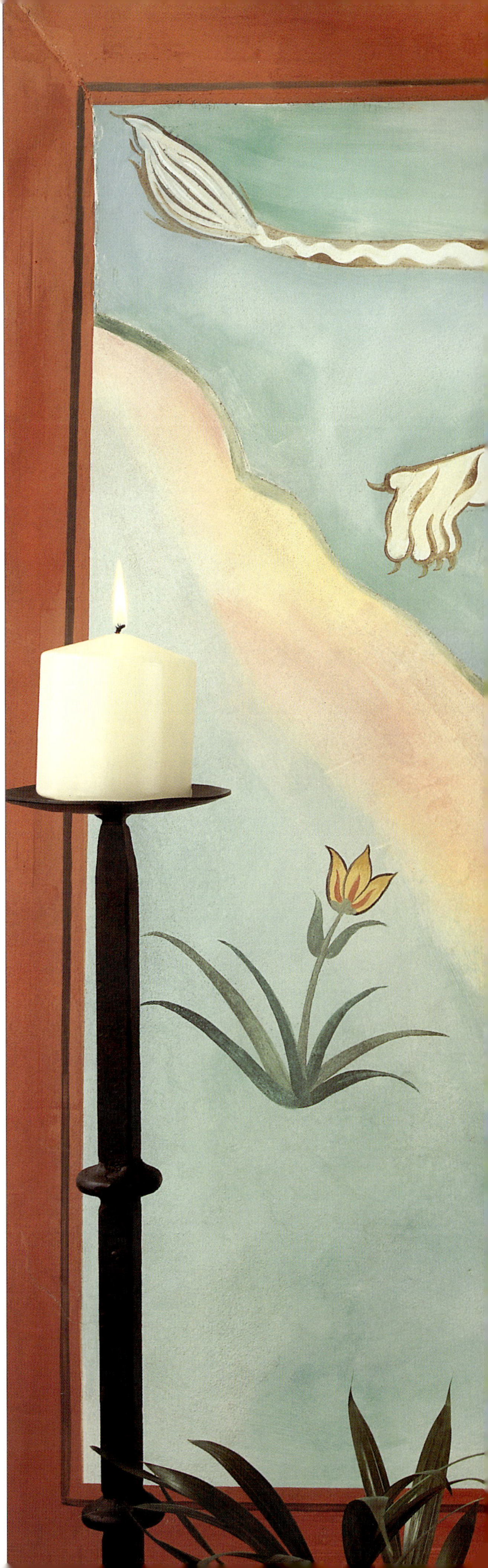

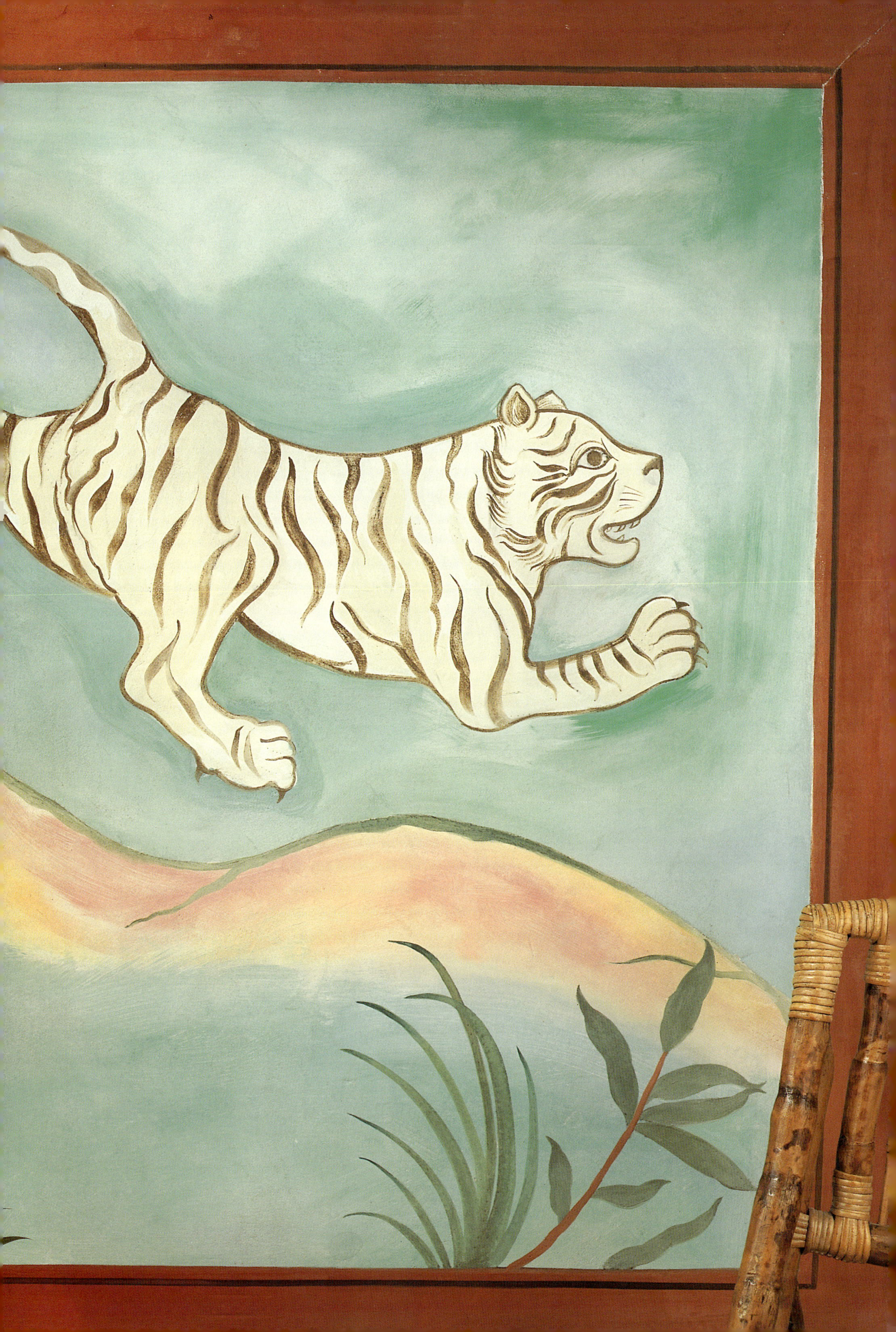

PATRONS

Les dessins qui suivent vous serviront de patron pour les projets expliqués étape par étape dans ce livre. Agrandissez-les à la photocopieuse pour correspondre à la zone à décorer.

BASILICUM CAPSICUM ALLIUM ROSMARINUS

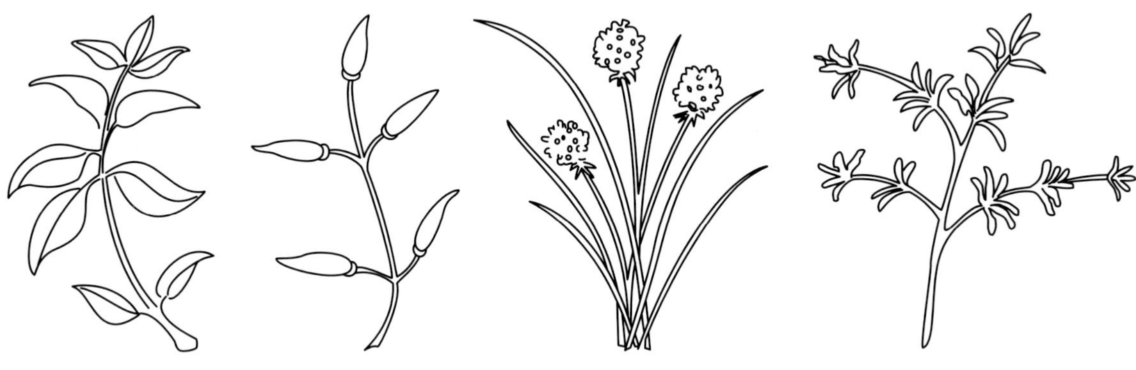

Fines Herbes à la Chaux, p. 48

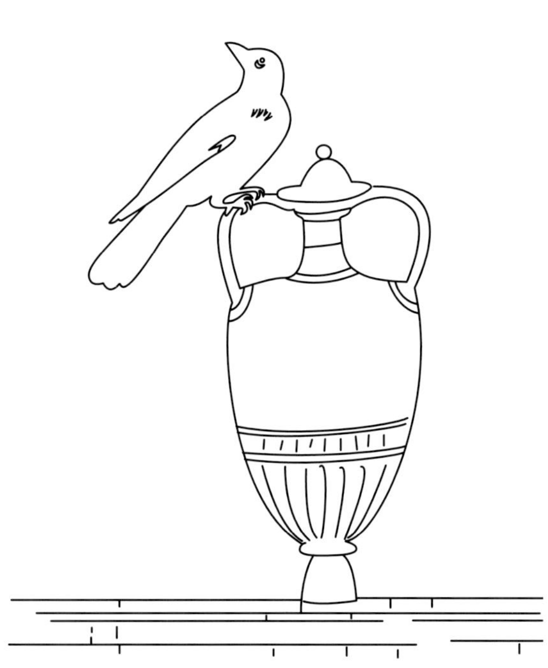

Oiseau sur un Vase, p. 34

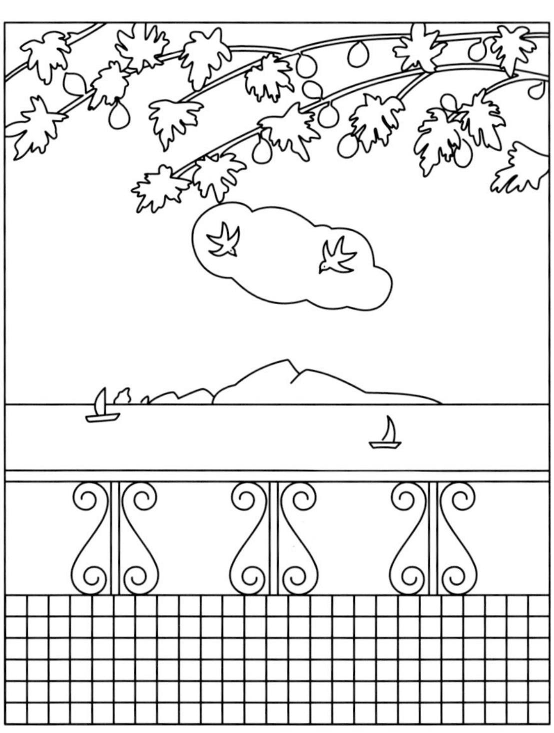

Paysage méditerranéen, p. 68

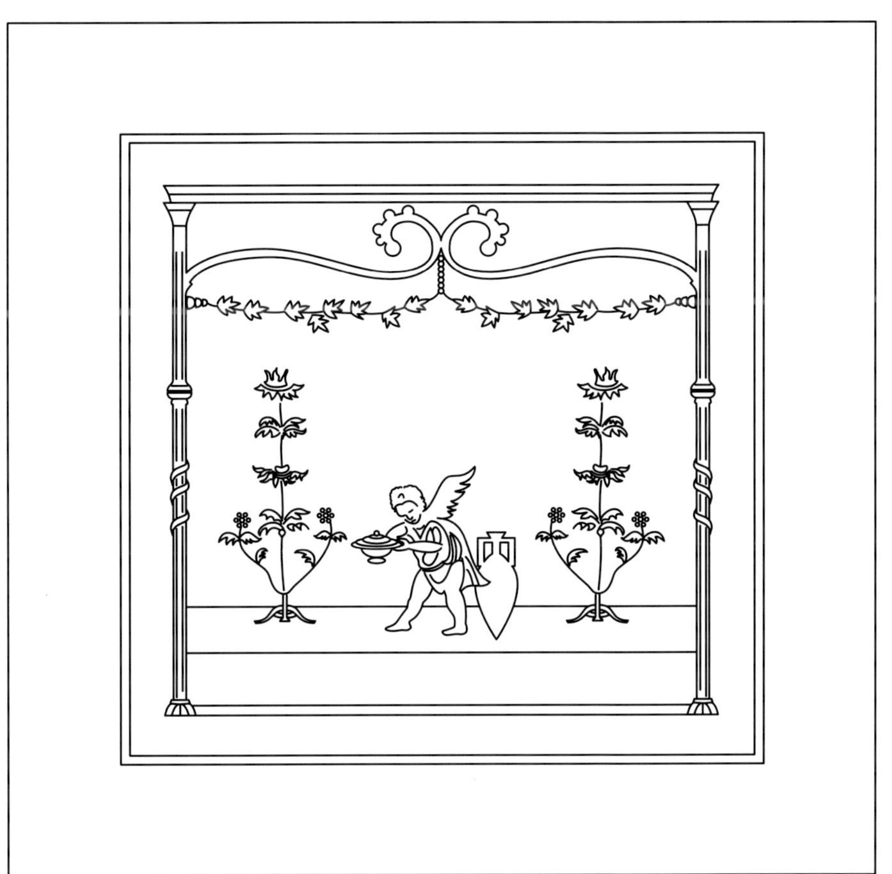

Cupidon et Urne, p. 88

MARE

Torre Laconia Monte Soro

GOLFO DI

Carte du Vatican, p. 100

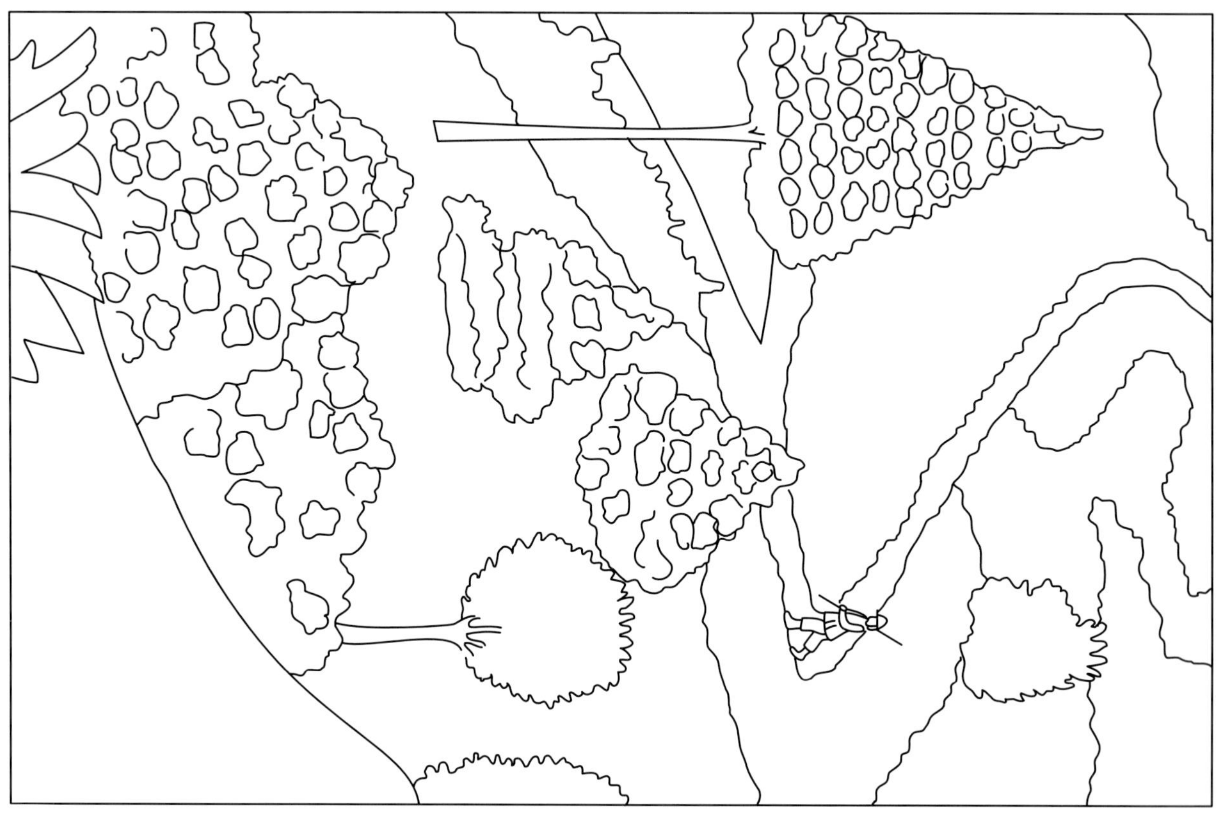

Cortège des Rois mages, p. 80

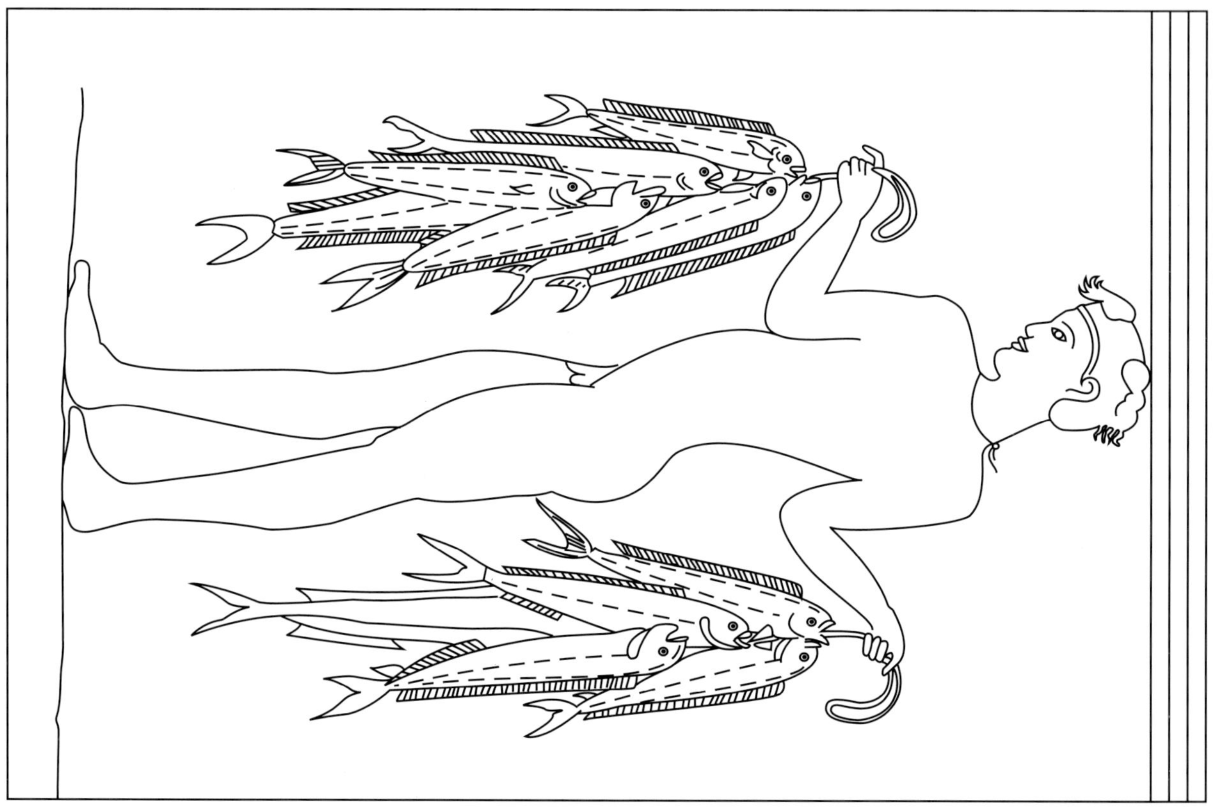

Pêcheur minoen, p. 22

Imposte Grisaille, p.106

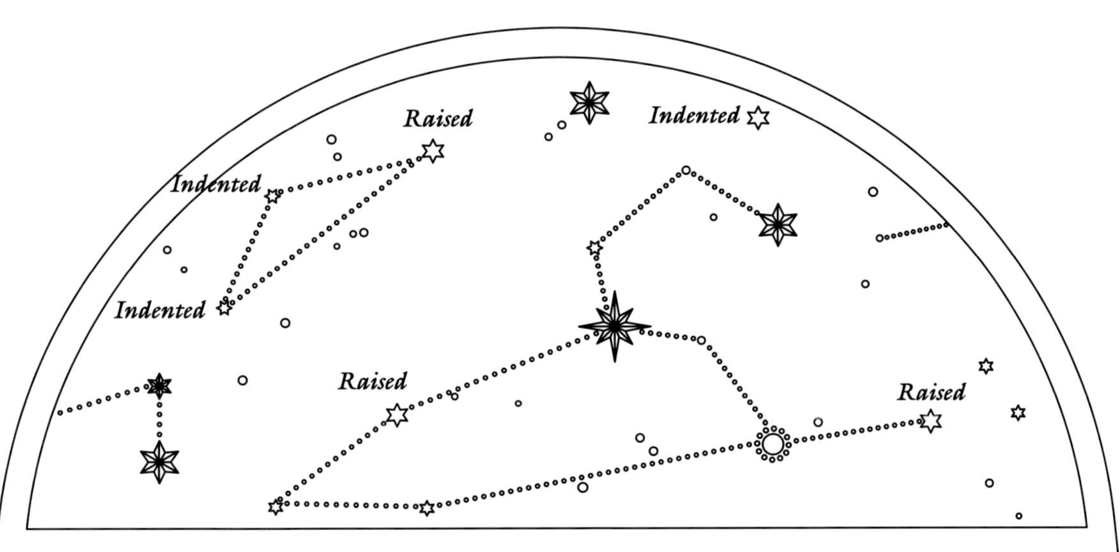

Imposte aux Étoiles, p.110. (Veuillez noter que les emplacements des étoiles en creux et en relief ne sont donnés qu'à titre de repère, leur dimension dépendra des moules utilisés).

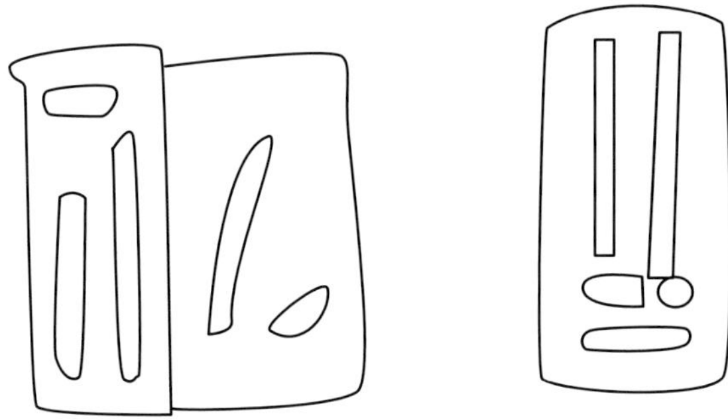

Panneau abstrait, p. 62

Dauphins étrusques, p. 38

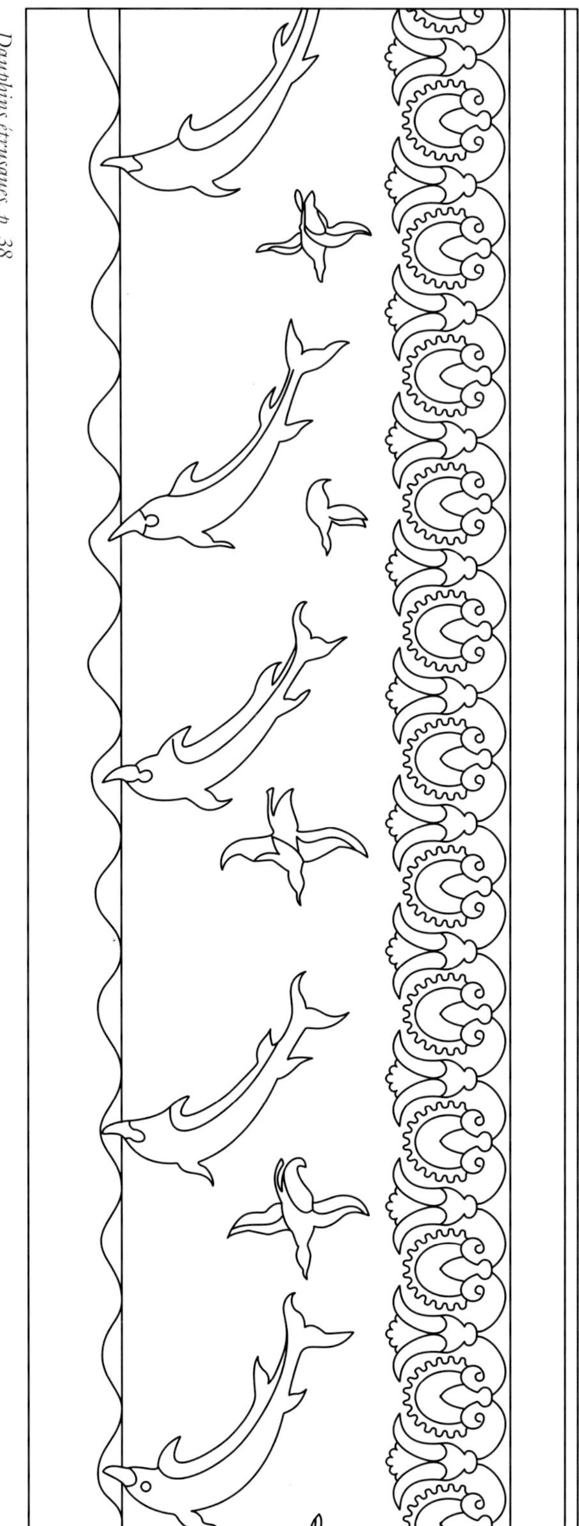

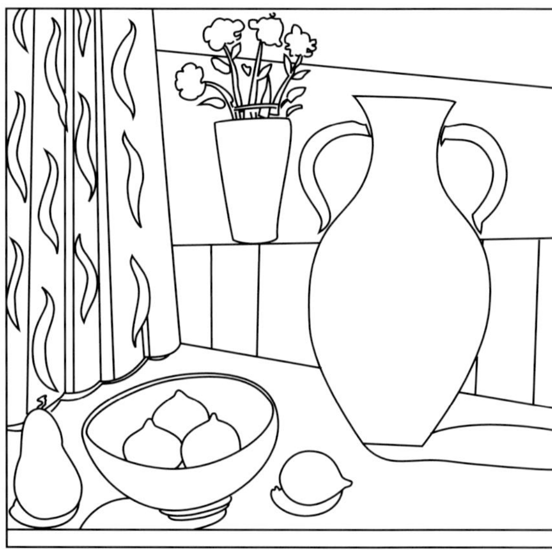

Nature Morte à Incrustations, p. 76

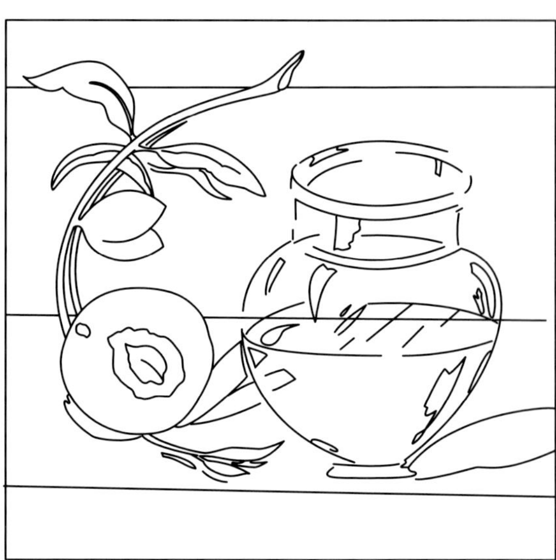

Vase à la Pêche, p. 56

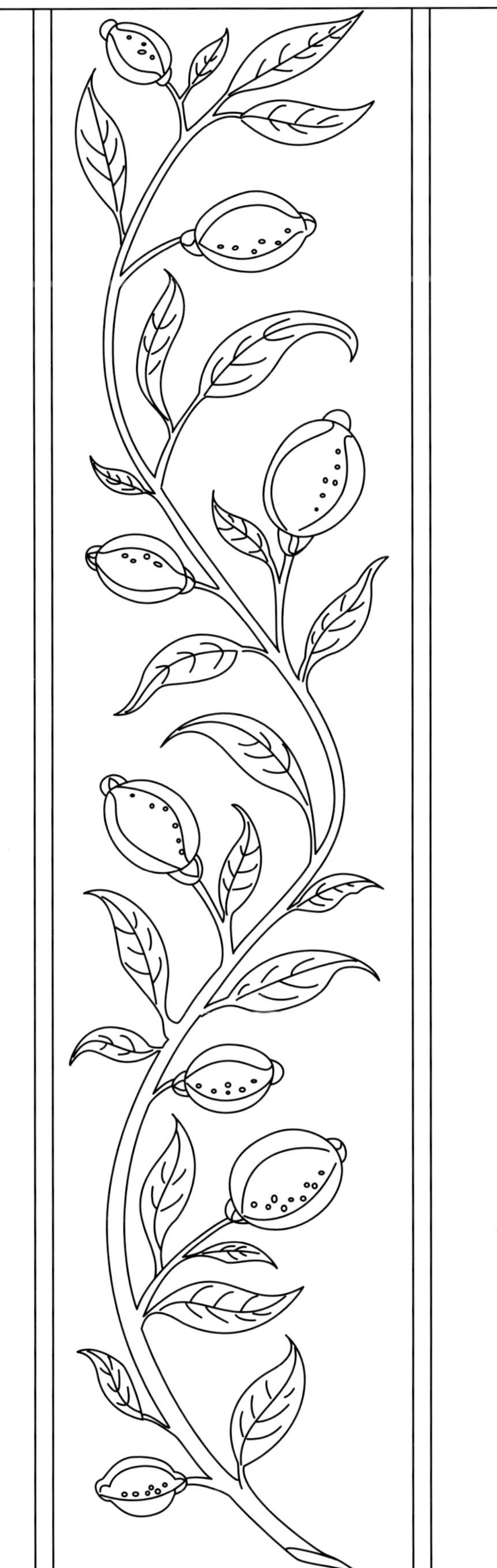

Bordure de Citrons, p. 30

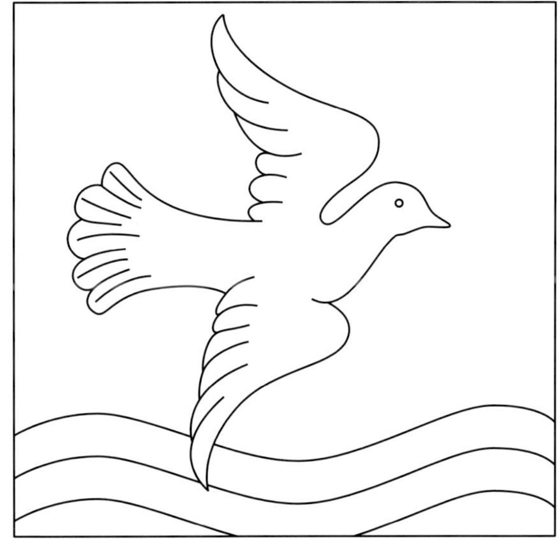

Oiseau Graffito, p. 26

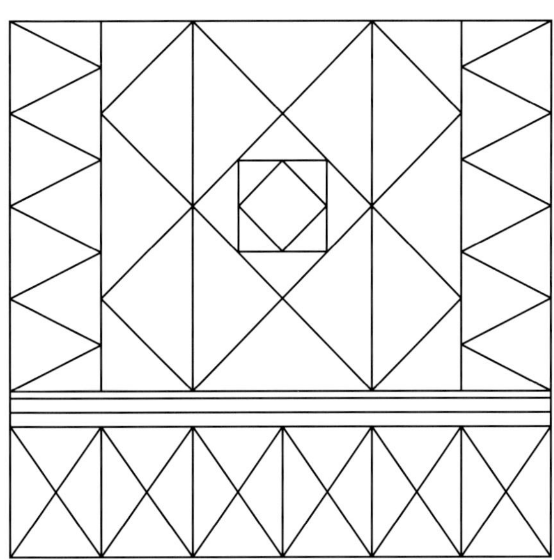

Relief géométrique, p. 72

Papillon à la Fenêtre, p. 94

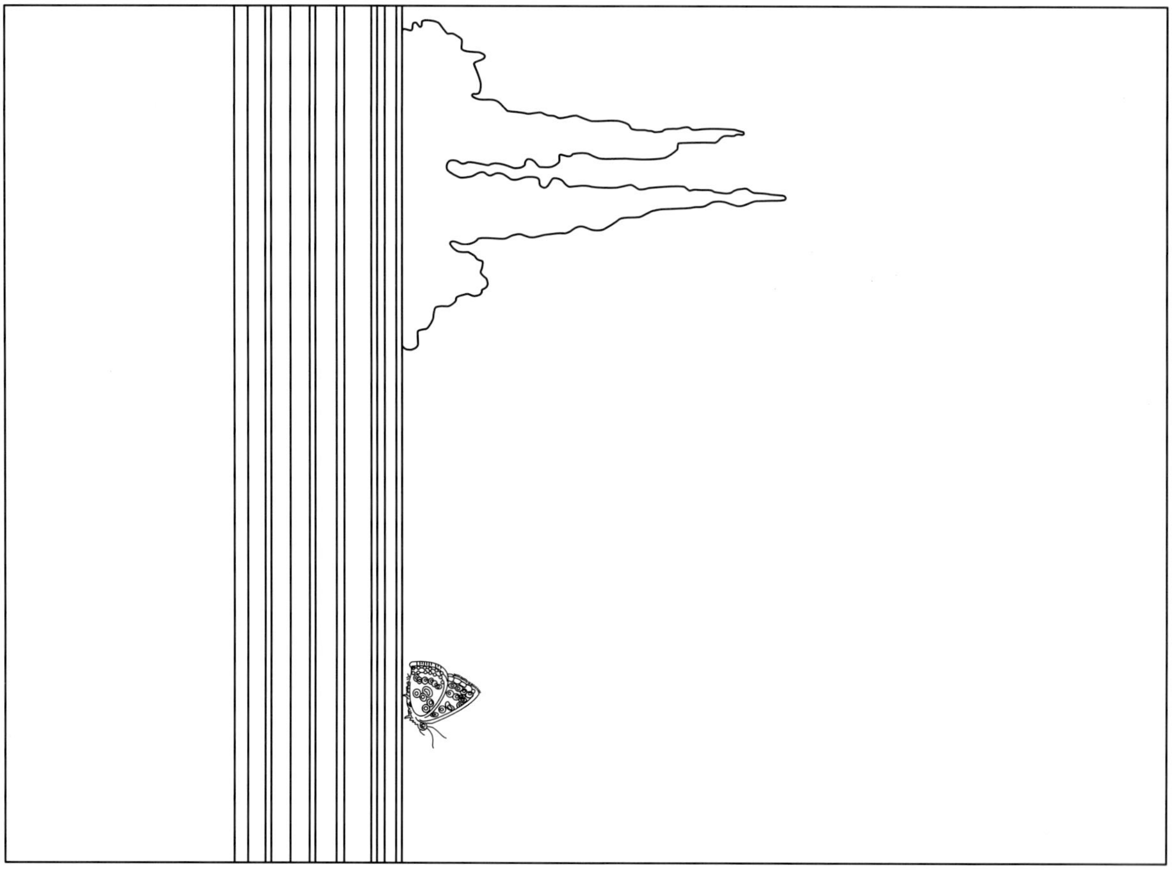

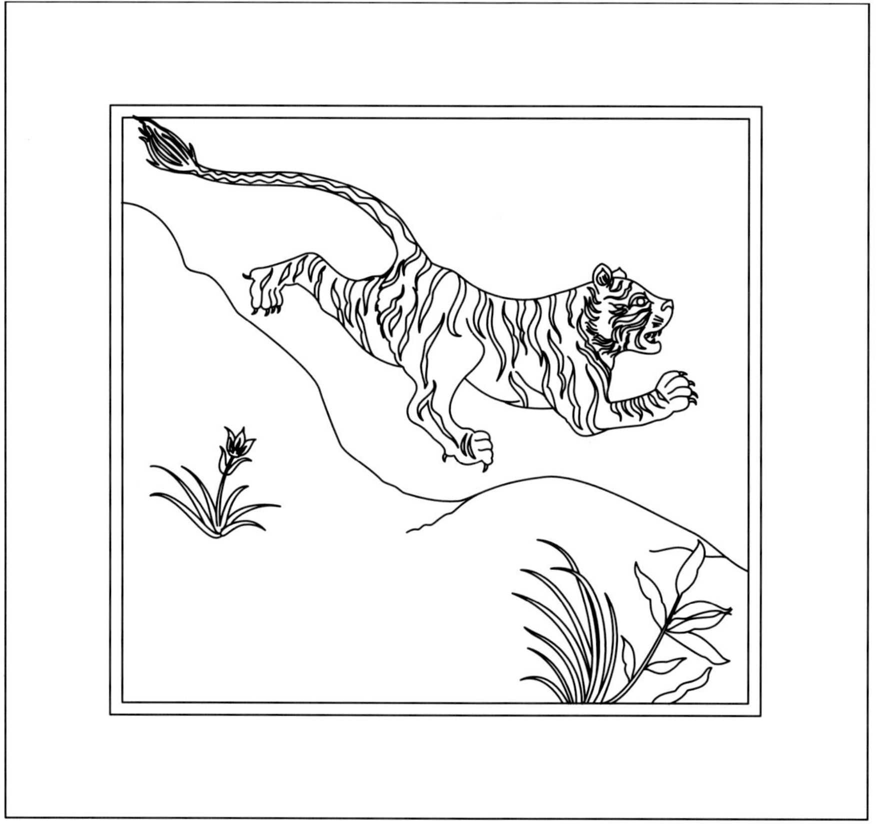

Tigre, p. 122

REMERCIEMENTS

Je dois beaucoup au Centro d'Arte Dédalo et en particulier à Alberto Felici, pour son inspiration et ses informations sur la peinture à fresque. Bob Bennet du Centre de la Chaux et l'équipe de A.P. Fitzpatrick m'ont prodigué de précieux conseils techniques. Phillip Martin m'a aidée sans compter dans la recherche des fournitures.

Janet Ravenscroft a été une éditrice infatigable qui a réussi à transformer mon obsession du sable, de la chaux et des pigments au format d'un livre. Les photographies des projets et des étapes patiemment détaillées de Shona Wood sont bien sûr l'essentiel de ce livre, et elle a été avec Janet, la plus patiente des auditrices de mes longues explications de la technique de la fresque !

Ma famille m'a été d'un grand soutien, en supportant la poussière et la tension qui croissaient lors de l'élaboration des fresques.

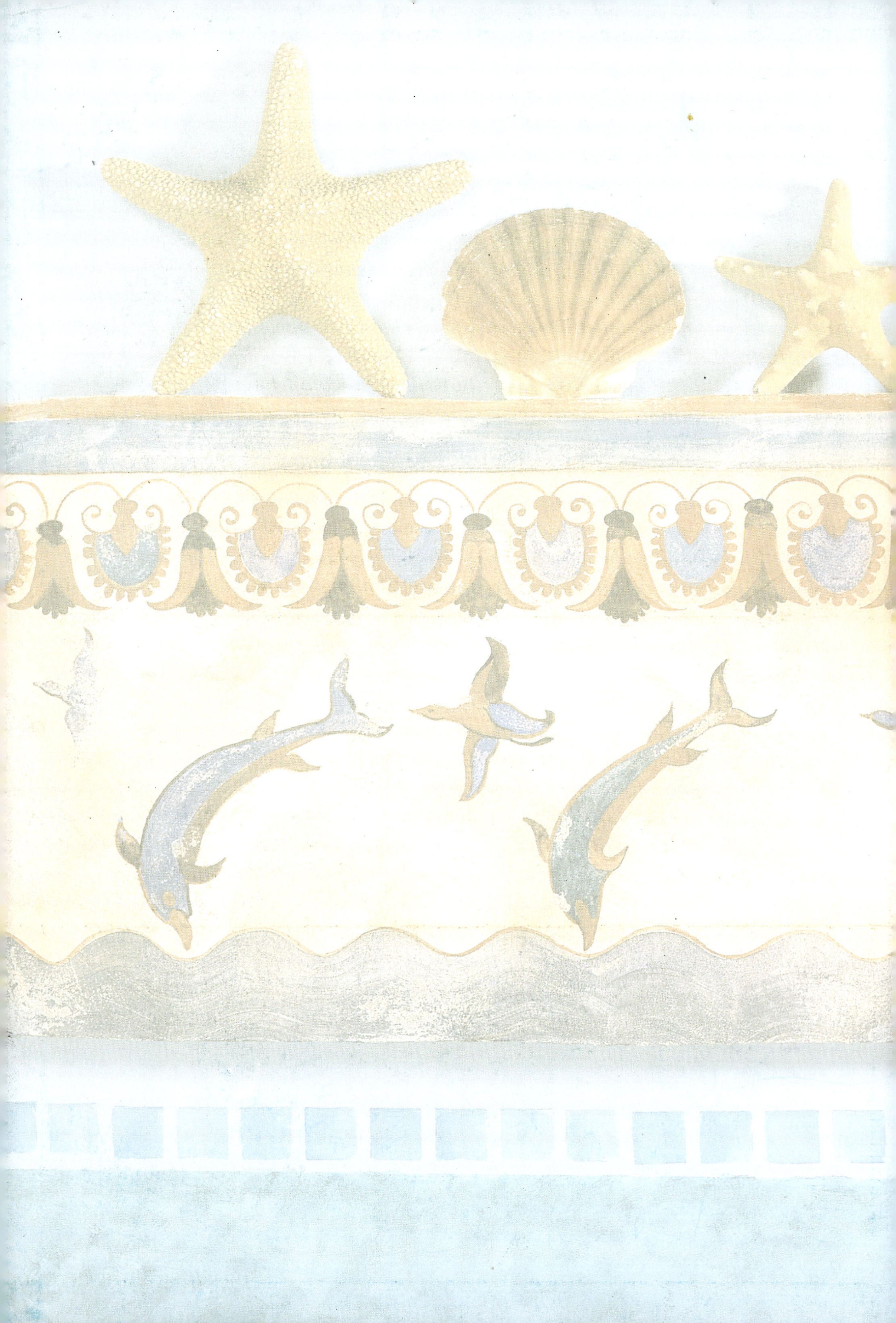